古典文獻研究輯刊

三二編

潘美月・杜潔祥 主編

第 26 冊

雜家文獻書錄解題
（第六冊）

司馬朝軍 著

國家圖書館出版品預行編目資料

雜家文獻書錄解題(第六冊)／司馬朝軍 著 -- 初版 -- 新北市：
花木蘭文化事業有限公司，2021〔民110〕
目 2+222 面；19×26 公分
（古典文獻研究輯刊 三二編；第 26 冊）
ISBN 978-986-518-407-0（精裝）
1. 雜家 2. 文獻學 3. 解題目錄
011.08   110000606

ISBN-978-986-518-407-0

古典文獻研究輯刊
三二編　第二六冊　　　　　ISBN：978-986-518-407-0

雜家文獻書錄解題（第六冊）

作　　　者　司馬朝軍
主　　　編　潘美月、杜潔祥
總 編 輯　杜潔祥
副總編輯　楊嘉樂
編　　　輯　許郁翎、張雅淋　美術編輯　陳逸婷
出　　　版　花木蘭文化事業有限公司
發 行 人　高小娟
聯絡地址　235 新北市中和區中安街七二號十三樓
　　　　　　電話：02-2923-1455／傳真：02-2923-1452
網　　　址　http://www.huamulan.tw 信箱 service@huamulans.com
印　　　刷　普羅文化出版廣告事業
初　　　版　2021 年 3 月
全書字數　1516793 字
定　　　價　三二編 47 冊（精裝）台幣 120,000 元

雜家文獻書錄解題
（第六冊）

司馬朝軍　著

冀越集記二卷　（元）熊太古撰

　　熊太古，字鄰初，號寒棲子，豐城（今屬江西）人，熊朋來（1246～1323）之子。元至順三年（1332）中鄉試，又登進士。辟為廣東廉訪司書吏，轉湖廣省掾，授翰林編修，任國子助教，官江南行省員外郎。至正末，天下盜起，太古力陳守禦計，當事者不能從，遂棄官去，隱居樗山，洪武三年徵校雅樂，告老歸。《元史·藝文志》卷四著錄《燹餘集》《熙真集》。生平事蹟見《（萬曆）新修南昌府志》卷十七、《江西詩徵》卷四一。元虞集《道園學古錄》卷五有《送熊太古詩序》。明劉績《霏雪錄》稱：「熊太古先生在成均日，初未嘗有所指教，諸生皆易之後，一顯官見先生，驚曰：『先生乃在此耶？』因請說經。先生正襟危坐，論辨亹亹，剖析玄奧，殆無餘蘊。諸生始歎服，謝曰：『今日乃知為吾先生也。』」

　　此書紀元代典章，並五行、四氣、花木、鳥獸、雜說。所記多為其生平遊歷之所見聞，又多議論，又「莊子佛徑」條謂鯤鵬之語猶誑人以理之所有，而佛經所謂羅漢、阿修羅王化形入海、頭等須彌之事則真誑人以理之所無。又有記博物者，如記豬、羊、馬、牛、駞、象習性之異諸條，又有記松、魚之者，皆足以博見聞。此外又有論「卜筮」古今之變易者，又如「古文」條論「今人作文以去助語衍字為古文」之不足法。

　　書前有至正十四年（1354）太古自序，稱平生兩至京師，達乎上京，得親碩老名儒，廣見洽聞之士，多方明述之賢言，世皇混一之初，制作之盛，規模之宏，前代所未有，掌故所藏，悉得覽之……凡耳之所聞，目之所睹，旁稽於言論，因書以備遺忘。不特可以資言談，亦足以助其學之博者云云。〔註463〕書後有乾隆四十八年（1783）吳翌鳳跋語、黃丕烈識語。《四庫全書總目》入小說家類存目，稱雜記見聞，亦頗賅博云。

　　此書有明嘉靖間刻本。此本據國家圖書館藏乾隆四十七年吳翌鳳抄本影印。

【附錄】

　　【熊太古《冀越集記自序》】天地為極大，冀越為極遠，觀夫物性，萬類

〔註463〕《續修四庫全書》第 1166 冊，上海古籍出版社，2002 年版，第 463～465頁。

惟驗。夫聲音者，可以盡博而守約也……平生兩至京師，達乎上京，得親碩老名儒，廣見洽聞之士，多方明述之賢言，世皇混一之初，制作之盛，規模之宏，前代所未有，掌故所藏，悉得覽之，奮然南歸，留滯於江之東西，馳騖於湖之南北，遊嬉於浙右，放浪於兩廣，遵於海隅，極於交界，多者十餘次，少者二三焉，凡耳之所聞，目之所睹，旁稽於言論，因書以備遺忘。雖歷世變，幸而尚存。夏日披閱，了然如昔之所歷，然不觀物性，不足以盡其博；不求聲音，不足以守其約。所以觀夫物性，而外有以博於物；驗夫聲音，而內有以約於己。天地之大，猶不能達，況冀越乎？使後之覽者不特可以資言談，亦足以助其學之博者焉。至正乙未，前史官至江西行省郎中、豫章熊太古書。

【四庫提要】《冀越集記》二卷（浙江巡撫採進本），元熊太古撰。太古，豐城人。熊朋來之孫也。登進士，官至江西行省郎中。至正末，天下盜起，太古力陳守禦計。當事者不能從，遂棄官去。入明後不仕而終。此書自序題乙未歲，為至正十五年，猶在元代所作也。太古生平足跡半天下，北涉河，西泛洞庭，東遊浙右，南至交、廣，故舉南北所至以「冀越」名其集。雜記見聞，亦頗賅博。明李時珍輩撰《本草綱目》，頗援據之。然記載每不甚確，如《元史‧天文志》言郭守敬為太史，四海測景之所凡二十有七，太古乃云「奏遣使者十四輩，分隸十四處」，殊未詳考。又河源之說，據翰林學士潘昂霄、道士朱思本所記，謂張騫所言乃蔥嶺支川，以今核之，亦多妄傳失實也。（《四庫全書總目》卷一百四十三「子部五十三‧小說家類存目一」）

【余生二十幸】余家居老病，值兵燹，城陷，挈家南走，留老稚寓豐城青洲，自往櫧山石室中隱焉。經冬涉春，出往盱撫小清，及山寨平，歸掃先世丘隴，喜皆完美。高祖五八居士墓所有大松六株，結庵其下，久之，因自數其得幸於天者已厚，而知足焉。且人之生也，寓形士族，知詩書禮樂之教，一也。當太平之盛時，見聲名文物之光，二也。託姓名於科目以求進，三也。北涉灤河，南至兩廣，入於交界，四也。歷官翰林，胄監行省，幕至郎中，五也。先世登甲科進士，授寶慶府簽判、福州通判，致仕得贈文林郎太常博士，六也。省治竊發，京師不通，上將自恣，抗頑與論利害，陳守潔，以為紀綱不振，軍政不修，供給乏用，深為可憂，至再不從，引身而退，次年皆如所陳，上將俱遁，七也。世變之後，攜瓢笠，入櫧山石室中，危坐二百餘日，與黃冠野服之人遍遊山和之間，八也。往來兵革之間，徒涉羈旅之地，未嘗被傷困乏，九也。深入岩谷，嘯傲山林，未嘗遇虎狼蛇虺，十也。年老得反故山，十

一也。先世田畝足以伏臘，子孫膴門，不廢祭祀，十二也。庵在深山，薪水筍蕨頗便，十三也。名所居曰巢雲松，上有鸛鶴爭巢，因與為侶，十四也。冬氣隆烈，地爐如春，十五也。登高意邈，臨流懷清，十六也。鑿井引泉，以植蔬果，十七也。逾七望八，視聽不衰，十八也。宗族賓客時來問安，十九也。有《爨餘集》《熙真集》以遺子孫，子五人，景略封文林郎、監察御史，孫九人，昱登進士，拜監察御史，二十也。以此一身，天之傅畀，凡二十事，其敢忽諸？姑錄於篇。

【胎卵二族】至正時，史官熊太古經上都，遇雕窠站。站吏指站後山上一穴，云：「往年雕窠其中，生三卵，一為犬，一為蛇。」心切疑之。後於脫脫丞相家見一犬，坐客咸指此犬為雕窠所生，則知向者所聞不為異也。（明陳繼儒《筆記》卷下）

【珠子樹】熊太古在廣時，立珠子提舉司，專掌蛋人入海取珠。得珠子樹數擔，置憲司公廳，眾人聚觀，如柳枝。珠生於蚌，蚌生於樹，不可上下。樹生於石，畫人鑿石得樹，樹上求蚌，採珠甚多。蛋人不懼，可為異也。（明陳繼儒《筆記》卷下）

東園客談一卷　（明）孫道易輯

孫道易（1394～1476後），字景周，自號映雪老人，華亭（今上海松江）人。

此書末有孫道易識語，稱：「大明成化十二年，歲次乙未，九月甲午朔日，寓於華亭藏行平溪草舍，共五十帙，以備觀覽。映雪老人孫道易識。時年八十有三。」[註464] 又有景泰七年（1456）古吳後學近思生金霽跋語，稱《客談》三十一條，雲閣映雪孫先生所輯近代臣子之忠孝師友之恩義、婦人女子之風節、名公碩彥之言行可法可徵者，舊凡五十帙，惜乎散逸不全，今幸存止此。[註465] 書末又有嘉靖三年（1524）南園老人張□跋。[註466] 今按，《歷代珍稀版本經眼圖錄》以此書為明王洙撰，不知何據。

原書五十卷，今僅存一卷，凡三十二條。《四庫全書總目》稱每條下各標

〔註464〕 《續修四庫全書》第1166冊，上海古籍出版社，2002年版，第566頁。
〔註465〕 《續修四庫全書》第1166冊，上海古籍出版社，2002年版，第567頁。
〔註466〕 《續修四庫全書》第1166冊，上海古籍出版社，2002年版，第567頁。

其名，凡錢維善、全思誠、陶宗儀、趙宣晉、夏文彥、夏頤、朱武、郭亨、邵煥、孫中晉、孫元鑄、黃琦、費圜用、楊舜孫、李升、曾樸並道易，共十七人，多為元之遺民云云。李希聖《雁影齋題跋》卷四所載人名與此有異，又稱：「陶宗儀《說郛》所刻者則僅三分之一，且更其名曰《友聞》，曹溶《學海類編》又沿其誤。此本為知不足齋從錢曾述古堂抄本傳寫者，滿紙丹黃，鮑廷博所手校也。」〔註467〕

此書皆錄名人嘉言懿行及近代聞見諸事，以據當時友朋所書輯之，故曰「客談」。如曰：「胡牧仲先生，以經學名世，行義聞望，著於東南。國朝金、宋諸老，宋之吳興、趙承旨，常以挽卜哭先生曰：淚濕黔婁被情傷。郭泰巾觀此一聯，則先生之為人可知矣。所謂獨行不愧影，獨寢不愧衾，先生其人也。先生之弟汲仲先生，亦得特立獨行，一毫不苟取於人。趙承旨常為羅司徒以禮請先生為司徒作其父墓銘，先生悖然怒曰：我豈為宦官作墓銘耶？觀此則其剛介可知，當時承旨為司徒以百定奉先生潤筆，是日先生在陳，其子千里以情其白，座上諸客勸先生受，先生卻之愈堅。聞先生之風，謏墓而求金者，寧不自警乎？」他如記陶宗儀述杜清碧編《華夏同音》所收及於外化番書及國朝蒙古新字，曾樸述其先師金蘭室先生與諸生論「學」字之義，皆有關學術。又記周公瑾語：「惟信義是服，不患不到聖賢地位也。」尤為正大之論。誠如金霽所云：「士於學問之餘，取而覽焉，非惟可以資言論、廣見聞，誠足以起好善惡惡之心，而堅其操行，至或臨利害必有守，而弗苟為也。觀映雪之心，豈直以備清談云。」

此本據中國科學院圖書館藏明抄說集本影印。

【附錄】

【四庫提要】《東園客談》一卷（浙江范懋柱家天一閣藏本），明孫道易撰。道易字景周，自號映雪老人，華亭人。其書皆錄名人嘉言懿行及近代聞見諸事，以據當時友朋所書輯之，故曰「客談」。於每條下各標其名，凡錢維善、全思誠、陶宗儀、趙宣晉、夏文彥、夏頤、朱武、郭亨、邵煥、孫中晉、孫元鑄、黃琦、費圜用、楊孫、李升、曾樸並道易，共十七人，多元之遺民也。後有景泰丙子金霽跋，稱舊凡五十帙，散佚不全，幸存止此。則已非完本矣。○《東園友聞》一卷（編修程晉芳家藏本），不著撰人名氏。載曹溶《學

〔註467〕李希聖：《雁影齋題跋》，上海古籍出版社，2009年版，第377頁。

海類編》中，所錄皆宋、元間事。核檢其文，即剽劉孫道易《東園客談》，改題此名也。（《四庫全書總目》卷一百四十三「子部五十三‧小說家類存目一」）

【臨海王節婦】至元十三年丙子春正月十八日，淮安王巴延以中書右丞相統兵入杭……是年，丞相偏師徇地至臺之臨海，民婦王氏者美姿容，被掠。千夫長將殺其舅姑與夫，而欲私之。婦誓死不可，自念且被污，因陽曰：「能俾我為舅姑與夫服期月，乃可事主君。」千夫長見其不難於死，從所請。仍使俘婦雜守之。師還，挈行，至嵊縣，過清風嶺，婦仰天竊歎曰：「吾知所以死矣。」即齧拇指出血，寫口占詩於崖石上，曰：「君王無道妾當災，棄女拋男逐馬來。夫面不知何日見，妾身料得幾時回。兩行清淚頻偷滴，一片愁眉鎖不開。回首故山看漸遠，存亡兩字實哀哉。」自投崖下以死。死之日，抵今且八九十年，石上血跡如始寫時，不為風雨所剝蝕。僕昔過其下，尚能讀所寫詩。嵊丞謝端為之立祠，刻碑於死所。巴延臺哈布哈兼善公守越，立廟像享之。鄉人私表曰貞婦。著作李五峰先生孝光為記，郡上其事於朝，未報。噫！使公卿將相貞守一節若此數婦者，豈有賣降覆國之禍哉？宜乎秦、賈之徒為萬世罪人也。〔註468〕

【三瓦】吳旦生曰：《東園客談》云：「予家有堂名樂全，虞奎章為予記之。翰林陳眾仲有『能守不成三瓦戒，樂全長得保天鈞』之句，眾未解三瓦，詢之，云出《史記‧龜筴傳》，褚先生曰：『天尚不全，故世為屋不成，三瓦而陳之。』徐廣注：『一云為屋成，欠三瓦而棟之。』」余按：陳訓居。南村引之，似無義。後觀東園，乃其家所自記，則陳字徐注作棟，其義益顯，故喜而詳錄之。成化中吳克溫次吳匏庵《板屋》韻云：「何必大廈成，而後虛三瓦。」（吳景旭《歷代詩話》卷六十九「壬後集中之下‧元詩」）

可齋雜記一卷 （明）彭時撰

彭時（1416～1475），字純道，又字宏道，號可齋，江西安福人。正統十

〔註468〕 今按：此事原見陶宗儀《南村輟耕錄》。楊廉夫《題節婦詩》云：「介馬馱馱百里程，青峰後夜血書成。只應劉阮桃花水，不似巴陵漢水清。」後廉夫無子，一夕夢一婦人謂曰：「爾知所以無後乎？」曰：「不知。」婦人曰：「爾憶題王節婦詩否？謗誣節義，其罪至重，故天絕爾後。」廉夫大悔，遂更作詩曰：「天隨地老妾隨兵，天地無情妾有情。指血齧開霞嶠赤，苔痕化作雪江清。願隨湘瑟聲中死，不逐胡兒拍裏生。三月子規啼斷血，秋風無淚寫哀銘。」後復夢婦人來謝。未幾，果得一子。（見明夏樹芳採輯《女鏡》卷八）

三年（1448）戊辰科狀元，官至文淵閣大學士，卒諡文憲。自處泊然，嘗一主考會試，五廷試讀卷官，皆稱得士。於書無所不讀，文渾厚雅贍，詩主平淡，不雕刻。著有《彭文憲公文集》《正學階梯》《韻書正誤》等。生平事蹟見《明史》本傳。

　　此書一名《彭文憲公筆記》，多記明正統、景泰、天順、成化間事。有記人物者，如記太學祭酒李時勉教導諸生事，並稱其「涉歷艱險，操存有素，禍亂不足以動心，如此真有古人氣象」；又有記禮典故事者，如記翰林故事，同寅皆尚齒，且分學士、侍讀侍講、修編編修檢討三類，等級截然不紊；又如記翰林官，惟第一甲三人即除授，其餘進士選為庶吉士，教養數年而後除；又如記成化元年上行耕籍禮之情狀。又有記史事者，如記正統十四年土木之變後，百官劾姦臣誤國者，致擊死錦衣衛指揮馬順及內臣二人；又如記天順四年上諭謂「今科進士中，可選人物正當者二十餘人為庶吉士，止選北方人，不用南人」；又如記成化間朱永平定荊襄山劉通、石龍叛亂事，並記張英、劉長子之冤；又記廣西大藤峽蠻賊之害。要之，此書敘述細膩，曲折有致，亦可視之為「彭文憲公回憶錄」。

　　《四庫全書總目》列入小說家類存目，稱僅以筆記存公論，殊為無謂云云。然《翰林記》卷十一《紀時政》稱：「學士宋濂嘗輯《洪武聖政記》，此紀時之政也。自後學士解縉有《大明帝紀》，記洪武中事。大學士楊士奇有《三朝聖諭錄》，紀永樂宣德時際遇召對諸事。《天順日錄》則大學士李賢所著，雖紀時政，然旁及論建與所傳聞。是時又有《可齋雜記》，專紀在己見用之事，而本院故事多在焉，則大學士彭時筆也。」《殿閣詞林記》卷十五《記錄》亦稱其書為信史。

　　此書有《顧氏四十家小說》二卷本，又有借月山房匯抄本、《歷代小史》本、《說郛續》本，後三種均為節錄本。此本據民國十九年商務印書館景印元明善本叢書十種《歷代小史》本影印。

【附錄】

　　【四庫提要】《可齋雜記》一卷（浙江巡撫採進本），明彭時撰。時字純道，安福人。正統戊辰進士第一。官至文淵閣大學士。諡文憲。事蹟具《明史》本傳。此書述其生平閱歷，始正統乙丑，在國子監肄業，多稱李時勉善教事。次敘廷試第一及入翰林事，多陳夢兆機祥及諸瑣事。次記景泰初入內閣事，所載英宗北狩，額森內侵，奪門復辟，曹吉祥謀逆，皆甚寥寥，王文入相

事獨詳。敘周、錢二太后並尊及錢太后祔廟事，往返曲折尤悉。蓋平生經濟在策項忠一事，平生大節則在此一事。證以本傳，一一相合，知非詭詞以自炫。惟稱景泰初內外所御以于謙、陳循同功，似非公論。又記張英、劉長子之冤，以時方省親，自家至京，不及申救為解。然其後時在內閣，亦未聞申攘功之誅，正斂法之罪，僅以筆記存公論，殊無謂也。時本賢相，殆以此自識其過乎？（《四庫全書總目》卷一百四十三「子部五十三·小說家類存目一」）

【文淵閣大學士謚文憲彭公時神道碑銘】成化乙未三月日，少保吏部尚書兼文淵閣大學士彭公卒，訃聞，上悼惜不已，輟朝一日，贈特進光祿大夫柱國太師，謚文憲，賻鈔萬貫，命有司給棺槨營葬事。吏部官諭祭官，其子頤以尚寶司丞俾護喪歸，終制，頤奉從叔侍讀學士彥實所具狀，以公神道碑銘來請。予自己巳秋與公同事內閣，至是二十七年，相知最深，銘其可辭。按，公姓彭氏，諱時，字純道，先世居都陽。宋哲宗時曰忠泰以判官知安福縣，因家焉。曾祖古青，祖務威，父毓義，俱累贈兵部尚書兼翰林院學士。母王氏，繼母余氏俱累贈夫人。公自幼凝重嗜學，穎悟過人。甫長，從諸父受《春秋》，習舉子業，肆力群書，淹貫經義，文有奇氣，識者異之。正統辛酉，舉江右鄉試。至戊辰會試，名第三，廷試第一，授翰林修撰。己巳秋，英廟北巡，時方多事，奉命入內閣，預知機務，升侍讀，賜金帶及五品服。尋以繼母喪，懇乞終制。壬申起復，遷左春坊大學士。丙子修《寰宇通志》成，升太常少卿兼侍讀。天順丁丑正月，有邀南城迎駕者，公辭之曰：「吾豈敢貪天之功。」後貪功者皆得罪，上特召復入內閣，進兼翰林學士，與李文達同事，公輔翊居多，李心服之。天順末，錦衣衛指揮門達恃寵，忌李軋己，因中傷之，李幾得罪，公力辨始解。河南有衛官強橫，或以謀反誣之，公言其非。得末減冬寒，病咳，上遣太監牛玉視疾，且欲營居第，而宮車晏駕矣。今上嗣統，進吏部侍郎兼學士。乙酉冬，進兵部尚書兼學士如故。丙戌秋，乞歸省，馳驛以往，賜道里費，命中貴護送抵家，未逾月，手敕促赴朝。丁亥二月至京六月，以四川宣府遼東地震上疏條陳六事，皆切時政。八月，賜織金麒麟衣，總裁《英廟實錄》，進太子少保、文淵閣大學士、尚書如故，賜宴及衣服、鞍馬……辛卯二月，以疾乞致仕，弗許。十一月，冊立東宮，命公充副使。疢復見，上疏條陳七事，上嘉納之。壬辰，復上疏極言時政闕失，乞放歸田里，不允。公自己丑以後，數在告，上必命醫視疾，遣內臣致饋。乙未正月，滿尚書九載，升少保，病日轉甚，遂卒。公平生無疾言遽色，至於論辨事理，確然有定性，不喜

華靡，於物尤愛惜，非其義，一毫不苟取，與朋友交，久而益敬。人有善，稱道之。論薦人材，未嘗私以語人。嘗一典應天府鄉試，一主考會試，四廷試讀卷官，皆稱得人。讀書深探性理，文縝密純雅，書端楷精勁，類其人。有集若十卷、《正學階梯》《韻書正誤》等編，藏於家。（下略）（商輅撰）

【正統會試】正統十年乙丑會試，予中副榜不就，並下第者九百餘人俱入太學。時李先生時勉為祭酒，趙先生琬為司業。李先生正大，極意造就人才。初至，令坐堂一月，後乃散處於廡房，列格、致、誠、正四號號房中，有家室者居外，晨入饌堂讀書，俱朔望升堂。其於四號督勵尤切，夜讀務盡二更，將五更，復令膳夫提鈴循號房門喚起讀書，或自潛行以察勤惰，無燈者令人暗記，明示責罰。自是燈光達旦，書聲不歇，學者感激競相勸勉。先生多宿廡房，每隔三五夜必召予同鄉二三人侍坐談講，先生端坐儼然，或說鄉曲舊事，或論詩文，言簡而確，婉而有味，聽者忘倦，至更深乃已。別時必曰：「話久誤工夫，自當退補。」且曰：「三更是陰陽交代時，讀書宜二更即止，不過此時，過此則次早無精神。」其愛人多類此。助教李洪嘗謂予言，前歲學內因除庭樹被罰。是日先生方坐東堂閱試卷，而錦衣官校猝至，即掩卷起身，免冠解帶受縲線，合監師生來觀，皆驚愕失色。先生神色自若，徐呼諸生近前與語，曰某人某處講是，某處非，某人今次稍勝前，某人比前不及。因顧僚屬曰：「還，須校定高下出榜。」語畢乃行。已而命枷置監前，監生三千餘人上疏救解。有石大用者，又獨具本，願代枷，事乃釋。因相與歎息其事，謂先生平昔涉歷艱險，操存有素，故禍亂不足以動心。如此，真有古人氣象。而石大用者義氣激發，於儕輩中亦不可多得。然非先生德學感人之深，何以致此！是年夏，先生引年致仕，及秋而行，諸生用旗帳鼓樂群送，出崇文門，至城東南乃別。有百餘人同予送至通州，候先生舟發然後歸，無不泣下者。是舉前此所未有，是足以驗先生得人之深也。

【翰林故事】凡同寅皆尚齒，與諸司不同，然必以類分，學士自分一類，侍讀、侍講自一類，修撰、編修、檢討自一類，等級截然不紊，蓋其所來久矣。翰林官惟第一甲三人即除授，其餘進士選為庶吉士，教養數年而後除，遠者八九年，近者四五年，有不堪者復除授他職，蓋重其選也。然職清務簡，優游自如，世謂之玉堂仙，好事者因謂第一甲三人為天生仙，餘為半路修行仙，亦切喻也。

【除去奸黨】己巳八月，車駕北狩。郕王監國，於中門外視朝。百官糾

劾姦臣誤國者，方讀彈文，未起，錦衣衛指揮馬順從傍叱各官起去，給事中王竑遂起，先捽馬順首，曰：「此正是奸黨，當除去。」王退，百官用拳腳擊蹴馬順至死，仍擊死內臣二人，各官忠義憤發至於如此。是日，予居憂未出，聞之驚駭，蓋土木敗績，固非常之變，而此舉忠義亦非常之變也。

【拒見權寵】是年，徐、李被黜，有負權寵者語人曰：「我欲薦彭某入閣，因未與接識，故未果。」其人傳言曰：「可往一見之，後必善。」予對曰：「素不慣往見人。」有相愛者曰：「今人持重略求見不可得，爾徒手一見，何傷？」予對曰：「承厚愛，實不能往。去年當諸公合謀時，有沈司歷者三次來家見邀，予避不敢見。」蕭聰郎中又謂予曰：「沈是有力者使來，進用之機在此。今不見，後將有悔。」予曰：「我本無他望，何悔之有？且去年既自守不圖進，今往見人，求拔躐進，亦可恥也。」是時，李宜人聞此言亦曰：「官自來為好，不然雖做尚書，亦何足為榮。若無事，只如此過亦足矣。」予甚重其言。及入閣之命下，始知顯晦自有時，非人謀所能與也。

【狀元入內閣】天順元年九月初三日，上御文華殿，召臣時入見。令近榻前，問曰：「爾是正統十三年狀元耶？」時對曰：「臣不才，誤蒙聖恩拔擢，至今感戴不忘。」因叩頭者三。又問曰：「第二名陳鑑，第三是岳正。」時對曰：「是。」又問：「今年幾何？」對曰：「臣犬馬齒四十二。」上笑曰：「正好用事出外與酒飯去。」時叩頭退，已而命下，著文淵閣辦事。先是內閣用徐有貞、薛瑄。二月，升李賢於徐、薛上。六月，徐、李為事，薛致仕去，用岳正、呂原與許彬王文。七月，岳為事，許亦罷黜，復用李賢、呂原，至此乃增時為三人。蓋當時進退甚輕，希冀者眾，不意復及時也。惟時先見而後出命，豈懲前之未審歟？

雙槐歲抄十卷　（明）黃瑜撰

黃瑜（1425～？），字廷美，號雙槐老人，香山（今廣東中山市）人。景泰七年（1456）中鄉舉，入國子監肄業，繼而在戶部任職，後為長樂知縣。著有《雙槐集》《書傳旁通》。生平事蹟見《明史》卷一三四。

書前有弘治八年（1495）黃瑜自序，稱此書得諸朝野輿言，必證以陳編確論，採諸郡乘文集，必質以廣座端人，如其新且異也，可疑者闕之，可厭者削之，雖鬱于性命之理，若不足為畜德之助，而語及古今事變，或於道庶幾

弗畔云。〔註469〕又有嘉靖二十八年（1549）劉節序、黃衷序，書末有嘉靖二十七年（1548）呂天恩後序、嘉靖三十八年（1559）彭年重刻識語。

此書記明洪武迄成化中事，凡二百二十餘條。間亦有關學術者，如「尊孔衛孟」條記錢唐上疏諫言，使天下通祀孔子，而孟子得配饗不廢；「西域曆書」條記西域《回回曆》紀歲之法；「古注疏」條記周子、程子取孔安國、王弼古注皆於理甚當，自永樂中，纂修《大全》出，談名理者惟讀宋儒之書，古注疏自是而廢；「過揲九六」條謂朱子《本義》與《筮儀》微有同異，故《易學啟蒙》列圖明之，皆徇沈括之說；「彭、陸論韻」條謂「古人用韻，大率因六書諧聲而來，往往通而不拘，如《六經》可見已，宋吳棫才老《韻補》乃據唐、宋諸文士以律古人，是不足為準也」，並載陸華與陸鈇論韻書；「天地神化」論張載「一故神、兩故化」之說，「一月千江」條暢「理一分殊」之論。其他尚有記邵雍《皇極經世書》及曹端、薛瑄學行者。此外，尚有述異聞，記神怪者，多不經之談。

《七修續稿》國事類「雙槐歲鈔」條稱其書於本朝之事最多且詳，修史者當取焉。然阮元《文選樓藏書記》卷六稱此書抄撮史傳，記明洪武迄成化間事。

此本據國家圖書館藏明嘉靖三十八年陸延枝刻本影印。又有清道光十一年南海伍氏粵雅堂文字歡娛室刊《嶺南遺書》本。

【附錄】

【劉節《雙槐歲鈔敘》】宋左禹錫裒諸家雜說為《百川學海》，元陶九成纂經史百氏為《說郛》，類書紀載，庶其備矣。今予觀於黃公《雙槐歲鈔》，甚有所得，而歎古人多遺論也。夫長樂黃公，南海人也，蘊道立德，博學宏詞，抱志負才，思奮庸於時，以大厥施。起鄉薦，養太學，顧乃弗錄南宮，僅典一邑以老。平生操觚著述，凡所聞見，朝披夕撰，日積月累，始景帝嗣位七載，逮孝皇御極八驥，《歲鈔》乃成。聖神功德書焉，人文典禮書焉，天地祥眚書焉，經史異同書焉，懿行美政書焉，異端奇術書焉。考諸既往，驗諸將來，大有關係，殊非裂道德、乖倫彝、拂經背正、費歲月於鉛槧者比也。故今考之，為卷十，為目二百二十。約可博，小可括大，簡可勝繁，無蹈襲，無補綴，無剽竊，可信可法，可觀可興，可以訓誡勸懲，固不具焉。評者以為應仲遠之

《風俗通》，蔡中郎之《動學篇》不是過也。乃若博古物如張華，核奇字如揚雄，索異事如贊皇公，知天窮數如淳風、一行，可兼其長。亦何必訂古語為鈴契，究諺談為稗官，搜神怪為鬼董狐。資謔浪調笑為軒渠子，以稱雄於技苑談圃為也。孔子曰：「多聞擇其善者而從之，多見而識之。」此萬世作者法程也。茲長樂公，殫智竭勞畢四十年，遵孔氏之遺教，輯儒者之完書，示今傳後，不亦賢於人遠矣哉！我朝宣、正以至弘、德，館閣臺省，宗工學士，各紀聞見，著為錄、記、談、說，自成一家。邇年尚述大夫，萃而傳之，名曰《今獻匯言》。博物洽聞，殆與黃公斯鈔互相羽翼，左、陶二子惡足專美前世哉！小子無似，幸不棄於泰泉詹學，鉅篇示軌，受迪多矣。敢拾俚語，置諸末簡，詢芻蕘之一得，采葑菲而不遺，竊屬望於博雅君子。嘉靖二十八年己酉秋八月望，賜進士出身、通議大夫、資治尹、刑部右侍郎致仕，前都察院右副都御史、奉敕總督漕運、巡撫山東、南畿，大庾劉節書。

【黃衷《雙槐歲鈔序》】夫著道莫最乎纂述，厥用維五，而疵亦稱是焉。蓋敘古者用乎擇者也，贊今者用乎確者也，品才者用乎公者也，考業者用乎會者也，諦文者用乎理者也。是故美具於擇，惡濫以蔽美也；鑒永於確，惡誣以廢鑒也；賢重於公，惡暗以妨賢也；功即於會；惡宴以隱功也；作貫於理，惡謬以纇作也。斯纂述之恒局云。予觀長樂令黃公《雙槐歲鈔》，未嘗不心注其思，而深慨其遇矣。夫是之為書，言乎其古也，搜羅群籍，維典乃憲，譬則武庫洞開，而神物焜耀，粹其擇矣；言乎其今也，明良之際，開物成務，擬日月而驪雲漢，昭其確矣；言乎其才也，採瑩棄瑕，而舊靡德掩，廓其公矣；言乎其業也，因事以表伐，而審勢以裁變，標其會矣；言乎其文也，穠辭謠讖，捃摭周漏，然卒規之於雅節，綜其理矣。居諸中秘，鑒戒其備乎？推諸州里，道化其興乎？施諸四方，文儒學士不有矜快於先睹者乎？昔應劭沿風俗而《通義》成，世南工賦詠而《書鈔》富，溫公志獻納而《稽古》詳，東萊慕演撰而《事記》顯。馳藝苑者，籍餘沃焉。乾是書之華，固足以比隆於諸子，要之，精蘊宜未可以紀載窺也。雖然，予故有深慨焉。公惟篤古之行，超萃其才，內弼亮而外宣風，蓋優舉焉。乃疏格於五事，驥淹於百里，四十年匡濟之懷，附之鉛槧以老，所謂「德澤不加於時，欲垂空言以詔後世」者，無亦異代而同遭歟？抑慶澤之源猶瓜瓞也？於語有之：「不於其身，必於其子孫。」粵洲封君，相世弗耀，而風操特重，官端先生蔚然懸深源之望於天下。雙槐名亭，殆有俟耶！王氏徵之矣。書十卷，凡二百二十篇。賜進士出身、通議大夫、兵部右

侍郎致仕，前巡撫雲南、湖廣地方都察院右副都御史，後學南海黃袞書。

【黃瑜《雙槐歲鈔自序》】儒者之學，通古今，達事變，窮理盡性，以至於命而已矣。予質性疏魯，雖頗嗜學，然於道望洋，殊未有得。乃日事操觚，每遇所見所聞暨所傳聞，大而縹緗之所紀，小而菹蓏之所談，輒即抄錄。歲自景泰丙子，以迄于今，四十年於茲，而編成焉。凡聖神功德必書，崇大本也；人文典禮必書，急大務也；天地祥眚必書，期大化也；經史異同必書，決大疑也；懿行美政必書，昭大節也；異端奇術必書，正大經也。言今必稽諸古，言天必征諸人，言變必揆諸常，言事必歸諸理，此予著述之志也。自顧學識譾陋，擇焉而不精；詞藻粗弱，語焉而不詳；搜括疏漏，猶登山望遠而近不知；毛舉細瑣，猶人室觀近而遠不察，徒為飾轅覆瓿之贅物焉爾，何足以塵藝圃而辱牙籤也哉？昔者成式《雜俎》，志怪過於《齊諧》；宗儀《輟耕》，紀事奢於《白帖》，然而君子弗之取，何則？多聞不能以闕疑，多識不足以畜德故也。今予此書，得諸朝野輿言，必證以陳編確論；採諸郡乘文集，必質以廣座端人。如其新且異也，可疑者闕之，可厭者削之。雖鬱于性命之理，若不足為畜德之助，而語及古今事變，或於道庶幾弗畔云。雙槐，亭名，在廣郡會城，予解組後棲息處也。時大明弘治乙卯仲春穀旦，七十迂叟前琴堂傲吏香山黃瑜廷美甫謹書。

【修省直言】先大父長樂府君，蘊道立德，思奮庸於時。領薦後即挈家遊宦，十有五年於外，乃返會城以老。故見聞甚富，然必參伍研核，歲增月潤，始成是編，惟館閣一二事，猶闕疑焉。比佐竊祿留院，堂之東一鉅櫃，扃鐍案牘，雖吳元年楮墨，完整如新，因據而補之，洪武中科第及永樂初吉士姓名是也。憶孩提時，府君抱哺，日置諸膝。先考過庭，時時問及名理神化，披閱《語類》諸書，且誦且談。既螢所疑，則笑曰：「程、朱語我矣，又奚疑焉？」其篤信如此。聞邸報時事，輒歎曰：「蠻夷猾夏，寇賊奸宄，雖帝世不能無也。然明良率作，修其本以勝之。今也機軸轉移，竟何如哉，竟何如哉！」江湖之憂，形諸鈔中者深矣。及佐七八齡，教以數與方名。偶弄筆作河洛點畫，見之，喜溢眉宇，遂遣就外傳。今恭閱是編，音容如在，感念罔極，為之愀然。因書《目錄》後，以示子孫，尚寶藏之。嘉靖癸卯秋八月既望，奉直大夫、春坊右諭德兼翰林院修撰、嗣孫佐頓首百拜謹書。

【呂天恩《雙槐歲鈔後序》】夫上不足以厚人倫、統世教，下不足以紀名物、經變故，近不足以彰鴻烈、闡幽光，遠不足以垂遺憲、綦後鑒者，君子不

書也。恩生也晚，不足以窺古作者之意。然竊聞之，記事載言者，必文直事核，求不謬於此而已。嘉靖歲丁未，恩受從化之役，間抵郡城，得請見於泰泉先生，出是編見示。恩受而讀之，知為先生王父長樂公所著。其曰「雙槐」者，公燕息之室也；曰「歲鈔」者，遜作者之名也。紀述起於景泰丙子、迄於弘治乙卯。首之以神功峻烈，以尊君也；繼之以嘉言善行，以徵獻也；參之以祥瑞災眚，以示微也；博之以雜物撰德，以遊藝也。或標其端緒，而條目以舉；或撮其樞要，而幾微以著。其文直而肆，其旨幽而顯，其要歸一折之於道，信良史之遺也。昔左史倚相，能讀《三墳》《五典》《八索》《九丘》；東方朔好古，傳經術、博觀外家之語。公之綜覈，非斯人之儔與？公始以鄉薦入太學，即上六事，幾觸忌諱。及蒞長樂，能剖析滯冤，諸所施為，蓋不負所學矣。然甫試邑，遂解組而歸。其論撰止此。蓋自其所聞見而筆之，示傳信也。使公敭歷華要，以紬金匱石室之藏，其可傳者，顧若是邪？今先生以宏材碩學，蔚為儒宗。其所載記及郡邑志乘已不下數十種矣。將來勒成聖代一經，貽之永久，必有以續是編之所未及者。昔司馬遷成史談之志業，韋賢傳祖孟之詩禮，雖不敢以擬諸先生，而繼述之跡則似之矣。於戲！公之積學種德，將攄忠以匡時也，而著此以見志。先生惟恐遏迭其光，而刊布以流無窮。《易》曰：「可久則賢人之德，可大則賢人之業。」然則忠孝之久且大者，亦少概見矣乎？恩，先生督學時門人也，忘其謭陋，謹識末簡，以質諸知言者焉。嘉靖戊申孟秋吉日，門下晚學生灌陽呂天恩謹書。

【彭年《重刻雙槐歲鈔識》】國家史館之設，崇嚴秘密，非踐黃扉、遊玉堂，不可得而窺也。閭閻山藪之士，博識方聞，實有賴於野史之作。然史才甚難，兼善者鮮。至於取遺頗偏，文力短澀，或失則疏，或失則誣。故載述日廣，而讀者忽焉，儕於稗官小說者多矣。嶺南進士黃君在素為宮端大學，泰泉公之子會試道吳，以曾大父長樂先生《雙槐歲鈔》十卷見授。年讀之卒業，曰：「良史才也！」其文雄贍，其事詳覈，筆削之際，務存勸誡，誠有若先生所謂「崇大本、急大務、期大化、決大疑、昭大節、正大經」，而言今稽諸古，言天征諸人，言變揆諸常，言事歸諸理，備極體要，成一家言。累朝列聖之治化禮文、名卿良士之嘉言善行，略可概見，非近日驟刻諸書所能及也。友人陸君延枝，世善史學，好古尚奇，聞下走之說而領焉，乃曰：「江南、嶺表，相去萬里，博雅之士，饑渴願見，豈易得哉？吾當另梓以廣其傳，有志編摩者用補正史之或遺，不亦善乎？」遂付諸鋟工。嘉靖己未夏五既望，吳郡晚

學彭年識。

【伍元薇《雙槐歲抄跋》】右《雙槐歲鈔》十卷,明香山黃瑜廷美撰。按《通志》,先生棄官歸,徙居會城番山下,手植槐二,構亭吟嘯其中,自稱雙槐老人,因以名其文集及此書也。今越山下數武有雙槐洞者,殆即其故居歟?《明史・藝文志》:黃瑜《雙槐歲鈔》十卷,注起洪武,迄成化中事,然如古注疏、過撰九六、秦新、名諱、衛甲、吐卷等十數條,亦不僅專言明事也。又如金尚書際遇、己巳禦虜諸將、卜馬益數條,王世貞《史乘刊誤》皆譏其失實。又如所云孝宗曾贈後父李公為慶元伯,沈德符《野獲編》亦疑其未確,而山阜變占一條,則又援其說以為證,蓋傳聞之詞彼此互異,即操史筆者固不能比而同之矣。何良俊《四友齋叢說》則謂其載憲廟時事頗為詳實,如「六臣忠讜」、「邱文莊言行」、「名字稱呼」、「長幼禮嚴」諸條皆備載之,云錄出以俟作史者,則亦明代野史中難得之書矣。是書玄孫逵卿重刻於康熙甲子,迄今傳本寥寥,爰為校正數十訛字而重刊之。辛卯花朝,後學伍元薇謹跋。

【四庫提要】《雙槐歲抄》十卷(浙江鮑士恭家藏本),明黃瑜撰。朱國楨《湧幢小品》曰,黃瑜字廷美,香山人。景泰丙子舉人。長樂縣知縣。有惠政,以勁直棄官。手植槐二,構亭吟嘯其間。自稱雙槐老人,作《雙槐歲抄》,即此本也。所記洪武迄成化中事,凡二百二十條。黃虞稷《千頃堂書目》稱其孫佐以春坊諭德掌南京翰林院事。於院堂書籨中得吳元年故簡,因足成之。案:佐有目錄跋語,則所補者為洪武初科第及永樂庶吉士姓名二條是也。其書首尾貫串,在明人野史中頗有體要。然亦多他書所載,無甚異聞。至於神怪報應之說,無關典故者,往往濫載,亦未免失於裁翦矣。(《四庫全書總目》卷一百四十三「子部五十三・小說家類存目一」)

【文淵閣銘】宣廟《御製文淵閣銘》,有敘曰:「古昔帝王之有天下,既建朝堂以聽政,則必有怡神養性之所,萃天下之書,延天下之士,相與講論道德,而資啟沃焉。我太祖皇帝始創宮殿於南京,即於奉天門之東建文淵閣,盡貯古今載籍,置大學士員,而凡翰林之臣,皆集焉。萬幾之暇,輒臨閣中,命諸儒進經史,躬自披閱,終日忘倦。以天縱之聖,加日新之學,道德之懿、仁義之實,充然洽於天下矣。太宗皇帝肇建北京,亦開閣於東廡之南,為屋凡若干楹,高亢明爽,清嚴邃密,仍榜曰『文淵』,其設官一如舊制。分南京所藏之書實其中,自『六經』之外,諸史百家,靡不畢備。其所以明道興治、以繼先志而裕後嗣者,規模弘遠矣。予承皇考仁宗昭皇帝丕緒,嗣守列聖洪

業，夙夜兢惕，罔敢怠遑。思惟經以載道、史以載事，百氏之文，亦所以羽翼斯道者也。於是聽政餘閒，數臨於此，進諸儒臣，講論折衷，宣昭大猷，緝熙問學，庶幾日就月將，造乎其極。上可以承祖考付託之重，下可以福黎庶而慰其仰戴之心。而斯閣之傑然者，亦光遠有耀矣。乃為之《銘》，《銘》曰：『於昭天文燦壁奎，國家書府此其儀。文淵之閣屹巍巍，古今載籍靡有遺。三王二帝軒與義，文章道德後世師。祖宗聖學於緝熙，輔相天地福黔黎。神而明之咸在茲，肆予承統御華夷。善繼善述敢或隳，聖經賢傳乃所資。萬幾之暇樂忘疲，上紹列聖之弘規，下使兆姓皆恬熙。刻銘茲閣萬世貽，斯文丕闡天相之。』」觀聖言則閣為天子講讀之所，非政府也，故列凳側坐而虛其中，以俟臨視。洪武中，代言修書、授諸王經者皆在。而戶曹張賞，賜次於旁，用備賫予。永樂初，命侍讀解縉等七人入掌密勿，凡行移稱翰林院內閣官，傳旨條旨，則與尚書蹇義、夏原吉同事，而學士王景輩不與焉。縉等遷至大學士，惟胡儼尋擢祭酒。庚寅二月，儼兼侍講，再入閣。有詩云：「承乏詞林愧不才，重承恩詔直芸臺。筵前視草頻封檢，帶得天香滿袖回。」蓋詞臣入直之常爾。洪熙初，閣老皆躋保傅，參預幾務。惟在北京，宣德時，臨視至再，始設庖廚，不復退食於外，而出掌部者不再入。正統初，開經筵於文華殿，聖駕自是罕至。傳旨則中官專之，惟條旨墨書小票，司禮監用朱批出，間有依違，而他官不與。迨徐武功、李文達掌文淵閣事，始以政府視之，人亦稱為宰相矣。（《雙槐歲抄》卷四）

【太學生進諫】景泰初，大開言路。太學生西安姚顯疏言：「王振竭生民膏血，修大興隆寺，極為壯麗，車駕不時臨幸。夫佛本夷狄之人，信佛而得夷狄之禍，若梁武帝足鑒前車。請自今凡內臣修蓋寺院，悉行拆毀，用備倉廒，勿復興作，萬世之法也。」時方建隆福寺，不為停止。會寺成，上方議臨幸，有司鳳駕除道，太學生濟寧楊浩疏言：「陛下即位之初，首幸太學，海內之士，聞風快睹。今又棄儒術而重佛教，豈有聖明之主事夷狄之鬼，而可垂範後世者邪？」會儀制郎中章綸亦以為言，上即日罷行。（《雙槐歲抄》卷五）

【才力不及】舊例，朝覲考察天下官員，其沙汰之目曰老疾、曰罷軟、曰貪酷、曰索行不謹，凡四而已。成化丁未，豐城李裕為吏部尚書，建言謂：「遲鈍似軟、偏執似酷，二者於老疾、不謹復無所屬，乃創立『才力不及』，通前為五。」朝廷以其有愛惜人材之意，從之，至今為例。裕以附李孜省得大用，此其媚眾之術也。（《雙槐歲抄》卷九）

【丘文莊公言行】弘治乙卯春二月戊午，少保丘公薨於位，概其平生，不可及者有三：自少至老，手不釋卷，其好學一也；詩文滿天下，絕不為中官作，其介慎二也；歷官四十載，俸祿所入，惟得指揮張淮一園而已，京師城東私第，始終不易，其廉靜三也。家積書萬卷，與人談古今名理，衰衰不休。為學以自得為本，以循禮為要。成化初，予寓京師，得長子，名之曰「都生」，公顧予，易以「都得」，取「自得」之義也。陳主事晟衣繡唁公聞喪，面斥曰：「既不能以禮自處，又不能以禮處人。」自學士為祭酒，最久任。所著《大學衍義補》《世史正綱》《家禮儀節》，每遇名流，必質問辯難，以求至當，皆足傳世。成化癸卯，陳白沙至京，與談不合，人謂公沮之，不得留用。時猶未入閣也，安有沮之之事乎？及入閣，與太宰王三原皆太子太保。偶坐其上，三原嘖有煩言。會太醫院判劉文泰失職，奏三原變亂選法，以所刻傳封進，內多詳述留中之疏。上責其賣直沽名，致仕去。人以教許議公，公實不知也。謝侍郎鐸至形諸言論，訾其著述。劉學士健謂曰：「丘仲深有一屋散錢，只欠索子。」公曰：「劉希賢有一屋索子，只欠散錢。」健默然甚愧。又嘗勸其門生王鏊、謝遷二學士讀書循禮，毋狎飲廢事。至面檢毛修撰澄廷對策，多出《小學史斷》，全無自得，以故翰林後進多憾之。揆公素履，於諡法例得「文正」「文清」，而慸諡「文莊」者，其以此夫？（《雙槐歲抄》卷十）

【目錄】第一卷：聖瑞火德／講經興感／御製逸詩／醉學士／詩歌／春王正月辯／宋元通鑒／何左丞賞罰／風林壬課／嘉瓜祥異／文華堂肄業／尊孔衛盃／貴妃禮制／禮儀尚左／禁水火葬／宋復元仇／朝雲集句；第二卷：／國初三都／中都閱武／朝會紀事／西域曆書／國子試魁／聖旨立坊／兩魁天下／海定波寧／丁丑再試／劉學士／邑俊升郡學／孝義家／臣節忠謹／詠初月／姓名相同／綱常為治／御寶文移；第三卷：三豐遯老／聖孝瑞應／劉伯川善觀人／胡貞女／史孝子／冷協律／姚少師／長陵八駿／柳莊相術／金尚書際遇／甲申／庶吉士／洪恩靈濟宮／營建祥異／觀燈應制／駕馭文武／臨洮本貫／周憲使／龍馬／玉簫宮詞／首甲朱書／古注疏／過摹九六／解氏兄弟／觀物吟；第四卷：聖子神孫／詩歌純粹／文淵閣銘／太孫侍從／孝子擢大學士／陳情願仕／端本策／盧師二青龍／臺官占後星／都堂先兆／秦新名諱／宋元倫理／經書對句／衙甲吐卷／典史大魁／斷鬼石／歷事六科／外任改京秩／曹月川學行／狩蘭操／謫官盡職／賜降虜姓名／恩宥軍伍／陳御

史斷獄；第五卷：閱武將臺／內府教書／蒙古瓦剌／朵顏三衛／倭國逸書百篇／朝覲旌勵／石主事救師／脣掾官至尚書／士夫孝行／場屋知人／京軍邊軍／馬政／周鳳錢暉／戊辰登科錄／賈斌進忠義集／蠱吐活魚／冤魂人夢／己巳禦虜諸將／因災卻瑞／雨滴謠／太學生進諫／易儲詔／京闈二科舉首；第六卷：北京十景／太玄洞極潛虛／夏二子／曹教諭詩評／禱神弭寇／先聖大王／草廬原理／皇極觀物／性敏善斷／龔指揮氣節／井妖致殞／旌忠祠／王忠肅公／薛尚書論禮樂／張都督不欺／馬楊二義士／非非國語；第七卷：金錢銀豆／黃寇始末／王清罹難／太宰上壽／南苑射獵／布衣進心學圖／壽星塘／蓮峰卿雲／登科夢兆／湯陰精忠廟／岳武穆遺詩／理宗本生系／莊周亂名實／薛文清公德學／廊邸官僚／彭蠡纜精／絕句近唐／古廉敉織錦圖；第八卷：名公詩讖／仝寅王泰卜筮／唐試進士排律／賜進士詩／夜見前身／河套墩臺／車戰器械／西番過狄／四代通禮／始終清操／棠花表節／貞燕烈鴛／木工食一品俸／三十六宮／緣木求魚／尹氏八士／祭公芮伯／襄邸朝禮／玉堂賞花／馬恭襄殊錫／萬棋祿命／鵲橋仙／草馬骨羊／妖僧扇亂／獄囚冤報／稞人妻；第九卷：南京科道／莊定山／追復位號／林玒降箕／伏闕泣諫／詠竹言志／建州女直／彭陸論韻／龍洲魁識／妻救夫刑／山阜變占／瑞夢堂／文武換易官秩／會試論表／援例入監／龍與蜘蛛鬥／京官折俸／援溺得子／六臣忠讜／簡除保舉／荊襄兵兆／卜馬益／才力不及／名畫古器／東海二仙／虎臣進諫／道具體用／獎賢文；第十卷：孝穆誕聖／進御當夕／御製靜中吟／午朝奏事／謫仙亭／湯李自相標榜／劉綿花／牛生麟／籌邊翊治策／劉王疑冢／天地神化／名字稱呼／給由賑濟／瀋陽雞異／木蘭復見／長幼禮嚴／聖賢後裔／裴周二大魁／何孝子／進士教職長史／哈密／鳶魚辯／一月千江／子陵太白／丘文莊公言行／保舉神童

【雙槐歲抄】《雙槐歲抄》一書，南海黃知縣某作也。於本朝之事最多且詳，修史者當取焉。如孝宗之母紀後死事，曹吉祥反事，朵顏二衛地事，河套墩臺蒙古瓦剌元帝之後，己巳禦虜諸將之功，次京軍邊軍馬政之始末，可謂最悉。而瑣碎者亦不能枚數。（郎瑛《七修續稿》卷二）

石田翁客座新聞十一卷　（明）沈周撰

沈周（1427～1509），字啟南，號石田，晚白號石翁，蘇州府長洲人。

務讀書，不應舉，棲心丘壑，名利兩忘。其詩非所留意，揮灑自如，自寫天趣。其畫承「元四大家」（黃公望、王蒙、倪瓚、吳鎮），自成「吳門畫派」一代宗師，與文徵明、唐寅、仇英並稱「明四大家」（文徵明、唐寅實出其門下）。傳世作品有《廬山高圖》《秋林話舊圖》《滄州趣圖》。著有《石田集》《石田雜記》。生平事蹟見《明史》卷二九八、陳正宏《沈周年譜》、段紅偉《沈周畫傳》。

沈周晚歲名益盛，客益眾，造百客堂，每近暮，必張筵，四方人各令述所聞，書於簡，曰《客座新聞》。如「張布政一門死節」條獨家報導：「曜州張紞子某少有學行，尚氣節，國初以人才詔赴京師，初試部職，建文時歷升雲南布政，永樂初召回，臨行與妻子訣曰：『吾荷先帝知遇，起自草野，一旦叨此重任，今國事已移去，則何為？惟一死以報國耳。』偕至鍾山下，有深淵名龍潭，張乃沐浴具冠服，向淵慟哭，再拜，投於淵而死，其妻與二妾四男女見張投淵，皆大慟，繼投，家人及隸卒各二人咸慟哭云：『相公娘子輩皆為國亡，我輩不為相公死乎？』亦把臂連死於潭。」如此驚天地泣鬼神之「新聞」竟然遭遇「歷史」審判，被王世貞《史乘考誤》指控為虛假「新聞」：「張紞洪武末以雲南左布政召回，拜吏部尚書，壬午初謁太宗，賜敕慰諭，最後乃經於後堂耳。《客座新聞》所載無一實者，張公在雲南政績甚著，將來宜入循吏傳，不宜與方鐵諸公同。」王世貞《弇州四部稿》卷七十一《明野史匯小序》又將其列入劣等之「野史」：「野史之弊三：一曰挾郤而多誣，其著人非能稱公平，賢者寄雌黃於睚眥，若《雙溪雜記》《瑣綴錄》之類是也。二曰輕聽而多舛，其人生長閭閻間，不復知縣官事，謬聞而遂述之，若《枝山野記》《剪勝野聞》之類是也。三曰好怪而多誕，或創為幽異可愕，以媚其人之好，不核而遂書之，若《客座新聞》《庚巳編》之類是也。」沈德符亦曰：「吾家石田，雖高逸出存中上，終以布衣老死吳下，故所著《客座新聞》，時有牴牾。」〔註470〕

此書乃前信息時代之「新聞」，雖多神神鬼鬼，奇奇怪怪，瑣屑在所難免，然亦間出精彩，如「史員外確論」條曰：「北京戶部史員外常云：『今之仕宦者多是官做人，古之仕宦者人做官也。』其言有理。書云：『不惟其官，惟其人。』信夫！」「官做人」者，猶今「屁股決定大腦」之謂也。四五百年尚未改變，如此「新聞」之生命力不可謂不頑強矣。又如「吞珠割腹」條

〔註470〕《續修四庫全書》第1174冊，上海古籍出版社，2002年版，第697頁。

報導：「英廟時，御用監太監林某嘗使廣東，偶得一珠，圓大光瑩，絕世無比，每自稱愛，嘗以大革為囊盛之，以壓龍褻。未幾，疾作，將死，尤戀戀於此珠，潛吞之。死後家奴有知之者，至夜，以刀剜其腹，果獲此珠。噫！尤物害人，死亦就戮，慘毒如此，書之以戒世之急於翫好者。」如此絕妙「新聞」，一之謂甚，其可再乎？在「野史」與「小說」之間，此客座「新聞」之定位乎？沈周與朋客閒話，凡官場逸聞、文人軼事，瑣言細語，有聞必錄，頗多妖異鬼怪、因果報應之說。語多附會，不詳考證，如是我聞，如是記錄，故陸采《冶城客論》譏其偏信門客妄言。

此本據國家圖書館藏清抄本影印。此書尚有上海圖書館藏明鈔七卷本、南京圖書館藏清南枝堂抄本。

【附錄】

【四庫提要】《石田雜記》一卷（編修程晉芳家藏本），明沈周撰。周字啟南，長洲人。以繪事名一時。郡守欲以賢良薦，周筮得《遯》之九五，遂決意不出。年八十三而卒。事蹟具《明史·隱逸傳》。此編乃所記聞見雜事。末有伍忠光跋，稱先生化後二十餘年，而是記存於糊工故紙之中，手墨宛然，疑即先生絕筆。友人何良輔持以示予，因命工梓之云云。蓋本叢殘手稿，非有意於著書，故所記頗涉瑣屑云。

【安亭萬二】嘉定安亭萬二，元之遺民也，富甲一郡。有人自京師回，二問何所見聞。人曰：「皇帝有詩云：『百僚未起朕先起，百僚已睡朕未睡。不如江南富足翁，日高丈五猶擁被。』」二歎曰：「兆已見矣！不去，難將及。」以其貲付幹僕，買舟載妻子泛湖湘而去。不一年，江南大族以次藉沒，獨二獲令終。

【石田先生墓誌銘】有吳隱君子，沈姓諱周，啟南字。而世稱之唯曰石田先生。先生世家長洲之相城裏。曾大父良琛，始闢田以大其家，大父孟淵、考恒吉，皆不仕，而以文雅稱。先生風骼潔修，眉目媚秀，外標朗潤，內蘊精明。書過目即能默識，凡經傳、子史、百家、山經、地志、醫方、卜筮、稗官、傳奇，下至浮屠、老子，亦皆涉其要，挹其英華。發為詩，雄深辯博，開合變化，神怪迭出，讀者傾耳駭目。其體裁初規白傅，忽變眉山，或兼放翁，而先生所得，要自有不凡近者。書法涪翁，遒勁奇崛，間作繪事，峰巒煙雲波濤、花卉鳥獸蟲魚，莫不各極其態。或草草點綴，而意已足。成輒自題其上；時稱「二絕」。一時名人皆折節內交，自部使者、郡縣大夫，皆見賓禮，搢紳東西

行過吳，及後學好事者，日造其廬而請焉。相城居長洲之東偏，其別業名「有竹居」，每黎明，門未闢，舟已塞乎其港矣。先生固喜客，至則相與燕笑詠歌，出古圖書器物，摸撫品題，酬對終日不厭。間以事入城，必擇地之僻隩者潛矣。好事者已物色之，比至，則屨滿乎其戶外矣。先生高致絕人，而和易近物，販夫牧豎持紙來索，不見難色；或為儈作求題以售，亦樂然應之。數年來，近自京師，遠至閩、浙、川、廣，無不購求其跡，以為珍翫。風流文翰，照映一時，其亦盛矣。先生自景泰間已有重名，汪郡守滸欲舉應賢良，不果；王端毅公巡撫南畿尤重之，延問得失，而先生終不及時政，曰：「吾野人也，於時事何知焉。」然每聞時政得失，則憂喜形於顏面，人以是知先生非忘世者。初，先生事親，色養無違。母張夫人，以高壽終，先生已八十，而孺慕毀瘠，杖而後興。弟病瘵，終年與同臥起。館嫠妹，撫孤侄，皆有恩義。尤喜獎掖後進，有當其意者，為延譽不已。先生娶於陳，生子曰雲鴻，官崑山縣陰陽訓術，早卒。庶子復、孫履，皆郡學生。先生以正德四年八月二日卒，壽八十有三，復與履治喪，以壬申十二月二十一日葬相城西牒字圩之原。所著有《石田稿》《石田文鈔》《石田詠史補忘》《客座新聞》《沈氏交遊錄》若干卷，獨其詩已大行於時。文徵明曰：「石田之名，世莫不知。知之深者誰乎？宜莫如吳文定公及公。闡其潛而掩諸幽，則唯公在。」予諾焉。銘曰：或隆之位，而慳其受。或嗇之秩，而侈其有。較是二者，吾其奚取？嗟嗟石翁，掇眾遺棄。發為渾鍠，震驚一世。彼榮而庸，磨滅皆是。相城之墟，湖水沄沄。於戲邈矣，我懷其人。（王鏊撰）

震澤紀聞二卷 　（明）王鏊撰

　　王鏊（1450～1524），字濟之，號守溪，晚號拙叟，學者稱震澤先生，蘇州府吳縣（今江蘇蘇州）人。成化十一年（1475）進士，會試第一，廷試第三，授翰林院編修，累官至文淵閣與武英殿大學士，卒贈太傅，諡文恪。鏊在相位時，劉大夏、楊一清皆劉瑾所忌，將甘心焉，鏊為委曲諭解，人以此多之。文章爾雅，議論明暢。著有《姑蘇志》《震澤集》《震澤長語》等書。生平事蹟見《明史》本傳。

　　此書所記，皆明代人事，分人條繫，體近列傳，間有二人合為一條者，自宋濂至焦芳，凡四十六人，如「王行」條記王行家貧無書讀，備於大姓之

家而遍讀其書，後主藍玉家為教授，終因藍玉謀反事坐死；「薛瑄」條記王振召瑄為大理少卿，而瑄不謝王，又因都御史王文劾瑄受賄而下死獄，瑄臨刑而神色自若，後振意解，傳詔赦之，謫戍邊。「孟密」條記孟密娶木邦之女，而其父盡以寶井勝焉，孟密強而與木邦相攻，訟於朝，而兵部諸津要多受孟密之賄，而都御史程宗往按其事，立孟密為安撫司宗，木邦勢浸弱，反出其下，雲南之患由此起，至今為梗；「李東陽」條記李東陽媚閹戀位，力辨楊一清所撰墓誌之妄，又言東陽性善謔，嘗記朝士詼語，積以成帙，名曰《淵源錄》。

此書前有嘉靖三十年（1551）魏良貴序，稱其稽合異同，考正得失，以成一代之信史。〔註471〕李慈銘曰：「《紀聞》皆紀明事，而於並時人為詳，分人條繫，似列傳體，其中多直筆。如言萬安之穢鄙，焦芳之姦邪，皆狼籍滿紙，不少隱避。文恪正人，固非妄詆，又事皆目睹，徵實而書；然心有事後而始明，論有日久而事定，當日之彌縫委曲，未必能盡知也。」〔註472〕潘景鄭稱此書紀錄遺聞，自洪、永迄弘、德，凡忠賢遺行，奸佞隱情，靡不畢載，足補史乘所未及；然其掇拾見聞，頗涉荒誕，如言宋景濂之自經僧寺中，建文帝之重見正統間，是亦不免里巷傳聞之談，烏足以昭信後來耶？然所載太祖殘暴，以及累朝大臣互相擠陷之由來，降而至於中官之擅作威福，洵足為一代之實錄，後世之殷鑒。惟其瑣屑蕪雜，尤不足當史臣之摭拾耳。文恪生當孝廟猜忍之日，得引身避禍，明哲保身，蓋茲編者，非其座右箴銘耶？〔註473〕然《明史例案》卷二稱此書為身居臺閣而著書甚紕繆者。王世貞《史乘考誤》多所駁正，崔銑《洹詞記事抄》亦云：「《震澤紀聞》核矣，猶謂文達之賄則誣也，徐文靖之虛己則黨也，薛文清之戍則訛也……其他之壞典可知矣，故採者慎之慎之！」

此本據國家圖書館藏明末刻本影印。

【附錄】

【賀燦然《震澤長語序》】王文恪公，故有《長語》《紀聞》各二卷。歲久，漫漶不可讀。玄孫永熙重壽之梓，並梓其尊人遵考《紀聞續卷》及《郢事紀略》。總題曰《震澤先生別集》。屬余序之簡端。夫碩儒巨公，涉筆成訓。

〔註471〕《續修四庫全書》第1167冊，上海古籍出版社，2002年版，第467頁。
〔註472〕李慈銘：《越縵堂讀書記》，上海書店出版社，2000年版，第701～703頁。
〔註473〕潘景鄭：《著硯樓讀書記》，遼寧教育出版社，2002年版，第398頁。

《震澤長語》自經術、典制、文章、聲律以及象緯、仙釋之學，亡不擷精咀華，多昔人未闡之論。《紀聞》則襃貞斥佞，徵信訂訛。端邪之鏡，得失之林具焉。而遵考所續紀，大都稱述其鄉之先哲，以寄高山仰止之思。若《紀略》，則敘次郢事，令人讀之發豎而涕洟。而陵寢重地，亂而旋定，則皆其力也。文恪公有金集，霍渭先宗伯序之，行於世。遵考亦有詩若文如干卷，藏於家，茲其一斑，故稱《別集》云。余合讀之，則輒嘉歎文恪公暨遵考，高風勁節，前輝後映，不獨文學濟美而已。國朝奄豎弄權於內者，無如逆瑾；播虐於外者，無如惡奉。乃文恪公暨遵考，實兩攖其鋒方逆瑾、（瑾）用事，流毒冠紳，批根索瘝，輒至械繫以死，士亡敢吐氣，無論焦泌陽之倫，即，諡為文正者率陰陽。瑾指文恪公獨嶽嶽不阿，時與瑾忤，其所救正，居多有大臣之烈焉。頃者礦稅驛騷，貂璫四出而惡奉為甚，鈎人肉、捹人乳、斷人手足、戕民戮士，酷烈古今所未有。郡李梟憲二千石忤奉，逮繫者輩相望。會遵考出守承天，奉焰滋熾，而陵奄茂復佐之。遵考計不反顧，力為民請命，以保安肅，皇帝龍飛之地，風節亭亭，不忝文恪公孫矣。夫士屈於奄豎，戀一官耳。文恪公逢瑾之怒，竟拂衣歸，視撽席如蘧廬；遵考逢奉與茂之怒，亦竟投劾歸，脫專城如敝屣。鳳皇翔於千仞之上，文恪之謂也；若遵考者，殆《易》所稱「鴻漸於逵」者歟？昭代名宰執，粹白無瑕者，必以文恪公為稱首。余與遵考交最善稔，知其名德。即更僕未易數，然於國為名臣，於家為肖胤，不必睹其大全於茲集，已覘其概矣。繡水賀燦然伯闇甫撰。

【四庫提要】《震澤長語》二卷（內府藏本），明王鏊撰。鏊有《史餘》，已著錄。此本乃其退休歸里時隨筆錄記之書，分經傳、國猷、官制、食貨、象緯、文章、音律、音韻、字學、姓氏、雜論、仙釋、夢兆十三類。鏊文詞醇正，又生當明之盛時，士大夫猶崇實學，不似隆慶、萬曆以後聚徒植黨，務以心性相標榜，故持論頗有根據。惟其辨累朝絲綸簿具存內閣，無楊士奇私送司禮監事，焦竑《筆乘》嘗據以證士奇之受誣。然考《復辟錄》載：「初朝廷旨意，多出內閣條進，稿留閣中，號絲綸簿。其後宦寺專恣，奏收簿秘內。徐有貞既得權寵，乃告上如故事，還簿閣中。」云云。則鏊時所見之簿乃徐有貞重取以出，未可為士奇不送之證，其考訂問有未審。又欲於河北試行井田，殊為迂闊。夢兆一條，篤信占驗，亦非儒者之言，未免為白璧之瑕耳。前有賀燦然序，稱鏊玄孫永熙梓鏊所著《長語》《紀聞》及永熙父《遵考紀聞續卷》《郢事紀略》，總題曰《震澤先生別集》。此本蓋別集中之一種。

然舊本別行，今亦各著於錄焉。(《四庫全書總目》卷一百二十二「子部三十二·雜家類六」)

【太傅王文恪公傳】公諱鏊，字濟之，王氏。其先自汴扈宋南渡。諱百八者，始居吳之洞庭山。曾祖伯英。祖惟道。考光化，知縣朝用。皆贈光祿大夫柱國少傅兼太子太傅戶部尚書武英殿大學士，妣三代皆一品夫人。公自幼穎悟不凡，十六隨父讀書太學，太學諸生爭傳誦其文，一時先達名流咸屈年行求為友。侍郎葉文莊、提學御史陳士賢，咸有重望於時，見而奇之，曰「天下士」！於是名聲動遠邇。成化甲午，應天鄉試第一，主司異其文，曰：「蘇子瞻之流也。」錄其論策，不易一字。乙未會試，復第一，入奉廷對，眾望翕然。執政忌其文，乃置一甲第三，時論以為屈。授翰林編修，閉門力學，避遠權勢，若將浼焉。九載，升侍講。憲廟《實錄》成，升右諭德，尋薦為侍講學士兼日講官。每進講至天理人慾之辯，君子小人之用捨，必反覆規諭，務盡啟沃。方春，上游後苑，左右諫不聽，公講文王不敢盤於遊田，上為罷遊。講罷，常召所幸廣戒之，曰：「今日講官所指，殆為若等，好為之！」時東宮將出閣，大臣請選正人以端國本，首薦用公，以本官兼諭德。尋升少詹事兼侍講學士。既而吏部闕侍郎，又遂以為吏部。時北虜入寇，公上籌邊八事，雖忤權倖，而卒多施行，公輔之，望日隆。於是災異，內閣謝公引咎求退，遂舉公以自代。武宗在亮闇，內侍八人荒遊亂政，臺諫交章，中外洶洶。公協韓司徒率文武大臣伏閣以請，上大驚怒，有旨召公等。至左順門，中官傳諭甚厲，眾相視莫敢發言。公曰：「八人不去，亂本不除，天下何由而治！」議論侃侃，韓亦危言繼之，中官語塞。一時國論倚以為重。然自是八人者竟分布要路，瑾入柄司禮，而韓公遂逐，內閣劉、謝二公亦去矣。詔補內閣缺，瑾意欲引冢宰焦，眾議推公。瑾雖中忌而外難公論，遂與焦俱入閣。瑾方咸鉗士類，按索微瑕，輒枷械之，幾死者累累。公亟言於瑾曰：「士大夫可殺不可辱，今既辱之，又殺之，吾尚何顏於此！」由是類從寬釋。瑾銜韓不已，必欲置之死，無敢言者；又欲以他事中內閣劉、謝二公；前後力救之，乃皆得免。大司馬華容劉公以瑾舊怨，逮至京，將坐以激變土官岑氏罪死。公曰：「岑氏未叛，何名為激變乎？」劉得減死。或惡石淙楊公於瑾，謂其築邊太費，屢以為言。公曰：「楊有高才重望，為國修邊，乃可以功為罪乎？」瑾議焚廢後吳氏之喪以滅跡，曰：「不可以成服。」公曰：「服可以不成，葬不可以苟。」景泰汪妃薨，疑其禮。公曰：「妃廢不以罪，宜復其故號，葬以妃，祭以後。」皆從之。

當是時，瑾權傾中外，雖意不在公，然見公開誠與言，初亦間聽。及焦專事婿阿，議彌不協。而瑾驕悖日甚，毒流縉紳。公過之不能得，居常戚然。瑾曰：「王先生居高位，何自苦乃爾耶？」公日求去。瑾意愈怫，眾虞禍且不測。公曰：「吾義當去，不去乃禍耳。」瑾使伺公，無所得，且聞交贊亦絕，乃笑曰：「過矣。」於是懇疏三上，許之。賜璽書乘傳歲夫月米以歸。時方危公之求去，咸以為異數云。公既歸吳，屏謝紛囂，悠然山水之間，究心理性，尚友千古。至其與人，情而不絕於俗，和而不淆於時；無貴賤少長，咸敬慕悦服，有所興起。平生嗜欲澹然，吳中士夫所好尚珍賞觀遊之具，一無所入。惟喜文辭翰墨之事，至是亦皆脫落雕繪，出之自然。中年嘗作《明理》《克己》二箴，以進德砥行。及充養既久，晚益純明，心有著述，必有所發。其論性善云：「欲知性之善乎？蓋反而內觀乎？寂然不動之中，而有至虛至靈者存焉。湛分其非有也，窅分其非無也；不墮於中邊，不雜於聲臭。當是時也，善且未形，而惡有所謂惡者哉？惡有所謂善惡混者哉？惡有所謂三品者哉？性，其猶鑑乎！鑑者，善應而不留。物來則應，物去則空，鑑何有焉！性，惟虛也，惟靈也，惡安從生？其生於蔽乎！氣質者，性之所寓也，亦性之所由蔽也。氣質異而性隨之。譬之球焉，墜於澄淵則明，墜於濁水則昏，墜於污穢則穢。澄淵，上智也；濁水，凡庶也；污穢，下愚也。天地間腷塞充滿，皆氣也；氣之靈，皆性也。人得氣以生而靈隨之，譬之月在天，物各隨其分而受之。江湖淮海，此月也；池沼，此月也；溝渠，此月也；坑塹，亦此月也，豈必物物而授之！心者，月之魄也；性者，月之光也；情者，光之發於物者也。」其所論造，後儒多未之及。居閒十餘年，海內士夫交章論薦不輟。及今上即位，始遣官優禮，歲時存問。將復起公，而公已沒，時嘉靖三年三月十一日，壽七十五矣。贈太傅，諡文恪，祭葬有加禮。四子：延喆，中書舍人；延素，南京中軍都督府都事；延陵，郡學生；延昭，尚幼。皆彬彬世其家。

史臣曰：世所謂完人，若震澤先生王公者，非邪？內裕倫常，無俯仰之憾；外際明良，極祿位聲光之顯。自為童子至於耆耋，自廟朝下逮閭巷至於偏隅，或師其文學，或慕其節行，或仰其德業；隨所見異其稱，莫或有瑕疵之者。所謂壽福康寧，攸好德而考終命，公殆無愧爾矣！無錫邵尚書國賢與公婿徐學士子容，皆文名冠一時，其稱公之文規模昌黎，以及秦漢，純而不流於弱，奇而不涉於怪，雄偉俊潔，體裁截然，振起一代之衰，得法於《孟子》；論辯多古人未發；詩蕭散清逸，有王、岑風格；書法遒勁自成，得晉、唐筆

意；天下皆以為知言。陽明子曰：「王公所深造，世或未之能盡也，然而言之亦難矣。著其『性善之說』，以微見其概，使後世之求公者以是觀之。」（《王陽明集》卷二十五）

【王行】王行，字止仲，少有異質，而苦無書。閶門有徐姓者，家多書，乃傭於其家，主藥肆。每出藥帖，習書殆遍。主人見之，問：「誰書者？」曰：「藥肆中博士也。」召問之，曰：「汝欲讀書乎？」因取數帙授之。數日問之，響對無窮。主人歎曰：「吾家有書無人讀，若欲讀無書乎！」乃命至樓中，恣其觀覽，仍厚給之。行三年，不下樓。忽一日辭去，曰：「書讀已遍矣，且往仕乎？」主人曰：「此豈求仕之時哉？」行曰：「虎穴中可以遊戲。」遂往南京。主於武臣藍玉家，為其教授。久之，武臣見上，怪其識進，曰：「汝豈遇異人乎？」武臣因言：「其塾師朝夕討論。」因召見之，語不合，賜死。（《震澤紀聞》卷上）

【吳寬當入閣】成化、弘治間，翰林聲望最重者，吳寬、謝遷，二人皆狀元及第，儀幹修整。寬溫粹含弘；遷明暢亮直。寬詩文俱有古意；遷亦次之。故一時並有公輔之望。及丘文莊卒，寬適以憂去，遷服將闋，遂用遷入閣。十餘年間，號稱賢相。寬遂逡巡，終不獲入閣。人頗為不平。而寬處之裕如也。時劉健為首相，遷數言寬當入閣。健曰：「待我去用之。」他日又言，健答如故。遷爭之不得，至聲色俱厲，曰：「吾豈私於寬耶？顧寬之科等先於予，年齒先於予，聞望先於予，越次在此，吾心慚焉，故言之，而公終不入，何耶？」健但笑而已。其後天變，輔臣皆上章求退。遷上疏求退。遷求去不得，復上疏舉寬及鏊自代，健不悅，宣言於內，以遷為立黨也。（《震澤紀聞》卷下）

【丘濬】丘濬，瓊州人。學於子史，無所不窺，而尤熟於國朝典故。議論高奇，人所共賢，必矯以為非，人所共非，必矯以為是。能以辨博濟其說，亦自博考，故對人語滾滾不休，人無敢難者。論秦檜曰：「宋室至是亦不得不與和親，南宋再造，檜之力也。」論范文正公，則以為生事；論岳飛，則以為亦未必能恢復。其最得理，元不繫正統，許衡不當仕元，亦皆前人所未發也。性好著述，雖老手不釋書。性剛褊，不苟取，亦恬於仕進，年七十猶滯國學，意不能無少望。孝宗即位，乃進《大學衍義補》，得進尚書。李廣幸於上，因之得入內閣。於同僚爭議，每事欲有紛更，眾不謂善也。時王恕有重望於天下，濬每憎之。會劉文泰劾恕，或以為濬嗾之也，以是尤為眾所貶。〔註474〕（《震

〔註474〕《四庫提要·大學衍義補》：「特濬聞見甚富，議論不能甚醇。故王鏊《震澤

澤紀聞》卷下）

【預為嫡孫計】《震澤紀聞》謂：「太祖既有天下，謂誠意伯曰：『汝既佐朕定天下，復有何術以教朕之嫡孫使守天下乎？』基曰：『有因成一小篋，而用鐵汁灌其鎖以授之。』及靖難兵入，建文君開篋而視，則袈裟一，伽黎一，剃刀一，度牒一，曰：『此劉伯溫教我也。』遂為僧而遁。」按：誠意卒於洪武八年，時皇太子無恙，而又二年，建文君始生，何得預云為嫡孫計乎？此誤尤可笑。（王世貞《弇山堂別集》卷二十一《史乘考誤二》）

【土木之難】王文恪《震澤紀聞》言：「皇甫仲和之精占驗，謂土木之難，敵騎逼城下，城中皆哭，仲和登高望，謂家人曰：『雲頭南大將氣至，敵將退矣。』明日，楊洪自宣府、石亨自大同將兵入援，敵遂遁。」按：石已先至京，由為事官升都督，封武清伯，與于謙出營城外，敵退後，久之楊洪始以宣府兵入，命充總兵，同孫鏜、范廣等擊殘虜之未出關者。《紀聞》語當非真。（王世貞《弇山堂別集》卷二十一《史乘考誤二》）

續震澤紀聞一卷 　（明）王禹聲撰

王禹聲，字聞溪，長洲（今江蘇蘇州）人。萬曆十七年（1589）己丑焦竑榜進士，知承天府，贈太僕寺卿。萬曆二十九年三月，武昌民變，逐陳奉。奉列兵殺二人，匿楚府中。命甲騎三百餘，射死數人，傷二十餘人。奉逾月不敢出，眾執奉左右六人投之江。奉自焚公署門。事聞，謫知府王禹聲、知縣鄒堯弼為民。〔註475〕罷官歸里。雅素好學。著有《白社詩草》《郢事紀略》，後者專紀楚中稅監激變事。生平事蹟見《蘇州府志》。

今考，《欽定天祿琳琅書目》卷三宋版《玉臺新詠》，原為王鏊藏本，後有王禹聲印，稱未詳其人，疑為王鏊群從云云。然《四庫全書總目》卷一二二《震澤長語提要》云：「前有賀燦然序，稱鏊玄孫永熙梓鏊所著《長語》《紀聞》及永熙父遵考《紀聞續卷》《郢事紀略》，總題曰《震澤先生別集》。」於此可知，禹聲為王鏊曾孫。有《擬自君之出矣》二首，其一曰：「自君之

紀聞》稱其學問該洽，尤熟於國家掌故，議論高奇，務於矯俗，能以辨博濟其說。如譏范仲淹多事，秦檜有再造功，評騭皆乖正理。」今按：《四庫提要》徵引歷代雜家之說以解題，此乃紀昀筆法。吾撰《雜家文獻書錄解題》，亦步其後塵。

〔註475〕谷應泰：《明史紀事本末》卷六十五《礦稅之弊》。

出矣，無復理容華。思君如車轂，輾轉到天涯。」其二曰：「自君之出矣，群芳誰共擷。思君如轆轤，宛轉長不絕。」其詩略有王鏊之風。

《千頃堂書目》卷五著錄：「王鏊《震澤紀聞》一卷，又《續震澤紀聞》一卷。」已將作者混為一人。震澤，湖名，即今江蘇太湖。此書與王鏊《震澤紀聞》體例相同，記太湖名士吳寬、高啟、楊基、陳祚、陳鎰、徐禎卿、祝允明、盛應期、金問、陳繼、徐珵軼事，凡十一人。如「按察司僉事陳公」條記陳祚上疏言帝王之學，以真德秀《大學衍義》一書，聖賢格言，古今治亂，無所不載，益令儒臣講說，被上指語涉譏訕而下獄。「禮部右侍郎金公」條記金問與陳繼受《易》俞貞木而於學大進，永樂初侍東宮，後與黃淮、楊溥等皆下獄，而三人講論不輟，洪熙初授翰林修撰，卒於禮部右侍郎。此書與《紀聞》皆為地方名人樹碑立傳，似應歸入史部傳記類。

今考，書中所取，多為楊循吉《蘇談》、黃瑋《蓬軒類記》中事，雖薄有故事性，然頗嫌枯澀宂繁，難以卒讀。文筆亦遠不及王鏊自然得體，揮灑自如，故不可與《震澤紀聞》同日而語。〔註476〕舉以備參。

此本據國家圖書館藏明末刻本影印。

【附錄】

【請恤神廟罪廢諸臣疏】若礦稅之役，所在地方，或逮或降，或削籍，未審存沒者，又得參政沈孟化，副使孟振孫，知府李商耕、趙文煒、王禹聲、蔡如川，同知卞孔時、孫大祚，通判邸宅、羅大器，知州鄭夢禎，州同邵光庭，知縣李來命、甘學書、鄒光弼、焦元卿、袁應春、王之翰、田廓，經歷車聖任（一名車任重），凡二十人焉。嗚呼盛矣！凡此諸臣，或忠效碎首，或義存剖腹，或持國是於盈廷，或決廟謨於前箸，或為民請命而犯當道之豺狼，或為國除奸而觸九關之虎豹。至於身不列於科名，職僅等於抱關，乃能存心愛物，義篤匪躬，抑又難矣。而夷考其時，大者身膏泉石，小者名隱塵埃，圜土幽魂，猶肅飛霜之氣，炎荒熱燹，空揮捧日之誠。懷忠不二，所遇難齊，深可憫痛。除已經赴用邊職外，當亟與分別贈恤，均沐皇仁，不當使湮沒無聞，偏抱幽貞於冥冥也。嗟夫！以諸臣之才，使得君相一心，計從言聽，盡究其英挺卓犖之用，豈非瑚璉、珪璋稱熙朝師濟乎？而事多逆而成，拒風以激而

〔註476〕石昌渝主編：《中國古代小說總目》，山西教育出版，2004 年版，文言卷第556 頁；《中國古代小說總目提要》，第321 頁。

爭流，一往不返，河清難待，僅留此身後之名垂諸青史，而國家曾不得資其半臂之用。至於人亡國瘁，時事日非，俯仰前修，徒令人於邑而已。然則愛惜人才，以自為社稷計，明主當何如哉？方今聖天子宏開麟鳳之網，旁招俊乂，弓旌之使，相望於道，幾於野無遺賢，惟是丁巳京察久為公道所不平者，而猶以局面相持，藩籬未破，間從拔用，十不二三，竟使五年黜幽之大典終為賢人君子之錮籍。臣竊惜之！夫前此諸君子之去國，或以國本，或以礦稅，或忤權奸，未嘗無去國之名，而今則以門戶受錮。夫門戶者，朋黨之別名，一朝投足，終身莫湔，令天下噤舌而不敢言。嗚呼！此漢、唐季世所以壞也。由今觀之，若丁元薦、李樸、沈應奎、賀烺、史記事、李炳恭之不謹，劉定國、沈正宗、韓萬象、涂一榛、麻僖、王時熙、陳一元、馮上知、史學遷之浮躁，荊養喬、陳敏中、張文輝、潘之祥之不及，孫瑋、孫慎行、魏養蒙、曹于汴、朱國禎、喬允升、范鳳翼、王之寀、鮑應鰲、王國、魏允中、馬孟楨之並以拾遺。與南察之吳良輔、金士衡、張篤敬、章嘉楨、吳爾成皆所謂門戶中人也。而諸臣本色竟何如哉？說者謂諸臣過於任意，不劑時宜，門戶之禍，皆所自取。然人有得罪於是非者，有得罪於同異者，有得罪於君父者，有得罪於儕友者。虛中而觀諸臣之罪何居乎？負俗之累，賢者不免，取其大節，略其小疵，則元薦諸臣均不失為慷慨氣誼之士。高者振功名，卑者超富貴，詎可令其終淪落以無聞乎？或曰，今日之昭雪，所以錄其賢也，萬一此例一開，不賢者亦得夤緣而起，以淆清濁，則計典不從此而廢乎？臣謂宇宙不毀，人心不死，真是真非不可得而亂也，即不能保無一時刺謬之國是，而能必有萬古不泯之民彝，又豈敢逆料他日為不賢者所藉口，預為今日賢者抑耶？嗟嗟，千金買駿，死馬且然，況生者乎？錄死者於前，所以勵生者於後。用生者於今日，又所以伸死者於昔時。總以奉皇上生者召用，沒者恤錄之旨，非敢有所濫觴於其間也。緬仰皇圖，金甌全盛，故得一洗萬曆五十年光嶽之氣，為皇上振中興之運，使人心世道不至澌滅，於以少振一日風紀之任，則臣區區報皇上之職分耳。（劉宗周《劉蕺山集》卷一）

立齋閒錄四卷 　（明）宋端儀撰

宋端儀（1447～1501），字孔時，莆田人。成化十七年（1481）進士。歷禮部主事、主客司員外郎，後以按察僉事督廣東學校，卒於任。著有《考

亭淵源錄》《革除錄》。生平事蹟見《明史》本傳。

此書雜採明代官府檔案、方志、明人文集、碑誌及《聖諭錄》《水東日記》《天順日錄》諸書，多為明初至憲宗成化年間典故、人物。然編排隨意，無甚條理。如記開國之初朱元璋修禮樂典制事，記王稱帶鐐纂修《永樂大典》事。書中又多涉建文史實，頗具史料價值。〔註477〕明魏校《莊渠遺書》卷十二《復喻吳江》云：「《立齋閒錄》已領。國朝少野史，此書盡有功。雖然，史才甚難，昌黎文章巨公，而《順宗實錄》殊不強人意。此無他作史者，但求載事，而不以經世為志也。」

此書前有光緒戊申（1908）羅振玉題記：「錄中記錄明初至英宗復辟時事，每段下注明所引書名，非是隨手抄錄之作，然遺聞軼事，頗資考證。」〔註478〕然《四庫全書總目》列入小說家類存目，稱是編雜錄明代故事，皆採明人碑誌說部為之，與正史間有牴牾，體例亦宂雜無緒云。今覈其書，多涉及胡虜事，觸清廷之隱忌，因此四庫列入存目，以正史、體例作幌子，可謂王顧左右而言他。不可因其書條理不佳而否定其野史之價值，亦不可以正史之標準衡量野史之是非。

此本據遼寧省圖書館藏明抄本影印。

【附錄】

【四庫提要】《立齋閒錄》四卷（浙江范懋柱家天一閣藏本），明宋端儀撰。端儀有《考亭淵源錄》，已著錄。是編雜錄明代故事，自太祖吳元年迄於英宗天順，皆採明人碑誌說部為之。與正史間有牴牾，體例亦宂雜無緒。（《四庫全書總目》卷一百四十三·「子部五十三·小說家類存目一」）

【明廣東提學僉事宋端儀列傳】宋端儀，字孔時，別號立齋，勸之孫也。自幼莊重簡默，不與群兒伍。年十三四，即有志講學。博古弱冠，著錄郡庠。舉業之暇，輒取鄉郡先輩，考論其世，其於賢否邪正悉錄之以為法戒。時郡守潘侯琴以郡學所祀鄉賢選擇未精當，因發策詢諸生，俾陳得失，以定去取。端儀所對，品藻詳明，大為潘侯所歡賞。成化戊子，再應科舉，小試偶不利，眾咸為稱屈。其祖舅學士林先生文欲以書白於當道者，端儀曰：「出處素定，奔走乞哀，吾甚恥之。」識者已知其為遠大之器矣。歲甲午，鄉試第七人。辛

〔註477〕吳德義：《〈立齋閒錄〉對建文史研究的重要價值》，《第十一屆明史國際學術研討會論文集》，天津古籍出版社，2007年版。
〔註478〕《續修四庫全書》第1167冊，上海古籍出版社，2002年版，第535頁。

丑，舉進士，廷試第六人，拜禮部精膳司主事。丁內外艱，服闋，改本部祠祭司，遷主客司員外郎。端儀三任禮部，持身清慎，且諳練國典，甚為部堂諸公所推重。公暇惟以校讎著述為事。其於家人生產略不加之於意。官主客二年，四夷朝獻之使多奉贄以見，而一芥無所取，其或有所求請，則歷舉故典以開諭之，其人亦往往心服以去。弘治丙辰，升廣東按察司僉事，奉敕提督學政，至則躬歷列郡，較其行藝，課其勤怠，雖瘴鄉海島，無所不至，其教人務欲以身表率，而痛抑其浮誕奇險之習。至其考較黜陟之際，則一以至公處之。在廣五年，未嘗立赫赫之威，而列郡之士翕然知所向方。辛酉之夏，以鄉試屆期，衝冒炎瘴，巡歷南韶諸邑，預選應試之士，遂染疾，卒於官，年甫五十有六。端儀天性孝友，少時母吳多嬰疾，凡湯藥食飲之類，必躬料理以進。處諸弟怡怡然有恩意，內外無閒言。至其識見之敏，鑒裁之明，亦皆有過人者。卒之日，士林咸以用未究所蘊惜之。所著有《考亭淵源錄》《莆田人物志》《鄉賢考證》《莆陽遺事》《莆陽舊事偶錄》《立齋閒錄》《祠部典故》《高科考》及族譜，藏於家。（黃仲昭《未軒文集》補遺卷上）

【明史本傳】宋端儀，字孔時，莆田人。成化十七年進士。官禮部主事。雲南缺提學官，部議屬端儀，吏先期泄之。端儀曰：「啟事未登，已喧眾口，人其謂我干乞乎！」力辭之。已，進主客員外郎，貢使以贄見，悉卻不納。初在國學，為祭酒丘濬所知。及濬柄政，未嘗一造其門。廣東提學缺，部以端儀名上，濬竟沮之。濬卒，始以按察僉事督廣東學校。卒官。端儀慨建文朝忠臣湮沒，乃搜輯遺事，為《革除錄》。建文忠臣之有錄，自端儀始也。

【小秀才編次科舉用書】洪武十八年三月十四日，聖旨：「恁禮部選年紀小秀才，將尚書陳氏、蔡氏二傳並古注疏，參考是非，定奪去取，編成新書。將來看中了時刻板印，去各處教習，下次科舉使用他。欽此。」欽遵。行取博學通經教官，將陳、蔡二傳並古注疏參考編類，成書進呈。洪武二十八年，新校正《尚書會選》《孟子節文》刻板完備，給散天下學校。（《立齋閒錄》卷一）

【帶鐐修書】翰林檢討閩中王偁與修《永樂大典》。永樂五年，有旨戴頭巾修書，既而以目疾不能到館，侍郎劉季篪奏請，得旨帶鐐仍修書。初，偁當修大典，諸儒群集，一日有及凡例未當者，偁曰：「譬之欲構層樓，華屋乃計，工於箍桶都料得不有誤耶？」論者謂其取禍以此。（《立齋閒錄》卷一）

【庚戌科會試錄序】天地之氣有盛衰，而生才隨之。氣之盛也，敦大忠厚之人多而天下治；氣之衰也，險薄佻儇之徒眾而危亂作。聖人中兩間而立，

所以輔相天地，豈有他哉！凡以保合培養是氣，使之充盈，而不至於消靡以病乎生才也。自唐虞以來，賢才眾多之世，未有不由人主作興以成之者。人主豈其張能人以為才也哉？能無傷是而已爾。大明啟運，我太祖高皇帝以雄才神武勘定萬方，孝康皇帝以至德仁恩培植邦本，所以輔相極其盛矣。今皇帝即大位，篤紹前烈，一以仁義為治。朝廷之上，和厚博文之士相繼而出。天地之氣混淪會合，賢才之眾其不在茲時乎？建文二年春，天下之士貢於鄉者咸就試於禮部，蓋幾及千人。上慎重選掄之任，俾倫等司其去取。恭率諸儒，不敢懈怠。以二月九日至二十有五日畢，得士若干人，可謂盛哉！然才之生也，資乎天地；而其成也，復佐祐人主。以贊天地之功，使天地之氣和，非特賢才輩出而五穀登，群生遂而嘉禾畢集，海宇晏寧，靡有一物失其所者。上方日新聖德，以圖至治。多士乘時而出，輔庶政而永鴻業。俾斯民重見二帝三王之盛，豈非天下之所深重望於將來者乎？嘉議大夫、禮部侍郎兼翰林院學士貝州董倫序。（《立齋閒錄》卷二）

【書劉忠愍公遺翰後】劉忠愍公與予為辛丑進士。正統四年，予僉憲山東，至京師，公時為講官。留飲，其論邊事將有後來之患。又二年，為正統六年，召為大理少卿。又二年，為正統八年，公上疏言十事，其一即前四年所論邊事。疏有詆忤權〔臣〕語，遂為仇所擠以死。又六年，為正統十四年，公所言邊事大驗。今聖天子乃別白邪正，誅滅權奸，追贈公翰林學士，加今諡。遣官祭以少牢，所以襃恤禮儀，光榮隆厚，而公之名一日震耀天下。嗚呼！自古以來，士鮮全節，如公者，天地間蓋不多見。其明有以燭事幾於未然，其忠欲以救事勢於將然，其直氣正言至於忤權奸死而不悔，是蓋天與之以全節，足以為人〔臣〕之大防，立萬世之人紀矣。顧若予輩之庸碌不足為重輕者，何足道哉！何足道哉！又三年，為景泰三年。冬，得公與張御史手書。觀之，追想平生，三復慨歎，書此以識於其後云。（《立齋閒錄》卷四）

青溪暇筆二卷 （明）姚福撰

姚福，字世昌，號定軒，自號守素道人，應天府上元（今江蘇南京）人。明成化、嘉靖間南京羽林衛世襲千戶。好讀書著述，留心古今之事。著有《定軒集》《避喧錄》《窺豹錄》《定軒詩話》《風樹亭稿》等，輯有《明文苑通編》《兵談纂類》《神醫診籍》等。

　　此書前有成化九年（1473）自序，稱其聞於賓客之緒餘，省於經史之糟粕，或親睹諸物，或有感於心，多則百餘言，少者數十字，或書於版籍，紀於方冊，日漸以多，其中可驚可喜、可怪可笑、可考可疑者有之，惟言人之不善者蔑焉，不忍棄去，錄為二卷云云。〔註479〕齋名青溪精舍，故題曰《青溪暇筆》。

　　書中間有論學術者，如駁黃東發疑邵雍《先天易》「先天」二字不見於經之非，並謂「欲明理，豈可以他人嘗用之言，遂避而不用哉？」又記鄭謐注郭璞《葬書》以非陳淳《性理字義》「人無後者，不可以異姓續」之說，並謂鄭氏有民吾同胞之意；又記其子恫論郭太為人事，福謂「太在漢末，有類康節之在宋」，「讀史之法，若遠代史可作一項看，近代史又作一項看。蓋近者詳，而遠者略也」；又如評劉勰、陳騤、宋濂論六經之說曰：「劉氏之言，言其大凡耳。陳氏特指其一二相似者而言，宋氏則謂《五經》可以備諸體。雖然，劉氏不足以啟陳氏，微陳氏則宋氏無由出此言也。後之論者，固不可以此而廢彼焉。」又有論《康衢瑤》《夏人歌》《采薇歌》諸歌謠真偽、論陶淵明、韋應物詩者，亦有發明。又有關於考證者，如考《孫子》「方馬」謂並縛其馬，使不得動之義；又考宋張三影與《東坡集》中張子野為二人。

　　王士禎《池北偶談》卷十七「儒將詩」條稱其書記軼事頗亦可喜，而論詩膚陋，真三家村學究見識云云。《四庫全書總目》入雜家類存目，稱是編皆劄記讀書所得及雜錄耳目見聞，其首卷所述明初軼事，多正史所不載云。皆吹毛求疵，未能識其大者。細核全書，始知守素道人頗有獨見，深明《易》道廣大之理，又以為孔子有帝王之功，宗經尊聖，已立其大本。既能明瞭建都、遷都之難處，又能洞察子房、荊公之心術。至於「富而後教」之論、「藏兵於農」之說，非通權達變者不敢道矣。所謂「僧不犬若」，又謂「外國使臣多非本國土夷，皆中國士人為之」，皆以偏概全，不足為憑。

　　繆荃孫《藝風藏書續記》卷七著錄於類書類，《中國古代小說總目提要》著錄於筆記小說類，皆非其類。

　　此書有《今獻匯言》本、《紀錄彙編》本、《歷代小史》本、《顧氏明朝四十家小說》（正德嘉靖本）本。此本據國家圖書館藏明邢氏來禽館抄本影印。

〔註479〕《續修四庫全書》第 1167 冊，上海古籍出版社，2002 年版，第 637～638頁。

【附錄】

【姚福《青溪暇筆自序》】青溪發源鍾山，由金陵臺城東南注秦淮。國家創業，定鼎於茲，開拓城隍，貫溪於中。予先祖自燕雲仗戈，從文廟靖難入京師，僑寓羽林營內，逮予已五十有餘年。生齒日繁，顧先人敝廬湫隘，弗能處，乃稍遷而南，得舊屋二十餘楹，因陋就簡，區為堂室，以安家累，適在溪西，相去不百武，而近乃扁曰「青溪精舍」，公暇復捐俸入之餘，儲典籍於中以自遣，且以淑諸子姪焉。聞者過聽而不察，遂以予為肄業者，每相過而問難談辨，或者至以觚翰之責委之，堅不可拒，於是不得已，僶勉從事，以酬其意。嗚呼！自予未毀齒而失怙恃，雖仰承先祖餘光，食有官廩，而嫛婗在疚，偊偊獨行，族之人有媢嫉欺孤者，方且鴟張狼顧，欲肆吞噬，正當讀書之年，丁此不造，命也！既弱冠，襲有先業，雖頗有志於稽古，然出有枕戈投石之勞，入乏裹糧負笈之奉。其後雖少為當道所顧，而又縛以吏事，戴星而出，日晏而歸，精神騖亂。雖欲親青燈而磨鐵硯，胡可得哉！此予之樸樕無似進寸退尺者，勿怪乎不能不自恕也。今年鬢髮蒼浪，牙齒疏矣，奔走紅塵猶未已也，歸見故書散帙，棲床溢案，連屋塞棟者，不勝愧謝焉。至其應酬楮槁，顛倒泛亂，如物刺目，本欲覆諸甕缶，又念精力所寓，不忍遽棄，於是收殘拾斷，得詩若干首，分為二十卷，題曰《定軒集》，表所居也。其聞於賓客之緒餘，省於經史之糟粕，或親睹諸物，或有感於心，多則百餘言，少者數十字，或書於版籍，紀於方冊，日漸以多，其中可驚可喜、可怪可笑、可考可疑者有之，惟言人之不善者篋焉，亦復不忍棄去，錄為二卷，題曰《青溪暇筆》，別其在詩文之外也。夫古之大賢窮經治事之餘，必有日錄，以誌其所得。若歐陽公《歸田錄》、司馬公《涑水紀聞》，凡稗官小說、街談巷譫有所不遺焉。第予以尺籍伍符之士，識淺而見卑，乃欲效顰先賢，不亦僭矣乎！雖然，泰華龜蒙，大小不同，而同曰山；江河潛沱，廣狹不同，而同曰水。大有大用，小有小用，於世何損哉？其又自恕者如此。此外有《窺豹錄》《兵談纂類》《神醫診籍》《避喧錄》《立身警策》《詠史詩敘說》《古千字文解》《發蒙歌》，或已板行，或已稿立，茲不縷贅。嗚呼！觀者勿以誇多鬥靡為予誚，矜其志而恕其狂可也。成化癸巳三月之望，守素道人姚福世昌書。

【江寧府志本傳】按《江寧府志》：福字世昌，世襲千戶，居近青溪，有屋廿楹，扁曰「青溪精舍」。每遇俸入，輒以置書，訓諸子姪，里中多從問字，喜談不倦。有求詩若文者，亦輒應之。嘗以職守所羈，不得時時親青燈、磨鐵

硯為恨。著有《風樹稿》《定軒集》《青溪暇筆》《窺豹錄》《避喧錄》諸書。（《古今圖書集成·理學彙編·文學典·第一百十八卷·文學名家列傳一百六·姚福》）

【四庫提要】《青溪暇筆》三卷（江蘇巡撫採進本），明姚福撰。福字世昌，自號守素道人，江寧人。是編皆箚記讀書所得，及雜錄耳目見聞。其首卷所述明初軼事，多正史所不載。惟體用字見《周易正義》，福乃以為宋儒以前無此字，出於佛典。至其取鄭諤之說謂異姓可以為後，而深駁陳淳之論，其為乖刺，又不止訓詁間矣。（《四庫全書總目》卷一百二十八「子部三十八·雜家類存目」）

【易道廣大】康節《先天易》，慈谿黃氏深疑之，且引朱子《答王子合書》云：「康節說伏羲八卦，近於附會。」福竊以為不然。蓋《先天圖》，法象皆自然，不假人為，且有《說卦》為據，非鑿空撰出也。但黃氏所疑者，先天二字不見於經，康節已前未之聞耳。然《易》道廣大，無不包括，雖四聖已自不同。故後世言《易》者，亦各有所宗也。周子云「無極而太極」，謂無形而有理。象山陸氏以為《易》有太極而無無極。此「無極」二字出老子，不當襲用，故朱子與之力辨。然欲明理，豈可以他人嘗用之言，遂避而不用哉？又如「體用」二字，亦出佛典，宋儒已前未之聞也。程子作《易傳序》，乃曰「體用一源，顯微無間」，後儒論理學，遂不能捨此二字，不聞因異端嘗用而避之也。孔子曰「不以人廢言」，有以夫。溫公平生不喜《孟子》，以為偽書，出於東漢，因作《疑孟論》。而其子康乃曰：「孟子為書最醇正，陳王道尤所宜觀。」至疾甚革，猶為《孟子解》二卷。福按，司馬氏父子同在館閣，而其好尚之不同乃如此。雖父子之至親，而不敢苟同，其亦異乎阿其所好者矣！（卷上）

【富而後教】俗語云：「三年兩赦，善人喑啞。」言赦之不可數也，數則奸宄幸而善人病也。後漢王符著《潛夫論》，其《述赦篇》略曰：「今日賊良民之甚者，莫大於數赦，赦數則惡人昌，而善人傷矣。夫謹飾之人，身不蹈非。又有為吏正直，不避彊御，而姦猾之黨，橫加誣言者，皆赦之不久故也。善人君子能自明者，萬無一二。令惡人高會而誇吒，老盜服贓而過門，孝子見仇而不得討，遭盜者睹物而不敢取。夫養稂莠者傷禾稼，惠奸宄者賊良民。」福按：符之言固云善矣，然知其一，而不知其二也。夫先王之時，雖不三歲一赦，而《書》曰「眚災肆赦，宥過無大。」在周，則三赦三宥，

是赦宥所從來遠矣。後世於民，富而後教，既不如先王之備，則責以遷善遠罪，恐亦未可如先王之詳。苟不赦焉，安知圄圉縲絏之中，果皆不善之人邪？此俗間一語，害事不淺，故特表而出之，以俟知道者共詳焉。（卷上）

【藏兵於農】胡深，字仲淵，縉雲人。洪武初歿於王事。元末，見天下亂，嘗慨然謂其友曰：「軍旅錢糧，皆民出也，而今日之民其困已甚。誠使重徭橫斂，悉不復以病民？止令民有田者，畜米十石，出一人為兵，而就食之，以一郡計之，米二十萬石，當得精壯二萬人，軍無遠戍之勞，官無養軍之費，而二十萬之糧固在也。行之數年，可使所在兵強而財富也。」福按：此古者藏兵於農之意，故記之，與智者議焉。（卷上）

【建都之難】宋太祖初受禪，欲都關中。晉王曰：「在德不在險。」太祖曰：「晉王言雖善，然吾欲都關中者，欲省冗兵耳。」其意蓋曰省漕運也。及不得已還汴，歎曰：「不及百年，民力疲矣。」其後漕運不省，而反有歲幣之費。我朝國初，亦欲要都關中，嘗命懿文太子往相其地，不果。創業已倚建康為本根興王之地矣，且東南，元時不甚遭兵，頗富於他方，而漕運尤便。洪武初年，元之遺孽即已遠遁，又久安之勢，遷之為難，故改集慶路為應天府以都之。及洪武末，如乃兒不花、本雅失里，屢為邊患，故太宗英積位後，遂以潛邸為北京，以比前代兩都故事，其實懲胡虜歷代之患，為子孫萬世之計也。既建北京，不免屯重兵以守之，居重兵則不免漕運之費矣。建都之難，有如此夫！（卷上）

【荊公心術】《井》之九三《小象傳》曰：「求王明。」荊公解云：「君子之於君，以不求求之；其於民，以不取取之。」福按：「此言可以占荊公心術出處之概矣。公在翰林，每拜官，必再三辭，自入政府，遂不復辭。凡諫不聽，輒乞罷以要君。此用退而為進，以不求求之意也。是二者，老聃、孫武權謀取予之術，豈《易》之道哉！王伯厚以為文義精妙，諸儒所不及，不之察矣。且邦有道，貧且賤焉，恥也。明王在上，己安得而不求之哉？況經文自有求字，何必為此矯揉之說也。（卷上）

【始終相渝】王安石上神宗書有曰：「本朝累聖相繼，仰畏天，俯畏人，此其所以獲天助也。」其言可謂善矣，而其後乃有「天命不足畏，人言不足惜」之說，以一人之言，而始終相渝如此，可怪哉！（卷上）

【英雄用心】張子房始終為韓報仇，千古無人識得，惟程子始云：「既藉楚以來秦，復用漢以滅楚。」其出處詭譎，亦無人識得，惟邵子始云：「始知

今日赤松子，便是當年黃石公。」福按：此等事如曹操分香賣履，皆是英雄用心欲欺千古，而不知千古之下，乃有豪傑又洞矚其心也。（卷上）

【不可求變化】溫公《迂書‧士則篇》有云：「天使汝愚，而汝強知之。若是者必得天刑。」福謂此言可疑。苟如是，則氣質之愚者，不可求變化矣。（卷上）

【知人之鑒】蘇老泉有知人之鑒，作《辨奸》於王安石未用之前。先儒以其說為幸中，殆不然哉。觀其《名二子說》，不二百言，斷盡二子一生出處，非知人之甚明，能若是乎？（卷下）

【君子之言】薛文清公詩曰：「即非有道身能退，自是無才老可休。」真君子之言也。（卷下）

【荊公譏韓愈】荊公譏退之詩曰：「紛紛易盡百年身，舉世無人識道真。力去陳言誇末俗，可憐無補費精神。」第三句用退之，「惟陳言之務去」，末句全寫其贈崔立之詩語，蓋退之所以訓立之者。以産之雖豪於文，而往往蛟螭雜螻蚓，所以謂其無益而費精神耳，豈謂文章無補於世哉！荊公之言，亦可謂無忌憚矣。（卷下）

【日抄解經】《五經》，朱子於《春秋》《禮記》無成書。慈谿黃東發取二經，全為之集解，其義甚精，蓋有志補朱子之未備者耳。且不欲顯，故附於《日抄》中。其後程端學有《春秋本義》，東淮陳澔有《禮記說》，皆不能有以過之也。永樂初修《五經大全》，諸儒皆未見《日抄》，故一無所取。（卷下）

【儒將詩】劉後村跋總管徐汝乙詩云：「宋武臣能詩者賀鑄、劉季孫，為坡、谷深許；其後有劉翰武子、潘檉德久，尤為項平庵、葉水心所賞重。」明景泰中，有十才子，湯參將胤績最著，予見其《東谷遺稿》十卷，了無可取。成化間金陵姚福者，世襲千戶，著《定軒集》《避喧錄》《窺豹錄》，及《青溪暇筆》若干卷。予嘗見《暇筆》草稿，福手書也，記軼事頗亦可喜，而論詩膚陋。如自記蔡琰歸漢圖詩云：「若使胡兒能念母，他年好作倒戈人。」所取彭三吾詠明妃詩云：「妾分嫁單于，君恩本不孤。畫工休盡殺，夢弼要人圖。」謂得風人之體，真三家村學究見識，可為噴飯！又嘗見南皮李騰鵬撰《明詩統》，取一詩云：「君王莫殺毛延壽，留畫商巖夢裏賢。」腐儒所見略同乃爾！又明名將如郭登、戚繼光、陳第、萬表，皆有詩名。（王士禎《池北偶談》卷十七）

【紫泥】《青溪暇筆》云：「晉朝為詔，以青紙紫泥，紫泥猶今泥金之類。蓋泥紫色以書字也。」予按《漢舊儀》，天子信璽六，皆以武都紫泥封之。青囊白素裹，兩端無縫。《西京雜記》云：「漢以武都紫泥為璽室，加綠綈其上，非以書字也。」《藝林伐山》云：「今之紫泥，古謂之芝泥，皆濡印染籀之具也。」姚說誤。（王士禎《池北偶談》卷十七）

【汗青】《青溪暇筆》云：「古者書用竹簡，初稿書於汗青。汗青者，竹之青皮如浮汗，以其易於改抹也。既正，則殺青而書於竹素。殺，去聲，削也。言殺去青皮而書於竹白，則不可改易也。」後漢吳祐父恢以火炙竹令汗，取其青寫書，謂之殺青簡。則汗青、殺青一也。姚說未知何據？（王士禎《池北偶談》卷十七）

【汗青殺青】《青溪暇筆》：「古著書以竹，初稿書於汗青。汗青者，竹皮浮滑如汗，以其易於改抹。既正，則殺青而書於竹素。殺，音賽。削也，言去青皮而書竹白，不可改易也。」此說極明暢近理。而或者曰：「以火炙竹令汗，殺青殺，音煞。寫書，謂之汗青。」說殊扭捏。（梁紹壬《兩般秋雨庵隨筆》卷三）

【疑孟尊孟】明姚福云：「溫公平生不喜《孟子》，以為偽書，出於東漢，因作《疑孟論》。而其子康乃曰，《孟子》為書最善，直陳王道，尤所宜觀，疾革猶為《孟子解》二卷。司馬氏父子同在館閣，而其好尚之不同如此，雖父子之至親而不敢苟同，其亦異乎阿其所好者矣。」余隱之有《尊孟辨》，朱子獨取之而改其未當者，見文集。（阮葵生《茶餘客話》卷十）

【坐餓關】《青溪暇筆》曰：「近日一番僧自西域來，不禦飲食，日啖棗果數枚而已。所坐一龕，僅容其身。如欲入定，則令人鎖其龕門，加紙密糊封之。或經月餘，謦欬之聲亦絕，人以為化去，潛聽之，但聞捏念珠歷歷。有叩其術者，則勸人少思少睡少食耳。」按釋典雖有入定之說，而不必封鎖於龕中也。今惟坐餓關者，有似此僧所為，疑此風即從此僧而起。（丁福保《佛學大辭典》）

皇明紀略一卷　（明）皇甫錄撰

皇甫錄，字世庸，號近峰，長洲人。弘治九年（1496）進士，授都水主事，改禮部歷儀制郎中，出知順慶府知府。時藍鄢寇起，蔓延全蜀，錄預為

設備，卒以全郡，然竟以被劾，歸有別業在虎丘之旁，因號近峰，日以著述遊覽為事，尤善教子，四子相繼登科，而錄夫婦偕老優游祿養，歸時四十五，又二十六年而卒。著有《近峰聞略》《下陴記談》。生平事蹟見《（同治）蘇州府志》卷八十六，《明史》附見皇甫涍傳，稱所著有《幾策》《兵統》《枕戈雜言》三書，今皆未見。

此書所記多正德之前朝野舊聞，一曰科舉之事。如胡廣以館閣誤聞而中狀元事：「庚辰會元缺，狀元胡靖，即胡廣。廣與楊溥同與廷試，初擬溥為狀元，而廣次之。上偶問今年狀元何人，中官以胡廣人對，蓋謂溥也。館閣誤聞，遽以廣為第一。」〔註480〕又記副榜進士之例：「太宗嘗命翰林院復試下第舉人，得張鉉等六十人，賜冠帶入國學，以俟後舉。又嘗進副榜舉人親試之，拔三人入翰林。」又曰：「中書舍人許應會試，如弘治之屠徑是也。亦許應卿舉，如成化之呂常心是也，教官登第者尤多。」二曰明太祖之事。如記朱元璋多陳友諒妻閻氏而封其遺腹子為潭王事。又記朱元璋之最高指示：「極刑之家五服內子弟不無怨恨，不許用為官吏。」又記朱元璋之好學：「學士張元禎進所著《太極論》，上置懷中，時出展誦，凡數日乃已。聖性好學如此。時語侍臣云：『人於身心當自檢束，己不能檢而欲服人，其能乎？』」又記朱元璋以俸贖罪之令：「國初，工部尚書黃肅坐法當笞，上曰：『六卿之職不宜以細故加辱。』命以俸贖罪，今諸臣有過罰俸當始此。」又記朱元璋腰斬狀元之事：「太祖嘗命狀元張信訓諸王子，信以杜詩『舍下筍穿壁』四句（「舍下筍穿壁，庭中藤刺簷。地晴絲冉冉，江白草纖纖。」——引者注）為字式，太祖怒曰：『堂堂天朝，何譏誚如此？』」三曰宮闈之雜事。如記景帝即位始求顏、孟、周、程、朱之子孫各一人為翰林五經博士，世其官以奉祠。又記明官俸改制不足以養廉，又記宣宗好促織而使一家自經而死，又記明代諡號之不當，又記明分封宗藩之濫。

《四庫全書總目》列入小說家類存目，稱其書大抵委巷之傳聞云云。王世貞《史乘考誤》有所駁正。

〔註480〕王世貞《弇山堂別集》卷二十一《史乘考誤二》：《皇明紀略》：「庚辰狀元胡靖，即胡廣，廣與楊溥同與廷試。初擬溥為狀元，而廣次之。上偶問今年狀元何人，中官以湖廣人對，蓋謂溥也。館閣誤聞，遽以廣為第一。」按：《革除錄》言是歲王艮第一，以貌寢，故改用廣，且使《紀略》所載為真，則文定何以不為第二而在二甲耶？建文於文事極留心，不應孟浪乃爾。【今按】明代選擇狀元用氣象廣大之人。

此本據民國二十九年商務印書館景印元明善本叢書十種《歷代小史》本影印。

【附錄】

【四庫提要】《明記略》四卷（浙江范懋柱家天一閣藏本），明皇甫錄撰。錄字世庸，號近峰，長洲人。弘治丙辰進士，官至順慶府知府。《明史·皇甫涍傳》稱父錄官重慶府知府。案錄《下陴紀談》載順慶事甚詳，則《明史》字誤。是編據嘉靖壬寅其子沖序，稱原本多冗談細故，命沖讎定。於是原始要終，擬洪拾大別為四卷云云。則錄之稿本而沖所刪定。所記皆正德以前舊聞。然如鐵鉉二女在教坊作詩，建文帝騎騾在黔國公第，王振嘗為教官，永樂末以年滿無功見閣，仁宗或云死於雷，或云為宮人所毒，或云為內官擊殺之類。〔註481〕大抵委巷之傳聞，其刪除猶有未盡矣。（《四庫全書總目》卷一百四十三「子部五十三·小說家類存目一」）

【太祖之德】御戟門集將佐諭之曰：「卿等討張士誠，戒飭士卒，勿肆虜掠，勿妄殺戮，勿發丘壟，勿毀廬舍，聞士誠母葬姑蘇城外，慎無侵毀其墓。汝等勿忘吾言。大抵克遠者，必以成功為效。樹德者必以廣恩為務，卿等勉之。」諸將再拜受命。張母墓在盤門外，人稱為太妃墳，百餘年無敢樵採者。太祖之德厚矣！弘治間，一達官之子知其中有可欲恃，勢肆奸盜，發之得其金寶鉅萬，益富橫吳中。後屢為人訟，於按使竟以賄脫。嗟乎！太祖之法能行於草昧，震盪時不能行於升平。安養之日行於被甲，荷戈之士不能行於世祿。紈袴之子惜哉！

【太祖之法】宣德元年，以蘇、松、嘉湖諸郡多豪右不法，命大理卿胡概、參政葉春，錦衣衛使任啟，御史賴瑛按治之，一時被沒者凡數十家。唐、宋宗室得舉進士。《皇明典禮》：「凡鎮國將軍以下有文武才堪備任用者量才授任，不拘原定職名品級。」按：國初靖江王守謙出知東平州後，宗室日驕，無志於用，太祖之法弛矣。

【國滅史不可滅】成化間楊文懿公守陳，嘗具疏，言國滅史不可滅。建文中朝政與忠於所事者，史官皆闕略無傳，及今猶可補緝，疏未上，公逝矣。弘治時禮部主事吾蘇楊公循吉，嘗遣子疏復建文廟號，中沮，近有《革除錄》

〔註481〕陸釴《病逸漫記》記仁宗之死：「仁宗皇帝駕崩甚速，疑為雷震，又疑宮人欲毒張后誤進中上。予嘗遇雷太監質之，云：『皆不然，蓋陰證也。』」仁宗死於過度縱慾，此說蓋得其真。

板行天下，然一時死義之臣漫不可考者亦多也。

西園聞見錄一〇七卷　　（明）張萱撰

　　張萱（1558〜1641），字孟奇，號九嶽，廣東博羅人。萬曆十年（1582）舉人，授殿閣中書，官戶部郎中，擢為貴州平越知府，未就任。萬曆三十九年（1611）以蜚語中考功法而罷歸。博洽多聞，著述甚富，雖不以繪事名家，偶一為之，頗饒別趣。著有《五經一貫匯經》《西省識小錄》《西園匯史》。生平事蹟見《本朝分省人物考》卷二十六、《畫史會要》卷四。

　　張萱歸里後，於榕溪之西建一園，名曰「西園」，著述其間。以此為號，又以名書。此書輯錄明朝史事，積二十餘年始成。此本凡一百零七卷。上起洪武，下迄天啟。全書以事為綱，以人為緯。分為三編：卷一至卷二五為內編，以表德行，專重行誼，分孝順、友愛、閫範、教訓等九十九目，著眼於「內聖」；卷二六至卷一〇二為外編，記載政事，依官為次，自內閣、宰相、六部、臺諫以至外官內臣，分眾事而歸隸之，分宰相、翰林、經筵日講等一百五十一目，著眼於「外王」；卷一〇三至卷一〇七為雜編，分術數、醫藥、堪輿、二氏、佛、老、鬼神、燒煉、毀淫詞、災祥、報應、妖術十二目。前言摘自奏疏、著述，往行則記述掌故。每小目下又分前言和往行兩部分。其中兵事部分多達三十二卷，「女直」一目對建州女真記載尤詳。

　　前有民國二十九年（1940）哈佛燕京學社《校印西園聞見錄緣起》，稱民國二十五年本社得三山陳氏居敬堂藍格抄本，不避清諱，當是明鈔，有開萬樓藏書印記，審為汪啟淑舊藏，足與沈德符《萬曆野獲編》競爽，信為考明事者所必參稽。〔註482〕鄧之誠跋稱：「凡所稱引，博覽之士或有不悉其所從者，故書舊記散佚多矣，猶賴此書以傳，一也；所錄奏疏，多出邸報，非今所恆見，二也；兵事逾三十卷，建州方盛，語焉特詳，觸忌新朝所以終閟，三也；著一議論，主張歧出者，必備錄之，以見持平，四也；尤足稱者，著書本旨在以事存人，以人存言，自修己條目，迄於齊家治平，言行一貫，合以求之，雖復旁及幽隱怪異，要以不倍聖人之教為本，蓋世道衰微，慨然有作，非比空談拜獻也。」〔註483〕

〔註482〕《續修四庫全書》，上海古籍出版社，2002 年版，第 1168 冊第 1 頁。
〔註483〕《續修四庫全書》第 1170 冊，上海古籍出版社，2002 年版，第 428 頁。

此書分類向存分歧，《千頃堂書目》歸入史部別史類，《明史·藝文志》《傳是樓書目》均歸入史部雜史類，《八千卷樓書目》入子部雜家類雜纂之屬。鄧之誠云：「兵事逾三十卷，建州方盛，語焉特詳，觸忌新朝，所以終悶。」故《四庫全書》不著錄。

此書有崇禎五年六卷本，選刻內編、外編、雜編各二卷，未見傳本；崇禎五年一百六卷刻本，今已不見傳本；徐儀世更訂七十四卷本，並未付梓，今無傳本；又有百卷本、一百二十卷本。此本據上海圖書館藏民國二十九年哈佛燕京學社印本影印。

【附錄】

【張萱《西園聞見錄自序》】歲戊戌，余通籍，西省時有正史之役，謬為當事推擇，竊幸獲窺金匱石室之藏，視草之暇，節略累朝實錄，自洪武迄隆慶，凡三百卷，私名之曰《西省日鈔》，竊以己意詮次之，凡十之三卷，凡一百，亦名之曰《西省識小錄》。書成而徙官版曹，分司吳關，以八年棄筆，撰著凡十五簏，寓舊館人忽為鄰居祝融奪去，《西省日鈔》及《識小錄》皆付秦焰矣。辛亥，罷歸，交絕途，窮桑榆，雖迫，筆硯未荒，家稍藏書尚可詮次，乃復採摭前言往行，自洪武以迄萬曆，為《西園聞見錄》，則大小皆識，以俟後之謀野者。錄凡一百卷，而以言分類，自別於史也。

【廣東藝文志】《西園聞見錄》一百八卷，明張萱撰。存抄本。萱自序略曰：……謹案：是書分內編、外編、雜編，編各分子目，每目分前言往行二類。萱自序云一百卷，《明志》作一百六卷，今存本則一百八卷，蓋輾轉傳抄，析卷互異耳。（陳昌齊等纂《廣東通志》卷一百九十《藝文略二》）

濯纓亭筆記十卷附禮記集說辯疑一卷　（明）戴冠撰

戴冠（1442～1512），字章甫，自號濯纓子，蘇州府長洲人。少為諸生，八試皆黜，弘治四年（1491）以歲貢選授紹興府儒學訓導，後罷歸。好古篤學，博通多識，刻意為古文辭，負氣矜伉，寡所推與，其志悲憤，所著書多自攄其不平。著有《經學啟蒙》《讀史類聚》《通鑒綱目集覽精約》《濯纓子詩集》《氣候集解》《補文房圖贊》等書。生平事蹟見《本朝分省人物考》卷二四、《國朝獻徵錄》卷八五。

是編舊題《隨筆類記》，後易今名。此書雜記見聞，全書十卷，前八卷不

標類目，終以辨物、字義。書中所記有關史實者，如記忽必烈盜宋諸陵之墓之罪：「元主忽必烈用西僧嗣古妙高及楊璉真加之言，盡發宋諸陵之在紹興者及大臣家墓，凡一百一所，竊其寶玉無算，截理宗頂骨為飲器。胡主吞滅中國之初，即行此盜賊不仁之事。」記明朝驛傳之弊：「蘇人諸役之害，無如驛傳馬頭借債為甚。」又記景泰間時語以諷官爵之濫：「滿朝皆太保，一部兩尚書。侍郎都御史，多似境山豬。」記成化間楊璿發荊襄流民還其故土而致民多死亡。又有關論辨者，如辨洪邁論宋玉《高唐》《神女》賦之非，辨楚惠王吞蛭事甚謬，評韓愈《平淮西碑》之優於段文昌。如論《易》時有聲韻諧協者，非有心於排比，與《書》之賡歌，《詩》之協韻，實同一道。至於論邵雍之學「荒遠無稽，於理未安，不離術數，不學可也」，未免狂悖之言。

書前有嘉靖二十六年（1547）陸粲序，稱其詞廉峭精確，多所風切，然其扶樹教道，繩枉黜邪之指，亦略可睹云。〔註484〕後有華察跋，稱其所論述，大抵崇正辟邪，指意明切，使人爾然興起。至於辨析名物，雖若瑣屑，而有可為博聞多識之助者。〔註485〕此書既頌揚明太祖英明剛果之志、慈祥惻隱之心，又貶斥胡主滔天之罪，故《四庫全書總目》入雜家類存目，稱此書「皆抄撮前人成說」，可謂瞞天過海，障眼有法。謝國楨稱此書記有明一代掌故制度，以蘇州、紹興兩地事蹟尤為詳盡。〔註486〕所言極是。

書末附錄《禮記集說辨疑》一卷，為辨說陳澔《禮記集說》之作，記有《曲禮》《檀弓》《王制》《曾子問》《文王世子》《禮器》《郊特牲》《內則》《玉藻》《大傳》《少儀》《喪大記》《祭義》《表記》《緇衣》十五篇，少則僅一則，多亦不過九則，為未完之書。此書為經解類，與前《濯纓亭筆記》殊為不類，《四庫全書總目》析出別入經部焉。

此本據復旦大學圖書館藏明嘉靖二十六年華察刻本影印。

【附錄】

【陸粲《濯纓亭筆記序》】故紹興郡學訓導戴先生著書一編曰《濯纓亭筆記》，余為緒正訛闕，除其複重，離為十卷。華學士子潛取而刻之。戴先生名冠，字章甫，吳之長洲人也。少穎敏篤學，始遊鄉校，已刻意為古詩文，博覽無所不通，而伉爽負氣，高自許與，不能詘折徇物。八舉不中，以貢上禮部，

〔註484〕《續修四庫全書》第 1170 冊，上海古籍出版社，2002 年版，第 429 頁。
〔註485〕《續修四庫全書》第 1170 冊，上海古籍出版社，2002 年版，第 505 頁。
〔註486〕謝國楨：《明清筆記談叢》，上海書店出版社，2004 年版，第 6～8 頁。

入試內廷，奏名第一，然例止得學官。王三原自巡撫江南時則愛重先生，及是方掌銓，先生貽之書條刺十事，皆經國大務，語不及私，三原為斂容降歎。李長沙為學士，亦奇其文，皆不及薦也。在紹興久之，與貴人語，不相下，棄官歸。年七十一，終於家。瀕終，猶歌吟不輟。既而歎曰：「天夢夢乎？世搣搣乎？俶偉擁樴，姬奢斥乎？矯虔駓駕，隨夷踣乎？已乎已乎，豪傑者廢死乎？」聞者悲之。先生早有志用世，自兵農水利之說靡不論究，既連蹇弗試，益泄其感憤於文辭，廉峭精確，多所風切。平生未嘗一日廢書不觀，得奇文奧義，為抵掌自喜，輒命筆識之。是編所存，僅什二三，蓋非其至者。然其扶樹教道，繩枉黜邪之指，亦略可睹矣。君子曰：「夫士苟有以信於千載，雖長隕溝壑，不為辱也。」太史遷有言：「倜儻非常之人，意有所鬱結，則退論書策以舒其憤，思垂空文以自見。」若戴先生，幾是耶？余少則知慕先生，感風流之日遐，懼遺文之泯墜，爰敘列大校，令後來者得考覽焉。先生嘗作《禮記集說辨疑》未竟，今掇其存者若干章，附之編末。他所纂述，若詩文集尚數十卷，藏其家。(《陸子餘集》卷一)

【華察《濯纓亭筆記跋》】戴先生為吾父奉政公師，余少猶及識之，間嘗求其遺文，未得也。頃同年陸給事子餘得其所著《濯纓亭筆記》十卷，手校寄余山中，余為刻梓，將以貽諸同志者。先生文學優贍，早有聲於吳下，而坎壈終身，仕不過校官，時論惜之。然余以為，自昔富貴而名摩滅者不可勝數，若先生者，天在其遇，而昌其辭。今觀其所論述，大抵崇正辟邪，指意明切，使人肅然興起。至於辨析名物，雖若瑣屑，而有可為博聞多識之助者，不誣也，於乎是亦足以傳矣。昔韓吏部稱柳河東云：「斥不久，窮不極，其文辭必不能自力，以(至)〔致〕必傳於後。雖得所原，為將相有不以彼易此者。」然則先生亦可以無憾哉！是編舊題隨筆類記，故少卿都公玄敬為易今名。蓋濯纓者，先生所自號云。無錫華察書於碧山精舍。

【四庫提要】《濯纓亭筆記》十卷(浙江鮑士恭家藏本)，明戴冠撰。冠有《禮記集說辨疑》，已著錄。是書雜記見聞，終以辨物字義，皆抄撮前人成說。第十卷謂《玉篇》「匸」「匚」二字形象字義俱同，不應分作二部，不知《說文》「匸」作「匸」，謂裹俠有所俠藏也。「匚」作「匚」，謂受物之器。迴不相涉，冠乃混而為一，誤矣。舊名《隨筆類記》，都穆為易今名。濯纓，冠所自號也。前有嘉靖丁未陸粲序，後有華察跋。舊本以《禮記集說辨疑》一卷附此書之末，殊為不類，今析出別入經部焉。(《四庫全書總目》卷一百二

十七「子部三十七・雜家類存目四」)

【四庫提要】《禮記集說辨疑》一卷（浙江鮑士恭家藏本），明戴冠撰。冠字章甫，長洲人。以選貢授紹興府訓導。是書所論，凡《曲禮》六條，《檀弓》九條、《王制》三條、《曾子問》二條、《文王世子》一條、《禮器》一條、《郊特牲》一條、《內則》五條、《玉藻》二條、《大傳》一條、《少儀》一條、《喪大記》二條、《祭義》一條、《表記》一條、《緇衣》一條，蓋未竟之書也。嘉靖丁未，陸粲刊冠所作《濯纓亭筆記》，附載於末。然筆記為雜說，而此書究為經解。今仍析為二，各著錄焉。(《四庫全書總目》卷二十四「經部二十四・禮類存目二」)

【戴先生冠傳】戴先生者，蘇長洲人也。名冠，字章甫。生而穎異，篤學過人，其學自經史外，若諸子百家、山經地志、陰陽曆律，與夫裨官小說，莫不貫綜，而搜彌刳剔，必求緣起，而會之以理，文必以古人師，汪洋澄湛，奮迅陵轢，而議論高遠，務出人意。詩尤清麗，多寓諷刺，推其程文，亦奇雋，不關鍵束縛，一時譽聞籍籍起諸生間。同時諸生多守章句訓詁，所經義類多熟爛骫骳之言。先生既聰明強解，又高朗自喜，下視曹耦，莫有當其意者，以故人多忌而非毀之，然卒莫有能過之者。每賓興，人必擬先生首解，先生亦自謂科第可得也，而八試皆絀。弘治四年，始以年資貢禮部。是歲貢禮部者數百人，群數百人而試之，其名在第一。入試內廷，復襃然出數百人上，然例止得學官，當道者惜之，勒令卒業太學，以需他用，而先生不能待矣，竟就選，得浙江紹興府儒學訓導。在官以其學教授諸生，多所造就，而先生益以其間隙肆志於學，學益宏肆，考論著述不少怠廢。初，先生諸生時，紹興有御史督學南畿者，以文學自負。先生見其文有所指摘，或達於御史，銜之，欲論黜先生，不果。及官紹興，御史者罷官家居，邂逅，有言不相下，他日，御史死，其家誣執先生，遂歸。先生雅志當世，自其小時即上書有司，請逐里中淫祠去之，及壯，益究心時事。三原王公以都御史撫巡江南，特賢愛先生，每召見，輒款語移時，聽其論議，未嘗不偉歎，知先生非經生也。及先生至京，公已吏部，見之驚曰：「爾尚舉子耶？」因問當今切務，先生條上數事大要，以用賢國家首務。又勸公不棄逼言，不恃己見，勿以嘗挫攖奪志，其言謇諤，皆有所諷切。在紹興時，浙中海塘患，有韓參議者從先生訪水利得失，先生條刺利害興廢，及今修築事宜，纖悉詳明而切於用，韓遂取而行之，民至今以便。先生所著有《戴子》若干卷、《經學啟蒙》《奇字音釋》《禮記辯疑》《氣候

集解》《濯纓文集》和《會稽懷古詩》《補文房圖贊》。先生年七十有一,以正德七年正月二十一日卒。先生兩娶皆夏,子四人。近時以科目取士,凡魁瑋傑特之士胥此焉出。以余觀於戴先生,一第之資豈其所不足哉?乞老不售,以一校官困頓死,殆有司之失耶?抑自有命耶?謂科目不足以得士者固非也,而謂能盡天下之士,誰則信之?(《甫田集》卷二十七)

【許令以時祭掃】太祖高皇帝於中都皇陵四門懸金字牌各一,其文曰:「民間先世嘗有墳墓在此地者,許令以時祭掃。守門官軍阻擋者,以違制論。」嗚呼,此聖人一視同仁,以四海為家之心也。今世少有富貴權力者,每得墓地,有舊冢在,必恩去之,以為福蔭子孫之計。至有發掘屍柩而焚毀之者。其視聖祖之度量相越豈不遠哉!

【截理宗頂骨為飲器】元主忽必烈用西僧嗣古妙高及楊璉真加之言,盡發宋諸陵之在紹興者及大臣冢墓,凡一百一所,竊其寶玉無算,截理宗頂骨為飲器。胡主吞滅中國之初,即行此盜賊不仁之事。

【劉基初見明太祖】誠意伯劉基初見太祖,太祖曰:「能詩乎?」基曰:「詩,儒者末事,何謂不能?」時帝方食,指所用斑竹筷使賦之。基應曰:「一對湘江玉並看,湘妃曾灑淚痕斑。」帝顰蹙曰:「秀才氣味。」基曰:「未也。」復云:「漢家四百年天下,盡在張良一借間。」帝大悅,以為相見晚。

【《通鑒綱目》為萬世之法】天順八年憲宗初即位時,南京刑科給事中王淵等上言五事,其疏傳佈四方,冠得而錄之,謹識其略如左:一曰覽史書。史書之有益於天下國家尚矣,求其明白切妥,可為萬世之法者,莫如《通鑒綱目》一書。近年以來,經筵唯以五經四書進講,而不及此,蓋恐其間有所觸犯故爾。昔唐仇士良嘗語同列曰:「人主慎勿使之讀書。彼見前代興亡,心知憂懼,則吾輩疏斥矣。」今日之事,殆亦類此?乞命講官兼講《通鑒綱目》其中所載治亂興亡,不得避諱。仍取一部置於便殿,萬幾之暇,朝夕觀覽。或時召儒臣與之從容講解,必欲見古之君德何為而明,何為而暗。政治何為而得,何為而失。群臣何者為賢良,何者為邪佞。然後以其善者為法,惡者為戒。仍觀左右大臣孰可比古之賢良而當親,孰可比古之邪佞而當黜。如此則德無不修,政無不善,臣無不良,而天下治矣。

【廉介】尚書童公軒性寡合,不妄取予,居南京時,家人衣食或不給,惟三原王公饋以米及白金,或不受。毘陵王尚書俒知其介,不敢致饋,值有持禮幣求文者,因謂曰:「童公之文勝余,令人導汝往求之。」至則童公問其

人曰：「汝自來乎？抑有使之者乎？」其人以實對，遂卻而不納。其介如此。

【中時弊】太平之世，人皆志於富貴，位卑者所求益勞，位高者所得愈廣，然以利固位，終不能保其所有。故時人為之語曰：「知縣是掃帚，太守是畚斗，布政是叉袋口，都將去京裏抖。」語雖粗鄙，切中時弊。

【題藝祖像】《濯纓亭筆記》：趙子昂善書，有文名。元世祖聞而召見之，子昂丰姿如玉，照映左右。世祖心異之，以為非人臣之相，使脫冠，見其頭尖銳，乃曰：「不過一俊書生耳。」遂命書殿上春聯。子昂題曰：「九天閶闔開宮殿，萬國衣冠拜冕旒。」又命書應門春聯，題曰：「日月光天德，山河壯帝居。」因出宋藝祖神像命之題贊，以觀其志。子昂踟躕良久，題曰：「玉帶緋袍色色新，一回展卷一傷神。江南江北新疆土，曾屬當年舊主人。」世祖大喜。（褚人獲《堅瓠集》補集卷五）

寓圃雜記十卷 　（明）王錡撰

王錡（1433～1499），字元禹，自號夢蘇道人、葦庵處士，蘇州府長洲人。終生不仕，以耕讀為業。其家舊有萬卷堂，藏書甚多，皆宋元館閣校勘定本，諸名公手抄題誌者居半。事蹟見明吳寬《王葦庵處士墓表》（《家藏集》卷七十四）、劉鳳《王錡傳》（《續吳先賢贊》卷十二）及《吳中人物志》卷九。

書前有弘治十三年（1500）祝允明序，稱削蕪置疑，拔十得五云。《四庫提要》稱此書載明洪武迄正統間朝野事蹟，於吳中故實尤詳云云，頗得其實。如考封建之沿革曰：「漢高祖既為天子，大封同姓，枝大於幹，馴致七國之變。然中興之業，卒賴後系。唐之興也，子弟皆有封爵，建宅以居京師，惟食其祿而已，國家緩急無所繫焉。降而至宋，宗室之封，必自遙授小官，漸進侯王，除拜之煩，蓋無虛日。其邸第散處兩京，故有南西內外班之分。歷年既久，僅同民庶。後遭金虜之患，無一人操尺寸兵以起者，此皆由封建不得其制也。我太祖受命之初，首立藩輔，諸子自勝衣已上，皆冊立為真王，其國皆處要衝之地。制度儀從，不侈不儉，使吏治其國，而納其貢稅焉。上無所專，下無所擾，聖子神孫，將遍天下。真萬世之良規也。」記官妓之革曰：「唐宗間，皆有官妓祇候，仕宦者被其牽制，往往害政，雖正人君子亦多惑焉。至勝國時，愈無恥矣。我太祖書革去之。官吏宿娼，罪亞殺人一等；雖遇赦，終身弗敘。其風遂絕。」記義官之濫曰：「近年補官之價甚廉，不

分良賤，納銀四十兩即得冠帶，稱義官。且任差遣，因緣為奸利。故皂隸、奴僕、乞匄、無賴之徒，皆輕資假貸以納。凡僭擬豪橫之事，皆其所為。長洲一縣，自成化十七年至弘治改元，納者幾三百人，可謂濫矣。」此書暴露社會黑暗，具有較高之史料價值。且間有考據，如辨《剪燈新話》之偽：「《剪燈新話》，固非可傳之書，亦非瞿宗吉所作。廉炎楊先生，阻雪於錢塘西湖之富氏，不兩宵而成。富乃文忠之後也。後宗吉偶得其稿，竄入三篇，遂終竊其名。此周伯器之言，得之審者。」今按：《剪燈新話》作者問題已成一重公案，此可備一說。

此書《千頃堂書目》《明史·藝文志》小說類著錄。《四庫全書總目》入小說家類存目，稱多摭拾瑣屑，無關考據。館臣持論未免過苛。歸有光《震川別集》卷八《與吳三泉》亦稱：「得《寓圃雜記》，甚喜，計八十餘葉，可留二三日，錄完奉納。」歸氏號為一代文宗，得此《雜記》，手自抄錄，其價值亦可見一斑矣。

此書有《玄覽堂叢書》本、《紀錄彙編》本、《金聲玉振集》本。此本據南京圖書館藏明抄本影印。

【附錄】

【祝允明《寓圃雜記序》】蓋史之初為專官，事不以朝野，中勸懲則書。以後，官乃自局，事必屬朝署出章牒則書。格格著令式，勸懲以衰。又以後，野者不勝，欲救之，乃自附於裨虞，史以野名出焉。又以後，復漸弛。國初殆絕，中葉又漸作。美哉！彬彬乎可以觀矣。故康孝王先生元禹隱抱顯略，野懷朝憂，大行細節，接笛聰明，削蕪置疑，拔十得五，積為鉅編者六，更施約束，僅就十卷，遺在筥籨，人鮮知之。及既謝寰宇，孝子淶乃追懼荒落，亟登雕木焉。予建志後塵，馳思先駕，爰列史道，發章忠勤。於乎！馮煩舌以搞心識，因裨虞而見南董。來人多聞，無忘往博。弘治十三年十一月日南至，長洲祝允明序。

【王葦庵處士墓表】長洲之野有隱居讀書曰王葦庵處士，其諱錡，字元禹，葦庵其自號也。家世力農，吳人因其所居稱荻扁王氏。處士自少軒然出群從中，長益好學，自經傳百氏務遍覽，尤熟於史，凡先代事非特善，記憶而已，考其得失善惡，以求其興衰之故，自謂不易其言。對客談辨，輒觸忤人，惟其性剛直，以為言衝於口不能茹，雖致人怒，亦不暇恤。平生有所見聞，既筆之，不顧忌諱，號《寓圃雜記》。蓋處士好從先生長者遊。又婦翁為劉草窗。

草窗，一代詩人也，居京師，博學多識，故處士得其議論尤多。宅臨湖，彌望皆田園，而堂宇靜深，間以嘉樹，窅如也。性不飲酒，客至，必款曲，時出謔語以為樂，或放扁舟，出沒汀煙渚月間，往往賦詩寄興。一日詣毘陵，訪親友，顧上錫麓，入荊溪，遇山水佳處，輒盤桓逾時，已而徑歸，忘其所訪者，其高致如此。處士生六歲，喪其父廷用，賴母滕氏守節以教，滕氏固賢母，處士事之四十年，未嘗一日去左右，其孝足稱也。友其弟鉦，鉦卒，撫其諸子，家屢遭火厄，故居蕩然，卒盡力營置，以復王氏，所以不墜者，處士之力也。弘治十二年十月晦，處士以疾卒，享年六十八。葬有日，其二子淶、汶遣人乞表墓之詞，而以事行一編同至。予少識王氏昆仲，後皆物故，數年前獨見處士與其從弟陳留令抑夫巋然存耳。淶復與予從子奕相好，因以此見委。夫惟有世契，則處士為人，豈待此一編而後知邪？噫！望蘇臺之白雲，瞻茂苑之喬木，故家舊俗猶有存者，獨清逸之士所謂巋然者今復不得見矣。因為慨然傷歎，書此以著處士之隱節，且以識予之感云爾。（吳寬《家藏集》卷七四）

【四庫提要】《寓圃雜記》十卷（浙江范懋柱家天一閣藏本），明王錡撰。錡字元禹，別號夢蘇道人，長洲人。是書載明洪武迄正統間朝野事蹟，於吳中故實尤詳。然多摭拾瑣屑，無關考據。（《四庫全書總目》卷一百四十三「子部五十三·小說家類存目一」）

【建都】自五代以來，北虜侵我疆土，索我金帛，以宋太祖、太宗之繼興，終不能制。下至靖康之變，尤不忍言，蓋由所都非形勢之地也。胡元據有中國垂九十載，無復天理之可言。天生我太祖掃除之。推戴之初，即欲宅形勢，以臨中夏、禦夷狄，故嘗幸汴、幸洛，將幸關陝而還。斯時中原之地，久為胡馬所踐，繼以寇盜，民不聊生，六騑所過，率皆空城。於是定鼎江南，以資兵食，而都北之志未嘗一日忘也。且以燕城為元舊都，形勢可以制虜，因以封我太宗焉。及上登極，即廣舊邸為皇城，頻年駐蹕。當時群臣不知睿意所向，屢請南還，因出令曰：「敢有復請者，論以妖言。」於是，河南布政使周文襄等皆遭重罰。自此基命始定，遂成萬世之業。雖殽、函之固莫能及矣。永樂壬辰之後，大駕頻征沙漠，搜剿遺孽，屢抵巢穴而歸。是則都燕之志，太祖實啟之，太宗克成之也。（《寓圃雜記》卷一）

【太宗知人】太宗一日謂通政陳定曰：「尚書盡寬是君子中之君子，甄容是小人中小人。」上雖知其為人不同，然各任其材，曹無廢事。後元宵觀燈，命大臣皆賦詩，詩成，有鈔幣之賞。容亦為一首進，上卻而不顧，曰：「汝素

不能也。」因與餅餌數枚以赧之。上之知人至此。（《寓圃雜記》卷一）

【李祭酒荷枷】正統間，李時勉為祭酒，多所造就，六堂師生敬而愛之，私號曰古廉先生。又擬其有滄海之量、父母之心，亦不為過也。中官王振生辰，諸大臣皆往賀，先生獨不往。振銜之，坐以擅斫文廟前古木為不敬，特置「百斤枷」，命枷先生與司業趙琬、掌饌金鑒。有一枷特重數斤，為先生設也。金曰：「鑒年頗壯，當荷此。」先生曰：「老夫筋骨甚堅。」即以自荷。諸生司馬詢等數百人上章伏闕願代，三日方得蘇，稍遲皆死矣。不半年，懇求致仕，振猶以為恨，削其恩禮焉。（《寓圃雜記》卷二）

【余家書畫】余家舊有萬卷堂，藏書甚多，皆宋、元館閣校勘定本，諸名公手抄題誌者居半。內有文公先生《綱目》手稿一部，點竄如新。又藏唐、宋名人墨蹟數十函，名畫百數十卷，乃玉澗所掌。又有聚古軒，專藏古銅鼎彝、鐘、卣，古玉環、玦、卮、斗、方響、浮磬之類，皆有款議。古琴數張，惟「一天秋三世」、「雷霜天玉磬」、「夜鶴唳寒松」為最。文房諸具，往往奇絕。刻絲、絲漆、陶滲、舊器，畢聚其中，乃長兄坦齋所掌。二公最能賞鑒，目力甚高，絕無贗假。客至，縱其展翫。天順三年，從父仙遊，兄亦繼卒。不二年，為回祿所禍，一夕蕩然。余棄而不視，或有得於煨爐之餘者，皆以高價而售。雖石刻數通，煅毀逮盡，止存顏魯公《乞米帖》、涪翁《墨竹賦》半篇而已。惟《綱目》稿本先已宛轉為權勢所有，歸於浙東，幸免此患。雖物之成毀聚散有數存焉，亦由吾為子弟者不肖，不克享有，為之三歎。（《寓圃雜記》卷六）

【吳中近年之盛】吳中素號繁華，自張氏之據，天兵所臨，雖不被屠戮，人民遷徙實三都、戍遠方者相繼，至營籍亦隸教坊。邑里瀟然，生計鮮薄，過者增感。正統、天順間，余嘗入城，咸謂稍復其舊，然猶未盛也。迨成化間，余恒三、四年一入，則見其迥若異境，以至於今，愈益繁盛，閭簷輻輳，萬瓦甃鱗，城隅濠股，亭館布列，略無隙地。與馬從蓋，壺觴罍盒，交馳於通衢。水巷中，光彩耀目，遊山之舫，載妓之舟，魚貫於綠波朱合之間，絲竹謳舞與市聲相雜。凡上供錦綺、文具、花果、珍羞奇異之物，歲有所增，若刻絲累漆之屬，自浙宋以來，其藝久廢，今皆精妙，人性益巧，而物產益多。至於人材輩出，尤為冠絕。作者專尚古文，書必篆隸，駸駸兩漢之域，下逮唐、宋，未之或先。此固氣運使然，實由朝廷休養生息之恩也。人生見此，亦可幸哉！（《寓圃雜記》卷五）

【變法】國家儲積，多倚東南，惟蘇為最。永樂、洪熙間，征斂制下，多

侵克，官得其十三四五而已。宣德七年，上命周文襄公來巡，首延父老講求
利害，創立「調收」之法，委曲詳盡，自此利權歸於上。又得況公為守，念蘇
賦太重，奏減正額三分，七邑計減七十二萬餘石，人稱公有再造之恩。二公
既去，後人恒守其法，稍有變更，遂為民病。故朝廷每遣巡撫及守土之臣，必
降璽書申戒，使毋輕改焉。弘治二年，官有喜變法者，不加深思，遽革「調
收」，易以新制，糧胥得為奸利，每石擅增無名之耗三斗，盡入私家，自茲利
權復移於下。以今糧胥所增之數三計，正與況公所減者相當，是乃復徵舊額
也。七十二萬石之多，官不得取，民不得免，使二公之良法大壞，甚可歎也。
（《寓圃雜記》卷五）

【雲林遺事】倪雲林潔病，自古所無。晚年避地光福徐氏。一日，同遊
西崦，偶飲七寶泉，愛其美，徐命人日汲兩擔，前桶以飲，後桶以濯。其家去
泉五里，奉之者半年不倦。雲林歸，徐往謁，慕其清秘閣，懇之得入。偶出一
唾，雲林命僕繞合覓其唾處，不得，因自覓，得於桐樹之根，遽命扛水洗其樹
不已。徐大慚而出。其不情如此。後家漸替，往遊江陰，有習里夏氏館之，所
奉大不如意，因染痢，穢不可近，卒。夏以小棺葬於近地，其墓尚存。後人皆
傳雲林為太祖投涸廁中死，盡惡其太潔而誣之也。其遺址今為周濟廣所居，
濟廣最知其詳。（《寓圃雜記》卷六）

【脂麻通鑑】吳人愛以脂麻點茶，鬻者必以紙裹而授。有一鬻家藏舊書
數卷，旋摘為用，市人得其所授，積至數葉視之，乃《通鑑》也。其人取以熟
讀，每對人必談及，或扣其蘊，則實告曰：「我得之脂麻紙上，僅此而已，余
非所知也。」故曰「脂麻通鑑」。（《寓圃雜記》卷九）

【明人說部】又王錡《寓圃雜記》：「元有全某者，乃宋淵聖皇帝之母舅，
在元學佛於土番，號合尊大師，有子亦從其教，後元主坐以說法聚眾，皆殺
之。」按：淵聖乃欽宗追尊之號，至元朝已百六十餘年，何得尚存？合尊大
師，乃德祐帝也，蓋全某係德祐帝母全太后之兄弟耳，而偽為淵聖，可謂屯
毛不辨。又德祐帝有子曰完普，亦出家為僧，然未有殺害之事。此明人小說
中最陋者。（趙翼《廿二史箚記》卷三十六）

復齋日記一卷　（明）許浩撰

　　許浩，字復齋，餘姚人。弘治中以貢生官桐城縣教諭。著有《宋史闡幽》

《元史闡幽》。生平事蹟見《續文獻通考》卷一六七。

此書《千頃堂書目》卷十二、《四庫全書總目》卷一百四十三均作二卷。張岱《石匱書》卷三十七列入小說類。二卷本首有弘治八年（1495）許浩自序，書末有清獻道人及孫毓修跋。稿本原為藍格抄本，斷爛脫誤之處甚多，孫毓修校讎訂正，仍有部分內容缺佚。

此書多記宋元至明初朝野事蹟。如記王冕畫梅：「會稽王冕元章有高才，其墨梅冠絕古今，斷縑殘楮，人爭寶之，其畫梅多自題，有云：『我家洗硯池樹頭，箇箇花開淡墨痕；不用人誇好顏色，只留清氣滿乾坤。』」記楊榮之決斷：「正統中三楊繼沒，繼之者頗攬威權焉。榮後謚文敏，三楊心跡，大抵相同，而文敏才實通敏，機務總至，斷決如流，而善承人主意，徐引於正，三楊皆以諫東宮事繫獄累年，文敏雖嘗諫上，不罪也，說者謂其相業，有姚崇之風。」記滑壽善醫之神效：「秋日，姑蘇諸士人邀遊虎丘山，一富家有產難，求挽回，諸士人不可，先生登階見新落梧桐葉，拾與之曰：『歸即以水煎而飲之。』未登，報兒產矣。皆問此出何方，櫻寧曰：『醫者，意也，何方之有？夫姙已十月，而產者氣不足也，桐葉得秋氣而墜，用以助之，其氣足矣，寧不產乎？』」又比較范仲淹、高季迪之不同氣象：「范仲淹、高季迪，皆姑蘇人，皆嘗詠卓筆峰。范詩曰：『笠澤研池小，穹窿架石戣。仰憑天作紙，寫出太平歌。』高詩曰：『雲來初潑墨，雁過還成字。千載只書空，山靈恨何事。』二人之氣象於此蓋可見矣。」

此書皆紀敘明初以來朝野事蹟，與葉盛《水東日記》頗相出入。《四庫全書總目》稱楊榮料敵、于謙治兵、汪直亂政諸條敘述頗詳，然如謂王振初時閑邪納誨以成英廟盛德，不為無補，則紕繆殊甚云云。然孫毓修跋稱此書遺文逸事，多足為考訂之資云。今考王世貞《弇山堂別集》，其《史乘考誤》於此書多所辯誤。

此書有兩個版本：一為二卷本，民國五年上海商務印書館景印《涵芬樓秘籍》本，一為一卷本，即《歷代小史》本。此本據民國二十九年商務印書館景印元明善本叢書十種本（即《歷代小史》本）影印。

【附錄】

【許浩《復齋日記自敘》】予嘗慕司馬公日記遇事有可記，隨筆記錄。先翁間或見之，謬賜與可，自是益勤。然向不得志，不以為意，多或散失。今春教諭弟攜葉文莊公《水東日記》回，與予記者事多相同，因與弟輩究竟錄出，

凡若干條。心跡卑遠，不得居邇。京師而恒與大人君子相接□□與論夫大事書大夫德，而區區□□傳聞，與遐方下邑鄙細之事，管窺蠡測，淺見薄□□□（識之識）詎能免耶？□段成式之《雜俎》、岳珂之《桯史》、陶九成之《輟耕錄》固□外之言也，逮今猶存，而是時國人或不取信，傳不□□□繫於國與野□，千金敝帚，亦以□□□□□□□歲蒲節日，復齋許浩敘。

【孫毓修《復齋日記跋》】右《復齋日記》二卷，明許浩撰。浩字復齋，餘姚人。弘治中以貢生官桐城縣教諭，與作《通鑒綱目》之函谷山人許浩同姓名，又同時，實各一人也。然浩亦有《宋史闡幽》《元史闡幽》各一卷。此書皆記述明初以來朝野雜事，亦史家之支流餘裔。蓋與函谷山人俱留意於乙部之學者。《四庫存目》譏其誤記高啟「兒能成名妾不嫁，良人瞑目黃泉下」句為章綸之母，所作謂王振初時開邪納誨，以成英廟盛德，最為紕繆。然遺文逸事，多足為考訂之資。傳本絕罕，此為明人藍格抄本，謬誤斷爛處多不可通。雖經前人校過，仍未能一豁烏焉魯魚之悶也。校印時有灼然知其訛者，據義改之，有史書可證者，據史改之，餘仍其舊，以俟知者。丙辰（1916）新秋，孫毓修識。

【四庫提要】《復齋日記》二卷（浙江范懋柱家天一閣藏本），明許浩撰。浩有《宋史·闡幽》，已著錄。此書皆紀敘明初以來朝野事蹟，與葉盛《水束日記》頗相出入，前有自序，題乙卯蒲節，蓋弘治八年也。其中如楊榮料敵、于謙治兵、汪直亂政諸條，敘述頗詳。然如謂王振初時開邪納誨，以成英廟盛德，不為無補，則紕繆殊甚。至於「兒能成名妾不嫁，良人瞑目黃泉下」一詩，乃明初高啟《張節婦詞》，載於本集，而以為章綸之母所作，亦失實也。（《四庫全書總目》卷一百四十三「子部五十三·小說家類存目一」）

【王冕題梅詩】會稽王冕元章有高才。其墨梅冠絕古今，斷枝殘楮，人爭寶之。其畫梅多自題，有云：「我家洗硯池頭樹，箇箇花開淡墨痕。不用人誇好顏色，只留清氣滿乾坤。」其初見高廟應制題梅詩曰：「獵獵北風吹倒人，乾坤無處不沙塵。北人凍死長城下，誰信江南別有春。」上大賞之。

【有生緣無死緣】僧玘太璞，吾姚人，專心禪學，藏經五千四百卷，無不成誦。高皇帝靈愛之。一日，問之曰：「為僧不了，其報云何？」玘對曰：「為僧不了，永墮阿鼻地獄。」上曰：「出何典？」玘曰：「出《藏經》第幾卷。」都御史詹同目之曰：「若奈何為此對？」玘曰：「玘釋氏，不敢背教，亦不敢欺上也。」上頗聞其語，詰之。玘以實對。上變色曰：「然則吾當受是

報也。」玘叩頭曰：「天生聖人，為生民主，豈同於凡類耶？」上曰：「此又出何典？」玘曰：「出《藏經》第幾卷。」上命取經閱之，信然，大悅，諭諸大臣曰：「卿等雖各有才，不若是僧之忠誠也。」臨終，沐浴更衣，詣上告訣。上適有事不見。玘望位叩頭曰：「臣有生緣無死緣。」即退。上聞知其語，歎曰：「噫，玘死矣！」使人視之，果已卒。遣人諭祭，驛送還鄉。

【《通鑑綱目》不出朱子之手】予觀文公先生之作《資治通鑑綱目》，仿諸《春秋》而立凡例，其義甚精。及觀全編，則其間所書多與凡例不合。心竊疑之，既而考之先生《與林擇之書》，有「《通鑑》工夫浩博，始謀之太銳，今甚費心力。須來年春夏間，入近山僧寺中，謝絕人事，作一兩月期，畢力了之。蓋心力不強，其間稍似間斷，便覺條例不貫，故須如此」之語。而他書又謂：「是書實授之門人訥齋趙氏，而成於其手。」乃知先生僧寺之期，竟弗及酬。而訥齋所成，於凡例之旨，先生未必能盡究也。何後學之不幸如此耶？所幸凡例俱存，可以取正。故上虞徐昭文得為考證，以明先生之意。今考證已附入《綱目》之後，凡例尚未載。累言之於有力，使梓入之，而未遂也。用誌之。

【《皇朝文鑑》編次有意】宋孝宗因觀《文海》，敕宰臣王淮、周必大，諭秘書郎呂祖謙，取有益於治道者，編次成書。書成而疾作。孝宗驚惜。令取閱之，曰：「呂祖謙所編《文海》，採摭精詳。」與除直秘閣，賜銀三百兩，絹三百匹，賜名《皇朝文鑑》。且令必大為序，下國子監版行。有媢疾者，密奏《文鑑》多言田里疾苦之事，是乃借舊以刺今。又其所載奏疏多指祖宗過舉，尤為非宜。於是孝宗遂以為載鄒浩諫立劉后之疏語訐，別命他官修定，而版行之議遂寢。呂以病歸鄉里，遂絕口不敢言《文鑑》事。後必大作序，緘以傳呂，呂一閱而藏之。蓋其所序未能悉其意也。呂曾自言其去取之意云：「國初文人尚少，故所取稍寬。仁廟以後，文士輩出，故所取稍嚴。如歐陽、司馬、二蘇諸公之文，俱自成一家，以文傳世。今姑摘其尤者一二，以備篇帙。或其有聞於時，而其文不為後進所誦習，如李公擇、孫莘老、李太伯，亦搜求其文載之，使不煙沒。或其嘗仕於朝，不為清議所與，而其文亦自有可觀，如呂惠卿之類，亦取其不悖於理者，而不以人廢言。」又嘗謂：「本朝文人，比之唐人韓退之、杜子美正少。如柳子厚、李太白，則可與追逐者。周美成《汴都賦》，亦未能侈國家之盛。止是別無作者，不得已而取之。若斷自渡江以前，蓋以其年之已遠，議論之已定，而無去取之嫌也。」其所著

如此，人豈能知之乎？晦翁晚年語學者，以為此書編次，每篇有意，每卷首必取一大文字作壓卷，如賦則取《五鳳樓賦》之類。其所載奏議，皆係一代政治之大節。祖宗二百年規範，與後來中變之意思，盡在其中。讀者著眼便見。蓋非《經濟錄》之比也。《文鑒》於此遂傳。彼媢疾而沮撓之者，有何益哉！

【政皆獨斷】高皇帝罷相，政皆獨斷。惟制誥之事，任之館閣。永樂間，解縉以草登極詔稱旨，以政任之。不久而黜。一日且暮，寧夏報被虜圍。上悉召閣下諸老，皆已出，惟編修楊子榮赴命。上不懌，示以奏曰：「爾後進，寧解此？今當遣何處兵往救？」子榮徐曰：「不須救也。」上曰：「何也？」子榮曰：「臣嘗奉使至彼，其城堅，且人皆習戰。今其發已十餘日，虜必已退。但敕守臣固守，及鄰近諸城壁堤備可矣。不必遣兵而重為煩擾也。」上頗回顏，曰：「明日與諸老來議之。」夜半，虜圍解報至。詰旦，上召子榮以報書示之，曰：「卿何料之審也？」喜見於色。問其名，曰：「楊子榮。」命去子字，單名榮。即命入閣，與楊文貞、楊文定同事。寵遇日隆。然入謀於內，未嘗以宣於外，外人亦不知趨之。故成永樂之治。宣德間仍舊。至正統中，三楊繼沒。繼之者頗攬威權焉。榮後諡文敏。三楊心跡大抵相同，而文敏才實通敏，機務總至，斷決如流。而善承人主意，徐引於正。二楊皆以諫東宮事繫獄累年。文敏雖嘗諫，上不罪也。說者謂其相業有姚崇之風焉。

【入閣無祭臬襲事】《復齋日記》言：閣老陳文簠簋不飭，卒後議諡當用文，而眾論鄙之，特改例諡曰莊靖。其後永新劉公繼入閣，尤不愜眾望，或語人昨新閣老入閣，閣吏請祭臬、襲、稷、契。劉曰：「陳先生不祭，我也不祭。」以祭為濟也，相傳一笑。按：陳名文於，尊名之典未稱，故易為莊靖。劉入閣在李文達後，與陳同事將一歲，入閣無祭臬、襲事。（王世貞《弇山堂別集》卷二十五《史乘考誤六》）

磯園稗史三卷　（明）孫繼芳撰

孫繼芳，字世其，號石磯，華容人。正德六年（1511）進士。初為刑部山西司主事，是時宦官勢盛，東廠獲數人，誣以為盜，下刑部論，尚書命繼芳治之，鞫知其冤，即白尚書曰：「此人審非盜，可冤平民哉？」卒釋之。後改兵部員外郎，官至雲南提學副使。嘉靖五年（1526）黜歸，閉門著書。

著有《東山集》《石磯集》。生平事蹟見《國朝獻徵錄》《本朝分省人物考》卷八〇。《來禽館集》卷十六有《世其孫公碑》。

此書雜記明代朝野史蹟，且以正德、嘉靖朝為詳，間及怪異無稽之談。孫氏為內閣重臣，於朝野之事必多親見，又受劉瑾排擠，故書中多有抨擊時政、揭露醜聞之語，記劉瑾暴虐之行尤夥。又有記嘉靖初汪鋐仿鑄佛郎機國火銃事者，可見明朝武器之一斑。他如論王陽明學術曰：「其論道學、訓解經傳，雖矛盾朱子，然時出己見，亦有新意，實振古之豪傑，特其徒陸澄輩，標榜太過，增茲多口。」又曰：「古今豪傑所薦，自與人殊，王伯安見知於晉溪，曰奇材奇材。巡撫南贛，征大帽山賊，所求軍令旗牌，即與之，伯安奏捷疏入，於本兵極其稱譽，士論傳笑，已而寧藩功成，晉溪適被逮，為石齋所抑，伯安辭疏，始終不負晉溪，歸功焉。或勸其少狗執政意，不從。國士之報，伯安有焉。」

明過庭訓稱繼芳受學何景明，稱高足弟子，其文尚典實，敘述紀載有班氏風，所傳詩僅百餘篇，皆精語云云。書末有民國九年（1920）孫毓修跋，稱此書雜記正、嘉間朝章國故、人物臧否，兼及瑣事，蓋亦史部之支流餘裔。〔註487〕其人剛介有識，其文當如其人矣。

此書有清抄本（藏上海圖書館，有莫棠跋）。此本據民國十五年商務印書館涵芬樓秘籍影印抄本影印。

【附錄】

【孫公繼芳傳】孫繼芳，字世真，華容人。正德辛未進士。初，刑部山西司主事，是時宦官勢盛，東廠獲數人，誣以盜，下刑部論，尚書命繼芳治之，鞠知其冤也，即白尚書，曰：「此人審非盜，可冤平民哉？」尚書命白東廠，亦無能奪也，卒出數人。御史張璞、劉天和、王廷相迕宦官，逮繫獄，疏救不報，因謝病歸。起改兵部車駕司主事，升職方司員外郎。毅皇將南巡，武選郎黃鞏與繼芳百餘人諫止。上大怒，咸廷笞之。繼芳得不死，尋改職方，掌軍國機務及諸邊鎮籌劃，故謂繁重。繼芳日談笑之，至奏草時，命史執筆旁立，顧口占以書，然亦咸明切，引繩墨，中事情。未幾，與部尚書事相牴牾，外補雲南提學副使，卒誣摘黜之，歸。繼芳性慷慨激亢，當其氣所欲言，雖萬乘勿畏也。其提學雲南時，數以事與都御史、御史爭，都御史、御史亦降意溫言解

〔註487〕《續修四庫全書》第 1170 冊，上海古籍出版社，2002 年版，第 573 頁。

之。嘗諸生受學何景明，舉子亦遊其門，故其文尚典實，敘述紀載有班氏風。所傳詩僅百餘篇，皆精語，惜任直過當，遭時排抑，然海內豪傑至今尚多知之。(《國朝獻徵錄》卷之一百二)

【石磯賦】石磯山在縣西北五里，有磯臨河，上有仙人臺。〔舊志：明何景明《石磯賦》：孫世其從何子游，奉端溪之硯，進中山之穎，求為《石磯賦》。何子賦之曰：「華容有山，山之下有磯焉，曰石磯山。其山修亙韋韡，崒鬱碕嶽，扟宿拱嶽，卑阜扁岑；濱於漢沱，界於江潭，奠以洞庭之野，庀以雲夢之林。白鼎峙乎其陽，黃湖匯乎其陰；龍峰迆其北，鳳山麗其南。於是石磯子遴材摧茅，治榛艾管，以構於山之間，其制敦樸崇約，抑華貶飾，蓀楅既踐，蘭繚有翼，烝雜薰以實堂，樹修植以蔽域，陳典列圖，分藝考則，揚純儒之素言，究聖哲之玄德。暇日以臨於石磯之上，以觀乎楚之鉅澤。緬湘靈之鼓瑟，聞黃帝之張樂，沂屈賈之廉風，訊曹吳之邊略，維行跡之委翳，宛雄都之不作。乃有元洲先生淵然來造，進席有稱，曰：『子元洲鄙人也，肅子之義，竊願得承下風，以望見子之威議。』石磯子迓之曰：『業未敢通於交際之末，辱先生徑臨，敢敬聞金玉之音。』元洲先生曰：『吾聞，妓其名者微其實，處其地者視其圖。石磯篆好於子久矣，卒未聞臨淵一歎，投竿少娛，固子志不在魚，而人將無訾以虛居乎？且子方構於茲，屬志陳篇，留心作述，吾聞緝學將以俟達也，慎藏將以待出也，石磯去子有日矣。比吾居於元淵，朝緡暮繩，餌芳膾嘉，射魴捕鰥，罾鱣罶鯵，其為樂也，不既有多？』石磯子曰：『先生何睹之眇也？吾於此未嘗不釣也，吾之釣異於先生之聞也。干之以義，不撓不擘，其直維堅，是為吾竿。懸之以知，維深汲元，不糾不纏，是為吾緡。主之以仁，昧甘臭醇，自飲其直，芳馨可親。吾餌孰倫，於是以詩書為藪澤，道德為淵泉，天地為網罟，人物為鮪鱣。處則養有餘，出則用無殫。彼執筍繫竹，操繩逝梁，較獲易捕，乃潢污之陋漁，水濱之役夫也。視於吾靡有稱焉，而先生尚之乎？且吾聞昭士猷遠志，夫嗜修身長而道不立，齒邁而業不周，無以延譽舉名，遺光承休者，皆君子之羞也。故緝學者不為達達之道以具，慎藏者不為出出之道以備。先生以是訾予，不亦戾乎？且太上忘名，混混泯泯，孰為其偽，孰為其真，咫尺或疏，千里或親，吾之好於石磯者不可以去就出處論也。』於是元洲先生爽然曰：『子之言是也，子今乃始知釣矣。』喜而歌曰：人之知矣，謂我大矣，或觀其面，不見爾背。或觀其潦，不見其海。或觀其庭，不見爾門。速子邁哉？

旋易子綸。石磯子使復之而和曰：磯之水，白石瑳瑳，知子之來，遺子以鯉魚。磯之山，白石皓皓，知子之來，遺子以芳草。水中有舟，山中有道，母焉有善，子不我告皓。又石磯詩：石磯無伴滿蒼苔，秋杜春蘭晚自開。江日煙波雙鳥去，楚天風雨一舟來。釣鼇獨有滄溟興，夢鶴誰知赤壁才。芳草歸人不愁思，水雲山郭見章臺。」〕（《（光緒）湖南通志》卷二十二「地理志二十二・山川十」）

病逸漫記不分卷　　（明）陸釴撰

　　陸釴（1439～1489），字鼎儀，號靜逸，又號凝庵，蘇州府崑山人。沉靜好學，解悟過人，少工詩賦，長於《春秋》之學，與張泰、陸容齊名，稱「婁東三鳳」。天順八年（1464）成進士，選翰林院庶吉士，散館授編修。歷修撰、諭德，侍東宮。孝宗即位，進太常少卿兼侍讀，充經筵日講官。著有《春秋鈔略》《春雨堂稿》。生平事蹟見《明史・文苑傳》《列朝詩集》丙集。

　　其曰「病逸漫記」，蓋鼎儀於弘治中引疾歸里而作。此書前後無序跋，凡七十五條，中多雜記當時史事，如記袁慶祥劾刑部尚書董芳及諫止學校貪污事而被杖，記正統十四年（1449）北虜犯河間，都御史陳鎰、御史姚龍應赴失期而致合城宵遁，記東宮官典璽局郎覃吉輔導東宮之事。又云：「國朝修《永樂大典》，亦宋朝修《冊府元龜》之意。」然文廷式《純常子枝語》駁之曰：「《大典》依韻排列，實用《韻府群玉》之例，而引書必載出處，又與《大唐類要》《太平御覽》相同，其與《冊府元龜》絕無因襲之處。蓋由當時民間未見此書，故擬議多非其實也。」今按，廷式誤解其意，本指宋、明帝王借修書以消磨天下英雄之意也。

　　此書《四庫全書總目》列入小說家類存目，稱雜記當時事實，猶可以備志乘之採，然其他多宂瑣之談，不盡足資考證云。然周中孚稱其書皆記當代雜事，雖傷於宂瑣，而可以補《明史》志傳之闕者亦時有之，故在明人小說中尚為翹楚云云。〔註488〕平心而論，周氏態度較為客觀。《四庫提要》誤人多矣，誤導久矣，豈可盡信之？

　　此書有《顧氏四十家小說》本，《歷代小史》《說郛續》均為節錄本。此本

〔註488〕周中孚：《鄭堂讀書記》卷六十五。

據民國二十九年商務印書館藏元明善本叢書十種本之《歷代小史》影印。

【附錄】

【四庫提要】《病逸漫記》無卷數（浙江巡撫採進本），明陸釴撰。是書雜記當時事實。如《明史·高啟傳》稱啟歸居青丘，知府魏觀為移其家，旦夕延見甚歡。觀以改修府治獲譴，帝見啟所作上梁文，因發怒腰斬。而是書則載啟因撰蘇州府上梁文為巡按御史張度所奏，與知府魏觀俱被極典。本傳不載張度之奏，則是書為加詳。又《明志》載天子冠禮一加冕服，皇太子乃三加。初加折上巾，次加進賢冠，次加冕服。是書為天子三加，初折上巾，次遠遊冠、三九旒冕。則是釴猶及見天子三加，與志所載皇子儀同。與志舉成典，而是書據往制也。又若載三里河在天地壇前，去通州五十里，形高通州一丈九尺。置二閘，可行舟，但有一二走沙處。大通橋去通州四十里，形高通州五丈。置十閘，方可行舟。今三里河涸塞，與二閘不通，是書猶可以備志乘之採。然其他多冗瑣之談，不盡足資考證也。（《四庫全書總目》卷一百四十三「子部五十三·小說家類存目一」）

【倉卒無對】英廟有意江南買辦，諸學士難言欲持不可。而有貞度不可言，將入對給學士薛瑄云：「予苦多言恐忤上意。若度稍可，當從後觸止之。」瑄以為信。於其語半時，其後有貞即大聲曰：「薛瑄欲有所言。」上問言何事，瑄倉卒無對，即以買辦一事言之。上不悅而罷。

【東宮三事】東宮官典璽局郎覃吉，廣西人，自云九歲入內。余初在內書館教小內官使吉提督，因識其人，亦一溫雅誠篤之士，識大體，通書史，議論方正，雖儒生不能過。輔導東宮之功為多，《大學》《中庸》《論語》等書皆其口授，動作舉止悉導以正。暇則開說五府六部及天下民情、農桑、軍務以至宦官專權蠹國情弊，悉直言之。曰：「吾老矣！安望富貴？但得天下有賢主足矣！」上嘗賜東宮五莊，吉備曉以不當受，曰：「天下山河皆主所有，何以莊為徒勞傷財為左右之利？」而已，主辭之。東宮嘗隨老伴念《高里經》，而吉適至，殿下駭曰：「老伴來矣。」即以《孝經》自攜，吉跪曰：「主得無念經乎？」曰：「否！吾才讀《孝經》爾。」其見畏特如此。東宮出講，必使左右迎請講官。講畢，則語東宮官云：「先生吃茶。」局丞張端頗不為然。吉曰：「尊師重傳，禮當如此。」姑記此三事，以傳後人。

孤樹裒談十卷　（明）李默撰

　　李默（1499～1558），字時言，號古沖，甌寧（今福建建甌）人。正德十六年（1521）進士，改庶吉士。歷官浙江左布政使、吏部侍郎、吏部尚書兼學士，加太子少保。以不阿嚴嵩，為嚴嵩、趙文華所構，下獄，忿恨而卒。萬曆時追諡文愍。著有《建寧人物傳》《朱子年譜》《群玉樓集》。生平事蹟見《明史》本傳、《閩中理學淵源考》卷八十六。

　　此書作者歷來存在爭議。曹寅《棟亭書目》卷三稱「明無名氏輯」。《千頃堂書目》以為趙可與作，注云：「可與字念中，安成人，正德癸酉舉人，福建鹽運使提舉，舊作李默誤也。」劉獻廷《廣陽雜記》卷五亦稱「閩人趙可與著」。阮元《文選樓藏書記》卷五亦作趙與可輯。然屈大均《廣東新語》卷二十五木語「梡」條稱李默所撰。《西陂類稿》卷二十八《跋孤樹裒談》：「《孤樹裒談》十八卷，雜記明太祖迄武宗朝事，最為纖悉，建寧李公古衝著。公名默，嘉靖間歷官冢宰。」李調元《南越筆記》卷十三「筆管樹」條云：「筆管樹，即梡樹也。廣州故屯田，道署有一樹，通體根鬚蟠結，大可數十抱。枝短而勁。葉初發，細卷如辛夷之蕾。葉開則色殷紅，望之如花。其樹無花，葉即其花。葉至冬而落，春間乃發。初發又如筆管，粵人因名為筆管樹。舊有一碑在樹腹，兵婦得之以搗衣，有聞石聲清越者求之，則冢宰李默所撰《孤樹裒談記》也。默常為屯田副使，居此，故有之。」金武祥《粟香五筆》卷八「管樹」條亦云：「明李時言名默官廣東僉事，即居此廨，暇則著書管樹之下，所撰《孤樹裒談》十卷，著錄四庫，《千頃堂書目》誤以為趙可與作，屈翁山、王漁洋、翁覃溪皆以默。此書撰於管樹之下，翁書管作梡，居官之所，以樹名書，均可為據。」今按，此書當以李默所著為是。

　　此書錄有明事蹟，起自洪武，迄於正德，例則編年，體則小說。卷一、二記太祖朝，卷三記太宗朝，卷四記仁宗、宣宗朝，卷五記英宗朝，卷六記景宗朝，卷七記英宗朝，卷八記憲宗朝，卷九記孝宗朝，卷十記武宗朝。所記內容，上至朝廷政事、宮廷軼聞、外交軍事，下至百姓生活、奇聞趣談，皆有涉及。今考書中所記多採自他書，如《聖政記》《野記》《瑣綴錄》《水東日記》《立齋錄》《革除遺事》《北征錄》《餘冬稿》《雙溪雜記》《草木子餘錄》《海涵萬象錄》《寓圃雜記》《傳信錄》《客座新聞》《震澤長語》《保齋錄》《天順日記》《出使錄》《否泰錄》《三朝聖諭錄》《菽園雜記》《郊外農談》《懷麓堂稿》《西湖塵談錄》《蓉塘詩話》《篁墩文集》《龍飛集》《燕對錄》《近代名臣錄》

《理學名臣錄》，凡三十種。書成，為世傳誦。晚明學者陳建《皇明通紀自序》稱：「如《大明會典》《皇明政要》《五倫書》《開國功臣錄》《殿閣詞林記》《雙槐歲抄》《餘冬序錄》所載，皆無非本朝之實錄也；如《二朝聖諭錄》《天順日錄》《名臣言行錄》《經濟錄》《守溪長語》《孤樹裒談》之類，則又無非與國史、實錄相表裏，而猶或足以補國史之所未備者也。是諸書固已播之天下，但以各為義例，散出無統，令學者艱於考實。」可見《孤樹裒談》之史料價值早在明末即已得到認可。

此書《四庫全書總目》入小說家類存目，稱大抵皆委巷之談。李慈銘稱其書凡五卷，自洪武訖正德十朝之事，皆雜採諸家說部而成，多史傳所未見者。所引書共三十種，依時代先後錄之，無所持擇。〔註489〕

此書有上海圖書館藏明鈕氏世學樓抄本、南開大學圖書館藏明萬曆二十年游樸刻本、國家圖書館藏清抄本。此本據北京大學圖書館藏明刻本影印。〔註490〕

【附錄】

【宋犖《跋孤樹裒談》】右《孤樹裒談》十八卷，雜記明太祖迄武宗朝事，最為纖悉。建寧李公古衝著。公名默，嘉靖間歷官冢宰。康熙癸酉九月三日，周子雪客訪余吳門，以是書見贈。按王阮亭侍郎《皇華紀聞》云：「廣州老城內督糧道署西圃有管樹一，甚奇古，略如榕樹，葉絕大，其幹皆根枝樛結而成。李冢宰著《裒談》於此樹下，有記刻石，嵌樹間。亂後兵婦得之，作搗衣砧，一士人夜聞砧聲甚異，贖取之，今尚存。」（《西陂類稿》卷二十八）

【梡】廣州故屯田道署，有一樹，通體根鬚蟠結，大可數十抱，枝短而勁。葉初發，細卷如辛夷之蕾，葉開則色殷紅，望之如花。其樹無花，葉即其花。葉至冬而落，春間乃發。初發又如筆管，粵人因名為管樹。父老云：「此梡樹也。」舊有一碑在樹腹，兵婦得之以搗衣，有聞石聲清越者求之，則冢宰李默所撰《孤樹裒談》記也。默常為屯田副使居此。予有《老樹歌》云：「少參堂側有老樹，似榕非榕榕所寓。葉葉含苞如木筆，葉開忽似花爭吐。花亦非花花不如，紅淺綠深帶膏露。千萬根鬚作一身，虎倒龍顛應有故。」（屈大

〔註489〕 李慈銘：《越縵堂讀書記》，上海書店出版社，2000年版，第870頁。姚覲元、孫殿起等人皆認為此書係雜採諸家說部而成，史學價值不高。郭小霞從新史學的角度判斷，此書具有社會生活史價值。

〔註490〕 郭小霞：《孤樹裒談小考》，《古籍整理研究學刊》2004年第6期。

均《廣東新語》卷二十五）

【管樹餘事】《皇華紀聞》言：「廣州督糧道署西圃中有管樹一株，根幹奇古，明太宰古沖李默著《孤樹裒談》於此樹下，蓋數百年物。李公有記刻石云，今石刻已佚，管樹猶存。」屈翁山詩云：「少參堂側有老樹，似榕非榕榕所寓。葉葉含苞如木筆，葉開忽似花爭吐。」即詠管樹也。《廣東新語》又云：「葉開色殷紅，望之如花，初發如筆管，粵人因名為管樹。」《高州志》云：「茂名呼為壓筆，吳川呼為雅翠。」他書記古度木，亦復相似。李著《孤樹裒談》十卷，著錄四庫，與王漁洋、屈翁山言合。《千頃堂書目》以為趙可與作，誤也。（《（宣統）番禺縣續志》卷四十三《餘事志一》）

【四庫提要】《孤樹裒談》十卷（兩淮鹽政採進本），明李默撰。默有《建陽人物傳》，已著錄。是書錄有明事蹟，起自洪武，迄於正德，所引用群書凡三十種。例則編年，體則小說，大抵皆委巷之談。考《千頃堂書目》，以是書為趙可與作。注云，可與字念中，安成人，正德癸酉舉人，福建鹽運司提舉。舊作李默誤也。未審所據，姑兩存之。（《四庫全書總目》卷一百四十三「子部五十三‧小說家類存目一」）

【文愨李時言先生默】李默，字時言，甌寧人。正德十六年進士，選翰林庶吉士。明年嘉靖改元，修迎立功，欲倣成祖封尚書茹瑺故事，擬執政封爵，默上執政書規之，改戶部主事，升兵部員外郎，差閱大同軍士戰馬鎮，卒素剽悍，動輒嘯呼，胡侍郎瓚銜命赴鎮經略，措置乖方，卒復譁。默抗疏請亟易帥，變遂定，調入吏部，文選升驗封郎中，議覆開國勳臣誠意伯暨常、李、湯、鄧四氏爵蔭，真人邵元和以符術方貴，幸請封誥，默奏勿予，朝論韙之。兩與文武會試，得萬守禮、陸炳等，多知名士。當武試畢，時就兵部宴，因辯論賓禮位次，忤兵部尚書王憲，憲疏劾默，坐謫寧國府通判。默雖坐謫，顧世宗心是默，所持以此注識之矣。默判寧國，周諮隱癢，陶範髦俊，纂修郡乘，建靖難死亡陳尚書祠，精心受事，不厭薄官守，升廣東僉事，主屯、鹽二政，升雲南副使，督學政，首經術，崇行誼，購遺書，廣屬學官，表賢者墓，窮荒僻遠，文學向風。歷浙江參政按察使、左右布政，大都端毅廉直，所至有聲。久之大臣以公輔器，薦起太常卿，掌南京國子監祭酒事。博士等官得備臺諫選，自默發之。升禮部右侍郎，改吏部右侍郎，尋轉左。庚戌秋，燕京戒嚴，默奉旨守正陽門，調營兵五千，晝守甚設，而奏令開門無困居人，敵尋引去。升吏部尚書。制冢宰非部長卿有殊望者弗與，世宗知默，特以卿貳陟，異數

也。嚴嵩當事，前此吏部率以疑事嘗嵩，嵩得從容持之，默處置堅決，莫能短長，奏輒報可，無有留端為嵩地者，遂與嵩郤。久之，遼東巡撫缺，默推張布政臬，臬雖嵩鄉人，而素疏，上偶問嵩，嵩遂力言不任，上怒。而先是咸寧侯鸞以干請不售為密書疑上，上遂罷默。默歸，明年鸞以逆誅，會吏部尚書員缺，御批特令默復職，召直無逸殿，許乘馬禁中，眷注益隆。未幾，加太子少保，復兼翰林學士。方有爰立之命，相嵩每阻其進，客有諷明哲自保者，默歎曰：「吾備位公卿年幾六十，尚復何求，惟有致身耳。」屬歲大計，戒門下冊入一賓客，即同直大臣亦浹月不相往來，相嵩無所得為人地，以此滋不悅。而先是嵩子世蕃規機利，多請託侵官，陰執國政，默微諷嵩曰：「公身許國久，墳墓濡降，當在夢寐，曷不令嗣君一掃展？」嵩曰：「然，吾將念之。」久之不遣，復為請。嵩曰：「孰令我一子而不長侍膝下乎？君數請去，何言之亟也？」默曰：「外言籍籍，宜暫行以息之。」嵩怫然作色，於是怨默益深。會工部侍郎趙文華當浙直禦寇，欲攘功，請視師。及還報自施勞伐，謂本兵在掌握，默不為引，大失望，乃摭部試策題為謗訕，而嵩主之誣奏，下獄論死。始，張經赴西市，默頓足歎，人有先告嵩矣，又數數於公卿間摧折文華過當，至是兩人引繩批根，以償其所交惡，凤憾默，既得罪，逾年從獄中再上書，世宗注覽久之，縉紳大夫咸知天威漸霽，冀其復用，而默溘然卒矣。隆慶改元，南吏科給事中岑用賓等為默訟冤，詔復太子少保、吏部尚書兼翰林學士，遣官祭葬。萬曆十三年，追贈太子太保，諡文愨。錄其孫銓為國子生。默博學任節，矜踔奮激，言論裁烈，屢蹈危機，肮髒自如。至於擘畫經濟，揚榷風雅，亹亹乎星貫川沛。發為文章，淵宏俊達，有秦漢之風。所著有《群玉樓稿》《孤樹衷談》《建安人物傳》《朱子年譜》諸書，皆傳於世。（李清馥《閩中理學淵源考》卷八十六《成化以後諸先生學派》）

【辨姦佞】《孤樹衷談》：昔人有詠魏武帝冢詩曰：「生前欺天絕漢統，死後欺人設疑冢。生平用智死即休，何有遺機到丘壟。人言疑冢我不疑，我有一法君不知。直須盡發七十二，必有一冢君藏屍。」陶九成謂其為詩中斧鉞。馬子曰：「不然也。夫疑冢非武帝令也。此詩譏之亦未盡。今觀武帝遺令，持姬女季豹，以累四子，施床帳脯糒，以處妓女，下至分香賣履，藏綏散裘之事，靡不備具，獨有時時登銅雀，望西陵墓田之語耳，何嘗有疑冢之命哉？毋亦丕承其意而為之歟？然既命之曰疑冢矣，則其真屍必不在是也，直須盡發七十二，何益哉？何益哉？」（郭良翰輯《問奇類林》卷之三十二）

澹泉筆述十二卷　　（明）鄭曉撰

　　鄭曉（1499～1566），字窒甫，號淡泉，海鹽人。嘉靖二年（1523）進士，授職方主事。以爭「大禮」，被廷杖，貶為和州（今安徽和縣）同知，遷太僕丞，歷南京太常卿。後改兵部右侍郎，兼副都御史總督漕運。隆慶初，贈太子少保，諡端簡。著作有《禹貢圖說》《吾學編》《端簡文集》等。事蹟見《明史》本傳。

　　此書前後無序跋，多載明代典故，如記張三豐明初行跡、王陽明傳報明言江西寧王謀反、四夷館人數及大小通事之職掌、記吐魯番風土人情等。間有議論，如論陽明學術曰：「今人專指斥陽明王文成學術，余不知學，但知《大學》恐不可直以宋儒改本為是，而以漢儒舊本為非，此須虛心靜思乃得之。」亦平心篤實之論。《嘉業堂藏書志》稱所述皆有明掌故，頗足徵信。〔註491〕今考，書中所紀，頗有與《今言》雷同者。

　　此本據國家圖書館藏清抄本影印。

【附錄】

　　【皇后葬陵】太祖高皇帝孝慈高皇后馬氏葬孝陵。成祖文皇帝仁孝文皇后徐氏葬長陵。仁宗昭皇帝孝誠昭皇后張氏葬獻陵。宣宗章皇帝孝恭章皇后孫氏葬景陵。英宗睿皇帝孝莊睿皇后錢氏葬裕陵。恭仁康定景皇帝景皇后汪氏葬西山。憲宗純皇帝孝貞純皇后王氏葬茂陵。孝宗敬皇帝孝康敬皇后張氏葬泰陵。武宗毅皇帝孝靜毅皇后夏氏葬康陵。英宗側室孝肅皇后，周氏憲宗生母也，漢文帝詔自稱朕本高皇帝側室之子云。憲宗側室孝穆皇后紀氏，孝宗生母也，孝惠皇后邵氏，獻皇帝生母也，祔葬二帝陵。先是，孝肅稱太皇太后，孝穆、孝惠皆稱皇太后，不祔廟，亦不入奉先殿，別立奉慈殿祀之。今皇帝以太皇太后皆生時尊稱，改稱皇后，而不書各帝諡以別之。（《澹泉筆述》卷一）

　　【東宮講讀】洪武初，建大本堂，聚古今圖書，上為《大本堂記》，延四方名儒教太子親王，分番夜直，才俊之士充伴讀，時時賜宴賦詩，商榷古今，評論文學，無虛日。仁宗在東宮，教令長至燕勞東宮之臣如家人父子，又從學詩學為表，至有以暗遂明之喻。英宗沖年，就學大臣不能引故事，徒狗時好，務尊君卑臣，非祖宗之法矣。王文恪公鏊嘗言：「今既未能如古，禮亦宜

〔註491〕繆荃孫等：《嘉業堂藏書志》，復旦大學出版社，1997年版，第459頁。

稍略君臣之儀，敦師友之分，使宮僚日侍左右從容講讀。講讀之暇，宴飲出入居處皆得周旋其間，至暮乃退，或有剪桐之戲，隨事諫止。宮僚有不法，從三師糾正，甚者斥逐，不使邪人得預其間。如此，所謂一人元良，萬邦以貞，三代所以久長者，用其道也。」（《澹泉筆述》卷十二）

張恭懿松窗夢語八卷　　（明）張瀚撰

張瀚（1511～1593），字子文，號元洲，又號虎林山人，杭州府仁和人。嘉靖十四年（1535）進士，授南京工部主事。歷任廬州、大名知府。先後巡撫陝西、總督漕運、總督兩廣軍務，改南工部尚書。萬曆初拜吏部尚書，卒贈太子太保，諡恭懿。著有《奚囊蠹餘》《臺省疏稿》《張瀚詩文集》，編有《明疏議輯略》《吏部職掌》《武林怡老會詩集》。生平事蹟見《明史》本傳。

書前有萬曆二十一年（1593）張瀚《松窗夢語引》，稱自罷歸，屏絕俗塵，獨處小樓，松窗長晝，隨筆述事，既以自省，且以貽後人。〔註492〕日對古松，回憶平生，如同夢幻，故以為書名焉。

其《四遊紀》分南遊、北遊、東遊、西遊四紀，《四裔紀》分北虜、南夷、東倭、西番四紀，《四民紀》分士人、三農、百工、商賈四紀，《象輿紀》分象緯、堪輿兩紀，《災祥紀》分祥瑞、災異兩紀，《動植紀》分花木、鳥獸二紀，《遇聞紀》分盛遇、異聞二紀，《德藝紀》即《先世紀》，《夢省紀》即《夢寐紀》，《忠權紀》分權勢、忠廉二紀，《序俗紀》分詩序、風俗二紀，《銓藩紀》分銓部、宗藩二紀，《漕粵紀》分漕運、兩粵二紀，此外，尚有方術、自省二紀，凡三十三紀。

全書七萬言，分八卷。所載有記社會狀況者，如「宦遊記」記「侍御按臨各屬，遇審囚待，無論輕重冤枉，直答撻而已」，可見當時刑罰之不中；又記年饑發粟賑濟事，而「有司不善奉行德意，令其報名聽審，支候經旬，升斗之需莫償來往之費矣」，可見賑濟之弊端。又有論社會經濟者，如「三農紀」有興西北水利之言，以為南北兩利之長策；「百工紀」謂貨物流通而散敦樸之風，成侈靡之俗，「商賈紀」言茶鹽之利，則亦重農抑商之論。有記士風民俗者，如「時序紀」記杭俗春秋展墓之情形，「風俗紀」記杭俗日益奢靡，而事佛尤甚。大抵留心經濟，不為空言，至士人紀，歷舉劉基、于

〔註492〕《續修四庫全書》第1171冊，上海古籍出版社，2002年版，第407頁。

謙、王守仁諸人言論行事，知其景行所在，又非徒鄉曲之私已。〔註493〕謝國楨亦肯定其史料價值。〔註494〕

此書有王氏十萬卷樓抄本、《武林往哲遺書》刻本。此本據中國科學院圖書館藏清抄本影印。

【附錄】

【《松窗夢語引》】余自罷歸，屏絕俗塵，獨處小樓。楹外一松，移自天目，虬幹縱橫，翠羽茂密，鬱鬱蒼蒼，四時不改，有承露沐雨之姿，凌霜傲雪之節。日夕坐對，盼睇不離。或靜思往昔，即四五年前事，恍惚如夢，憶記紛紜，百感皆為陳跡，謂既往為夢幻，而此時為暫寤矣。自今以後，安知他日之憶今，不猶今日之憶昔乎！夢喜則喜，夢憂則憂，既覺而遇憂喜，亦復憂喜。安知夢時非覺，覺時非夢乎！松窗長晝，隨筆述事，既以自省，且以貽吾後人。時萬曆癸巳，虎林山人八十三翁張瀚識。

【《松窗夢語跋》】聞之先大夫曰：「文者氣之所形，氣形而理寓焉。」是故理不足以上推天文，下視地理，中述人事，卑卑採古先之唾餘，裁子史之緒論，自以名溢縹緗，飛雲卷雨，學窮篇牘，江流川注，而不知略其精英，收其蕪穢，此買櫝還珠，宋人猶然笑之，欲以窺羲黃灝噩之風，究墳典精微之奧，漂唐流虞，出姬入孔，是使蚊負山，河伯向若嗟望洋也。故曰：「惟有理而不朽。」古稱文章，亦云不朽，以此哉！先大夫年二十餘入仕，幾七十始致政。宦途四十餘年，因時樹立，隨地建明，體國經野，殫厥心力，於是有《宦遊紀》。宦轍所至，幾遍海內，名山大瀆，多所涉覽，於是有《四遊紀》。內夏外夷，古今大界，蠻夷猾夏，於今可慮，於是有《四裔紀》。士首黔黎，寧同商賈，農夫代耕，工人足器，於是有《四民紀》。天垂地呈，幽明異故，俯仰之間，森羅一掬，於是有《象輿紀》。物有常變，吉凶攸判，證以人事，應若合符，於是有《災祥紀》。喬天靈蠢，形形色色，觸目遇之，自然生意，於是有《動植紀》。盛世人文，一時變異，禍福倚伏，惟善是師，於是有《遇聞紀》。餘慶由積，成名何執，先規已泯，方技徒聞，於是有《德藝紀》。晝官其思，夜棲於腹，夢覺之關，神明來舍，於是有《夢省紀》。坤職承乾，代為輔理，剖厥直枉，遏揚休命，於是有《忠權紀》。撫時感懷，茂對物育，憂世樂天，

〔註493〕《續修四庫全書總目提要》稿本第35冊，上海古籍出版社，2002年版，第70頁。
〔註494〕謝國楨：《明清筆記談叢》，上海書店出版社，2004年版，第16～17頁。

循環無已，於是有《序俗紀》。百僚師濟，宗支瓜瓞，孚威並行，衡量斯得，於是有《銓藩紀》。軍儲大計，以食足兵，東西寢息，南北底定，於是有《漕粵》紀。總《夢語》，凡三十三紀，體天地人之撰，未能廣載博取，而名理（下缺）

【續修四庫全書總目提要（稿本）35—70～71】《松窗夢語》八卷（《武林往哲遺書》本），明張瀚撰。此書首有自序，云自罷歸，靜思往昔，恍惚如夢，松窗長晝，隨筆述事，故名《松窗夢語》。凡為目三十又三，曰宦遊紀、南遊紀、北遊紀、東遊紀、西遊紀、北虜紀、南夷紀、東倭紀、西番紀、士人紀、三農紀、百工紀、商賈紀、象緯紀、堪輿紀、祥瑞紀、災異紀、花木紀、鳥獸紀、方術紀、盛遇紀、異聞紀、先世紀、夢寐紀、權勢紀、忠廉紀、時序紀、風俗紀、自省紀、銓部紀、宗藩紀、漕運紀、兩粵紀，區為八卷。東倭、夢寐兩紀，略有缺佚。後又有其子跋，亦缺其下半。瀚以忤張居正罷歸，士論高之；宦遊、盛遇、銓部、自省諸紀，皆瀚自敘其生平。如謂為陝西布政，有巡茶御史，欲骩法庇吏，堅持不從，為所誣劾，朝議欲調任以謝言者，陸光祖為吏部郎，力白其枉，得不調，為兩廣督，以剿海寇鐫級，乃誤於巡撫，足補史傳之闕。他如論西北水利，主徐貞明之說，而謂其無成效，乃財力不贍，宜責之按撫司道，嚴其考課。論工賈，則主通海市，緩征斂，而憂民日侈，逐末病農。論宗藩，則謂時非無東平、河間、劉向、李勉其人，而錮於例禁，才不得展。論漕運，則謂當不時疏濬，使故道無滯，而不主復海運。大抵留心經濟，不為空言。至士人紀，歷舉劉基、于謙、王守仁諸人言論行事，知其景行所在，又非徒鄉曲之私已。

【四庫未收書目提要續·松窗夢語八卷】明張瀚撰。瀚有《臺省疏稿》，《四庫》已附存目。是編乃罷歸後作，紀宦遊南北東西；紀北虜、南夷、東倭、西番，及士農工商、天地、祥災、花木、禽獸、方術、盛遇、異聞、夢寐、先世、權勢、忠廉、時序、風俗、自省、銓部、宗藩、漕運、兩粵，凡三十二目，皆親歷之事。中如「權勢紀」云「權勢所在，當局即迷，後來者復蹈覆轍」，蓋有慨於張居正；「自省紀」云「喋臺省數人，相繼彈劾，奉旨致仕」，即指居正怒喋王道成、謝思啟摭他事劾罷事，與《明史》本傳合；「宦遊紀」云，「更號益齋」，足補《明史》所未備，其他「三農紀」於農田水利，「宗藩紀」於宗支歲祿，「兩粵紀」於兩廣盜賊，皆有論列，具見經濟；「祥瑞紀」申歐陽修《五代史》之論；「災異紀」臚列禍變，意在諷世宗之

感禱詞;「百工紀」備載太祖家法,又申劉球、王恕之疏,則又欲挽神宗之奢侈,亦見其惓惓君德;「西遊紀」畜蒲州為古蒲阪,即虞帝都,鹽池所產為形鹽,又言解鹽不俟人工煎煮,惟夜遇南風,即水面如冰湧,實天地自然之利,舜妖《南風》之詩「可以阜財」即此。尤於古事有會悟。惟「先世」「忠廉」「自省」諸紀中或不免飾說,要其為君子人無疑。劉毓崧《通義堂文集》有瀚別傳一篇,即根據是書,而於《明史》「瀚資望淺」云云,以為第據鄭準、王希元、劉臺劾疏之詞,理或然也。其書《明志》及府縣藝文志皆不載。此江南圖書館所藏舊抄本,前有萬曆癸巳自引,後有其子某跋。名曰「夢語」者,所謂「靜思往昔,恍惚如夢」也。文筆頗雅馴,無明人小說習氣,劉氏盛稱其「波瀾意度,具有隱顯回互激射之法,真能得史公神味」,則未免溢美耳。(《續四庫提要三種》第 194 頁)

【張氏藏書】《嘉靖仁和志》:張翱,原名珍,字濟時,一字羽臯,號介然,生洪武甲戌,其先汴人,扈駕南渡,始寓錢塘,後徙仁和睦親坊。自幼穎異,氣宇沖粹,嘗業儒,探索隱奧,五經六史,靡不究心,尤精《周易》,暇則涉獵九流百家之書。至於推步、天文,往往奇中,或時占風望氣,其應立見,若神授者。家世厚積,傳及乃父彬,富甲里中。翱志出塵,視財若浣,其所應得者,悉以歸兄,惟知進修,日益淵邃,以故時多推重。宣德間,兩廣多事,有潘中丞者,浙人也,將往視師,素知翱有兵略,且習占候,特迎以往,除舍居之。翱感知己,百凡事務,悉為經畫。一日,坐帳中,仰視間,忽片雲隱起,謂潘曰:「事濟矣,列風南來,乃賊敗兆。」已而果然。潘欲特疏薦用,翱誓不仕,遂逃名晦跡。晚歲垂情著述,多散逸不存,嘗自述曰:「有意欲嘗千日酒,無心去傍五侯煙。夜寒荷葉杯中飲,春暖梅花紙帳眠。」復諭厥子曰:「無患枝未茂,將來日繁,況有充閭者出焉。」延至今日,科第聯芳,各自期待。如張應祺以進士而隨授主事,張應祜以鄉薦而為通判,皆曾孫也。張瀚以進士而擢知府,張濂以進士而擢通政使,張洽以進士而任主事,張洵、張溥則又以鄉薦而候春官,皆玄孫也。其他懷珍待聘者,後先想望,而益服翱之先見。年八十二,無疾而逝。申按:《張氏家乘》,張瀚官至吏部尚書,諡恭毅,著有《臺省疏稿》《松窗夢語》《奚囊蠹餘》。迄恭毅公而下,由科甲登仕籍百餘人。郡城北司前石闕上書「恩榮世美」四字,而以官閥題名其右。惜道光甲辰之夏,毀於火,今惟駐防營中大納言坊尚屹然峙也。流澤既長,藏書遂富。即張氏名人著述,如《東川集》《不惑堂文集》《寵壽堂詩》《燕臺文

稿》《西園詩集》《青林文集》《河清集》《秦亭集》《白雲集》《冰崖詩》《雨峰詩》《見心堂詩》《雨間書屋集唐詩》《林溪集》《蓋翁詩鈔》諸籍，指不勝屈。自明迄今，幾四百年，歷數武林閬閬之家，必以張氏為鉅擘。而儲藏之富，日積月累，遂為武林諸藏書家之冠。嘗讀王氏《居易錄》云，杭州孝廉高式青，說其鄉張氏藏書甚富，造樓水中，度置甲乙，悉有次第，以小舟通之，晡後即禁往來。一日，忽有煙氣出樓窗，大驚，往視之，則門扃如故，比登樓，煙亦不見。如是者三，最後細檢視，煙自書櫥中出，開櫥，則凡天文奇遁之書悉為爐，惟空函在焉。餘書無恙。其名號及居址則無從考核。然天文奇遁之書，惟介然公能精其術，其後人若愛山公慶楨、新齋公沇、惕庵公梯、秀夫公中發、允曾公錫蔭、雨湖公永祚、誠然公果，俱能仰承家學。雨湖尤精《九章算法》，官欽天監博士，著有《天文律曆志》二十卷。特記之以俟後之考古者。（丁申《武林藏書錄》）

【宦遊記】余始釋褐，觀政都臺。時臺長儀封王公廷相，道藝純備，為時名臣。每對其鄉諸進士曰：「初入仕路，宜審交遊，若張某，可與為友。」稍稍聞於余。值移疾請假，公遣御史來視，且曰：「此非諸進士埒。」余感公識別於儕伍中，不可無謝，假滿謁公私第。公延入，坐語之曰：「昨雨後出街衢，一與人驫新履，自灰廠歷長安街，皆擇地而蹈，就就恐污其履，轉入京城，漸多泥濘，偶一沾濡，更不復顧惜。居身之道，亦猶是耳。倘一失足，將無所不至矣。」余退而佩服公言，終身不敢忘。（《松窗夢語》卷一）

【東遊紀】大江近海皆有潮，惟浙江有鉅濤，浪卷如山，聲聞如雷，天下奇觀也。浙江下流有黃公洋，廣三百里，始自大海，納以鉅澤，水勢相夾激而怒濤生。昔唐盧肇賦云：「猶茲水也，夾群山而遠入，以鉅澤灌其喉。」可見不特海門二山之一阻矣。塘為錢鏐王所築，因以名之。而浙江之源出婺源漸嶺，其山高峻難行，緣山取道，凡十八曲折而上，故曰浙也。昔渡錢塘，值大風陡作，雪浪滔天，江空無西渡者。逾日早發，至中流，風雨大至，舟屢傾側，幾至顛覆。舟中之人相顧駭愕，呼天籲神，眾相擾亂。余戒舟人穩坐，喻以生死有命，如命當絕，即葬於魚腹中耳，何憂懼為！幸數浪拍岸，同舟者得以共濟。後繼至一舟，竟溺於江。已而登岸，見沙塵蔽天，道傍拔木無算，始知異常之風波也。逾西興關，復登小舟，由蕭山至會稽，探禹穴，登越王臺。仍逾東關，謁孝女祠，遂泛江上之舟。江狹水迅，順流而下，至曹娥、東壩。一望東山，皆謝安故跡，上有洗屐池、薔薇洞、著衣亭、白雲軒，明月堂

中有晉安石、康樂、宋深甫、明木齋四像。余覽畢登舟，睹江山佳麗，風日晴和，誠勝遊也。自此盤旋溪澗中，終日行數十里，即古剡溪。自嵊縣走新昌道，途遇謝樗仙，同登介如寺、南明寺，縱觀石佛、月峽。深澗長松，俱堪把翫。至水簾洞，飛泉湍瀉而下，渾如珠簾。過天姥山房，入萬年寺，望石樑一道，橫互於上，瀑布鳴泉，澎湃奔騰於下，此為天台勝地，誠奇觀也。時自江東返棹，復由餘杭登大滌山，覽洞霄之勝。經臨安至天目之東，旋繞西天目，為於潛邑。逾山止宿於山民居，乃寧國富民也。其屋枕山面水，叢林密竹之下，陰翳可愛。(《松窗夢語》卷二)

【南遊紀】昔人謂桐江一絲，扶漢九鼎。余嘗經富春山，泛舟桐江，登子陵釣臺，瞻先生遺像。因思先生高誼，不獨千載之下令人興起，而春山江水亦藉以傳不朽。人傑地靈，非偶然也。自桐江而上，百餘里間，兩山蒼鬱，一氣澄清，秋行如在畫圖中。嚴州以南，溪流差緩，水皆縠紋，無煩搖拽中流，自在而行。將至蘭溪，山開水渟，勢逆而聚，風氣頓異，城郭修整，人民富庶。離浙而南，諸郡邑不是過也。龍游、衢州沙灘高，溪流淺，舟不易達。至常山，逾嶺則浙之南界矣。(《松窗夢語》卷二)

【北遊紀】浙之屬郡，北去止檇李。檇李以北，遂為姑蘇之吳江，而虎丘一山，亦三吳之勝地也。自姑蘇涉毘陵，經錫山，由雲陽，而達京口，皆江南大郡。渡揚子江，登金山寺，繞佛閣七層，高者臨絕頂。頂有二亭，為大學士張蘿山、霍兀崖詩碑。下汲中冷，泉水清冽無比，品為天下第一。迴廊多石刻，皆國朝名公之作。四顧青山，峰巒峭拔，如萬笏朝拱。睹江上舟航，往來迅捷，其行如飛。旦暮視日月之出沒，大如車輪，光焰萬丈，目奪神竦。時江飆乍起，波濤洶湧，雪浪排空；已而風恬日朗，江波澄靜，渾如素練。人生顯晦升沉，亦猶是耳，安得砥柱中流，屹然如金、焦者。焦山去金山三十里，山面東南，即太倉通海處。遡焦山上流百餘里，抵北岸，為儀真邑。下揚州之廣陵，泛邵伯湖，順風揚帆，迅疾飛渡。惟高郵、寶應二湖，遇風最險，近築內堤，可免風波之患矣。自淮入河，為桃源、宿遷、邳州。嘉靖初年，黃河之水澎湃橫流，尚畏深險。數年後，河道頓異，流沙湧塞，僅存支派，浮舟甚難，行人摳衣可涉。時方命疏濬，殊勞民傷財，竟不能挽黃河之故道也。惟五月以後，河流衝突，從旁決開，行民間田野中，蕩為江湖，舟人亦稱曰湖中。但水勢散漫多淺，沿河堤岸皆為淤沒，舟行近逼民居，無牽纜之路。至馬湖口、沂河口，水湧急流，度纜而過，行者苦之。迨冬水涸，尤為難行。旋復流

漸，河冰漸合，益不敢入湖。湖中留滯之舟，不可勝計。自房村渡呂梁、徐州二洪為彭城，由此沂流而上，逾耿山，至沛縣，皆直隸界矣。夫二洪之間，猶可鼓枻而前，耿山以上，大水漫漫，浩蕩無涯，皆自溜溝來，不從浮橋出。村落僅存高阜之十一，餘皆鉅浸波濤，舟航無岸可傍，停於水中。官民舍宇，盡皆沒溺，一望渺然，惟數峰巔而已。田野之間，民船取捷，四散飛挽，莫辨所之。舟人以鐵貓前繫，然後牽挽而行。過沽頭等閘，皆彌漫汪洋，淼不知閘之所在矣。（《松窗夢語》卷二）

【南夷紀】余參藩閩中時，二天使至，一郭給事汝霖，一李行人際春，奉命出使琉球，由福州長樂縣之石澳出海洋。余與俞憲副日德供護送之役，登其封船。船長一十六丈，闊三丈六尺，桅高與船等。桅上斗中坐四人，四面各占風色，日夜寢處其上，其人攀援附索，而上下如履平地。船內凡四級，下置泉水，以海水苦鹹不可食，次置糧食、器具，最上舟人處之，而天使與隨行人處其中。凡榻皆以繩繫之，懸於空中，以舟底下尖，海波蕩漾無頃刻定，坐臥皆不能安也。行從約五百人，百工之事咸備。順飆利艘，七日而至。時舟以夏至日發，以後七日皆南風，以冬至日歸，以前七日皆北風，此氣候之不爽者。（《松窗夢語》卷三）

【百工紀】語云：「璧玉不御，則下鮮觚好；雕刻不飾，則民絕曲巧。」言上者表，下者景，所從來遠矣。昔者聖王御世，因民情為之防，體物宜導之利，阜財用而齊以制度，厚利用而約以準繩。是故粢非不足於簠，而不耕者不以祭；帛非不足於杼，而不蠶者不以衣。玄纁筐篚非不足，而納采無過五兩；節車駢馬非不足，而不命則不得乘。故天下望其服，而知貴賤；睹其用，而明等威。此上下辨而民志定也。今之世風，侈靡極矣，賈子所謂「月異而歲不同」已。此豈可以剖斗折衡、裂冠毀冕以止之哉！禮曰：「國奢則示以儉，儉則示之以禮。」自非主持世道者申令甲之條，宣畫一之規，正車服器用之等，別吉凶食用之宜，何以定民之心志乎？（《松窗夢語》卷四）

【士人紀】夫士人惟出處兩途，出則犖犖，處則冥冥，求志達道，無二義也。古稱三不朽，曰太上立德，其次立功，其次立言。豈非出則樹績旗常，處則闡明聖學，而均之一稟於道德耶？士非此三者，無以託於世而列於士君子之林矣。兼之者，其命世之豪傑乎！道德不足，則功業、文章亦足表見。若夫希世取容，求為富貴利達而已，何足比其數也。（《松窗夢語》卷四）

【方術紀】今天下治方術者多矣。大都以鄉曲庸師指授陳言，得古人糟

粕，未解其神理。間有精詣卓識，不遇異人之傳，亦揣摩臆度，終囿於耳目沿習，安能超於耳目見聞之外？如扁鵲不遇桑君，飲以上池，何由隔垣見人五臟癥結，特以診脈為名哉！卜筮之法，自古記之，要在以誠格則神應不爽。相術始見《左傳》東周內史叔服相公孫敖二子，厥後唐舉、許負、管輅、天綱之徒推衍其術，至以五行決禍福。則《藝文志》有《太乙星子經》等書行世，在漢已然。若神仙之說，創自齊城、燕昭，而秦皇、漢武熾焉，皆方士之為也。小道可觀，致遠恐泥。（《松窗夢語》卷六）

【異聞紀】嘗聞生死鬼神之說，儒者以為子所不語，恐滋惑也。不曰原始之生，要終之死，故知死生之說；遊魂為神，歸魂為變，故知鬼神之情狀乎？太史公曰：「人之所生者神，所託者形，形神不離則生，形神相離則死。」蓋神附於氣而寄於形，故無時離氣而有時離形。氣有陰陽，而鬼神判焉。孰謂虛無幻妄，不可窺測哉！乃知鬼神之說，亦自然之符。因紀所聞以辨惑。（《松窗夢語》卷六）

【盛遇紀】國家以科第取士，士亦以科第取榮，自鄉舉、會試以暨廷對，皆以首擢為奇遇。而仕宦至宰輔，高年厪聖眷，此尤人情之至榮，今昔之希覯也。吾浙商文毅公輅三試居首，位臻宰輔，後致政居家者十年，而聖眷優渥。我明二百餘年以來，一人而已。至於盛事難逢，盛典難繼，則一姓科第之多，亦不易得，因列之以紀其盛。（《松窗夢語》卷六）

【權勢紀】自古為國家患者無如權臣，蓋勢重危國，勢輕危身，危國者難制害大，危身者易翦害小，信然已。我國家自罷宰相，分任六部，復有都察院、大理寺、通政司臚列其間，命曰九卿。軍旅屬之世冑，設五軍都督府司其籍伍，而訓練檢閱，復以文臣總理機務。其紀綱之密，不啻犬牙相錯，誰敢恣行胸臆！間有陰竊人主喜怒，以威脅搢紳，搢紳亦重足屏息，惴惴恐懼。然英明之主一奮乾斷，則削籍詔獄，曾不少貸，亦足為世訓戒矣。（《松窗夢語》卷七）

【自省紀】夫君子信是非，不信毀譽，以是難為非，非難為是也。然世有見人是而不察其非，見人非而不諒其是，則是可為非，非可為是。此無他，公之則是非，私之則毀譽，何可常哉！余宦遊三十餘載，兢兢以名節自勵，而萋菲之口每攻其所恃。嗟嗟！士憎茲多口，安能免於求全之毀耶？顧毀譽二者，先聖尤加意於譽，故曰：「必有所試。」誠恐蒙不虞之譽，貽過情之恥也，則生平宜自省矣。為錄薦語於左云。（《松窗夢語》卷七）

【忠廉紀】士人委身王家，期立功成名耳。然功不幸集，名不虛附，自非振拔英賢，孰能植耿介不阿之節，持清白無染之操，以屬世維風哉！吾杭如忠肅于公、端敏胡公，其節義操履，可謂兼之。使二公可作，雖為之執鞭，所忻慕焉。若余友數君子，其義氣懍然，清修卓絕，雖不足當二公雁行，亦景芳躅之流亞也。靜思深愧前修，而於數君子尤有遐思焉。因錄行事一二，置之几上，時一比證云。（《松窗夢語》卷七）

【風俗紀】語云：「相沿為風，相染成俗。」古天子巡狩則觀風問俗，所繫良重矣。第習俗相沿久遠，愚民漸染既深，自非豪傑之士，卓然自信，安能變而更之？今兩都，若神京侈靡極矣，金陵值太祖更始，猶有儉樸之遺。至於諸省會，余所歷覽，率質陋無華，甚至纖嗇貧窶，即藜藿不充，何暇致飾以炫耳目？吾杭終有宋餘風，迨今侈靡日甚。余感悼脈脈，思欲挽之，其道無由，因記聞以訓後人。（《松窗夢語》卷七）

【時序紀】太白云：「天地者萬物之逆旅，光陰者百代之過客。」余嘗默思往昔，時序薦更，不知凡幾，不覺既老且耄矣。東坡謂：「良辰美景，時時有之，但吾人無此閒戲耳。」數百載之下誦其言，猶令人慨慕，冀一當其風采。豈其胸次悠然，直與造物者遊，忘日月之往來；抑隨時自適，觸目爽心，有對時育物之懷？即余向奔走塵俗，不知年之我邁，今歸田靜處，一遇歲時，欣欣樂而忘倦。因思坡老之興，紀時序之可樂者。（《松窗夢語》卷七）

【銓部紀】《周官》冢宰統百官，均萬民。即今吏部尚書，乃天子之相也。職在鏡藻群品，使犁然當於用而不爽。斯可仰副九重付託，下慰百司輿情。自非明如鑒空，公如衡平，則雖朝夕乾惕，殫竭心力，亦安能黜幽陟明，以無負國家掄才至意？顧知人維艱，明亦難言之矣。惟開誠布公，令公議所是，與眾共揚，讎怨不忌；公議所非，與眾共棄，親故勿恤。則人己兩忘，恩怨俱泯，庶可圖報塞萬一耳。（《松窗夢語》卷八）

【漕運紀】漕運乃國家重計，國初自永樂移都北京，軍國之需盡仰給於東南。時漕渠之功在江淮以南者，平江伯陳瑄為大，在齊魯以北者，尚書宋禮為多。永樂初，北京、遼東軍儲不足，瑄帥舟師海運。後疏清江浦，引水由管家湖入鴨陳口進淮。就管家湖築堤長互十里，以便行舟，濬儀真瓜洲以達潮水，鑿呂梁二洪以平水勢，開泰州白河以通大江。築高郵湖堤，堤內鑿渠，橫互四十里，又治邗溝，始通江淮。禮治濟寧，修會通河，置十五閘。復黃河故道，自祥符魚王口至中灤下二十餘里，以殺水勢。又於寧陽築堈城

壩，過汶水盡入漕河，泄海豐大古河凡四百五十七里。自是挽漕京師，大為便利，遂罷海運，而法日益詳。然始猶自淮安用運船載三百石以上者，運入淮河、沙河，至陳州穎岐口。趺坡下，用淺船載二百石以上者運至；趺坡上，別以大船載入黃河，至八柳樹等處，今河南車夫運赴衛河，轉輸北京。其間濱河置舍五百餘，以居運卒，置倉五十區，以便積貯。故事不壅，而兵不疲也。自後直運歷經年之苦，修濬經累歲之勞，艱苦萬狀，不可勝言。邇來弊增於積習之後，政墮於姑息之餘。軍衛有司，人持異見，兌運交納，掛欠遲違，則漕務宜議。（《松窗夢語》卷八）

見聞雜記十一卷　（明）李樂撰

李樂（1532～1618），字彥和，號臨川，桐鄉人。隆慶二年（1568）中進士，任江西新淦知縣，後擢禮科給事中，改吏科，又出為福建僉事，歷江西、廣西參議。著有《拳勺園小刻》《烏青志》。生平事蹟見《明史》卷一三五。

書前有夏燧《臨川李先生傳》，書前目錄卷一下注：「錄董漸川《古今粹言》，又鄭端簡《今言》。」《四庫全書總目》著錄為四卷，應為殘本，且稱「前二卷全錄董氏《古今粹言》及鄭曉《今言》，後二卷乃自記所見聞，凡一百八十六條」，此書卷二、三凡一百八十六條，可知四卷本與此書前三卷同。此書卷十、卷十一題《續見聞雜記》。

書中多斥責張居正者，如記張居正排擠趙應元、王用汲事，又記張居正之傲慢，致謂「我不是相，我是攝」，又如記張居正誅吳士期事，謂其恣行法外之誅戮，忍傷天地之元和，自古未有酷烈於此者。又有記王陽明者，如謂「王陽明天資迥絕，學問又到，看他一部《全集》，說出話來，便徹頭徹尾明白易曉」。又記楊新都、董中峰於王陽明擒宸濠事極盡詆毀。書中間有精要之論，如論司馬遷謂西伯陰行善非貶語，謂元世祖殺文天祥為不仁不智，又謂《孟子》七篇其吃緊為人，莫如夜氣二字，又謂天下最誤人者是體面兩字。記敘萬曆八年至二十九年湖州府「民變」，一曰董氏之變，二曰范氏之變，三曰閔潘之變，此外，又記華亭徐氏之變。又敘湖州由儉趨奢之風：「吾湖素以儉名，自有諸大官家，一變而侈靡無算，中人家仿之，甚之立破，歷歷可數。」

　　謝國楨稱彥和久歷官場，又享高年，接觸廣泛，所記明朝一代人物，有徐階、莊珪、沈豐陽等人。此書所記有涉及洪、永而後及萬曆以前史事，可與《明史》諸書相比證。〔註495〕

　　此本據明萬曆刻清補修本影印。

【附錄】

　　【須之彥《見聞雜紀序》】昔人謂文章關乎氣運，制作本乎心術。污隆盛衰之故，居可睹已。顧江河之趨既不可挽；山川之變且日甚。世道互喪，文行交譏，殆不知所終。則今日之紀載，蓋難言之矣。邇者公車之牘，紙貴長安；講主之席，趾錯關右。跡其矢口高譚，橫目闊視，不啻置其身於青冥之上，下視等夷，曾不當其一瞬，詎不人逢千而家周孔哉？乃依阿洸忍，敗檢逾則，有辱人賤士所不屑者，實蹈之，即令其心口自質，亦難置對，寧是持論之頗所為心術非也。彼謂求名於名、求利於利者之未必得，而求名利於氣節道學者若取諸寄也。即不得，亦可挾以為重也。又其甚者，身犯公議，計無以自解，而託之以逃，怒目裂眥，迂行緩步，殆尤甚焉。曾是面目之不怍也，心術至是尚可以人理測，而違心之語尚復憑乎？此余之所為痛哭流涕，思焚筆硯以謝之者也。會承乏於桐，得師事李臨川先生。先生直詞正色，誠心質行，終其身無不可與人語，而人莫于以私，通籍逾四十年，曾不及洛陽負郭之半，可想見其大都矣。聞及時事與風俗惡薄，則感慨淋漓，至為墮淚。蓋其素所蓄積固然。故其刪定《見聞雜記》，非裨益身心及關係世教者不錄，善善惡惡，凜於斧袞，直令讀者有瞿然勃然之思；因竊窺先生之所筆於書者，皆其體備於躬，不惡於禮義者，乃其不詭於著述也。若先生者，所謂真氣節……《詩》曰：「維其有之，是以似之。」先生有焉。一絲而繫千鈞之重，所關世運非淺尠矣。污隆盛衰之際，不能不三致慨云。萬曆戊戌，進士兩知浦江桐鄉縣事古嘐須之彥撰。〔註496〕

　　【夏爀《臨川李先生傳》】士必先器識而後求文藝，此論士之概也。先生行不愧影，寢不愧衾……先生姓李，諱樂，字彥和，別號臨川，世系具載家乘中。其先世有宗泰者，自松陵贅青鎮，遂為鎮人。籍桐鄉，再傳而為思椿公昊，有隱德，不自炫飾，即先生父也。思椿公以先生貴，贈給諫，嫡母朱贈孺

〔註495〕謝國楨：《明清筆記談叢》，上海書店出版社，2004年版，第8～11頁。
〔註496〕《續修四庫全書》第1171冊，上海古籍出版社，2002年版，第517～518頁。

人，生母沈封太孺人。先生生而簡重，雅不好弄，長出就傅，益嗜學彌篤。未弱冠，補博士弟子。先是署府別駕仝公夢一羹冠而衣錦難者，志朝先生進謁，宛如其夢人，以此卜貴徵云。嘉靖乙卯，舉省試，罷公車，肄業成均，惟時與海內名公遊。出一庵唐先生門下，為入室弟子。若靜臺杜公、兼山范公咸器重之，未幾而思椿公家居，病且革，時司成孟河馬公董監事，數教嚴重，先生不以告，輒倍道馳歸，侍湯藥者匝月，而思椿公卒，馬公亦以此諒先生孝，置勿問也。戊辰成進士，起家新淦縣令……贊曰：若李先生，可稱古之獨行君子，較然不欺者矣。當江陵柄國時，一國之士若狂，其最下者膻附蟻集，獵取華膴，豈乏若人？獨先生慷慨立朝，義形於色，侃侃兩疏，不欺其志，言行可謂兩危，雖阨其位，獲伸其道，其不以此易彼，固宜惜哉！先生之艱於嗣也，將彼蒼茫茫不可置問耶？抑嗣子若孫已有所以不朽先生者耶？賜進士出身、奉直大夫、前刑部湖廣清吏司郎中、眷晚生夏爗頓首拜撰。（《見聞雜紀》卷首）

【四庫提要】《見聞雜記》四卷（浙江吳玉墀家藏本），明李樂撰。樂字彥和，號臨川，歸安人。隆慶戊辰進士，官至福建按察司僉事。是書前二卷全錄董氏《古今粹言》及鄭曉《今言》，後二卷乃自記所見聞，凡一百八十六條。（《四庫全書總目》卷一百四十三「子部五十三・小說家類存目一」）

【何處著力】人才學，便須知有著力處；既學，便須知有得力處。今當於何處著力？陸平泉云：「不過庸德之行、庸言之謹。」（《見聞雜記》卷一）

【學者通患】楊慈湖云：「學者通患在於思慮議論之多，而不行孔子忠信篤敬之訓。」（《見聞雜記》卷一）

【不欺】范文正公謂賈內翰曰：「君不憂不顯，惟不欺二字可終身行之。」內翰自謂平生用之不盡。（《見聞雜記》卷一）

【真色一分好】凡人粧成十分好，不如真色一分好。（《見聞雜記》卷一）

【存聖賢氣象】張魏公每訓子及門人曰：「學者當清明其心，默存聖賢氣象，久久自有見處。」（《見聞雜記》卷一）

【利害之際】平泉言：「朋友易合者，到利害之際多不得力；其落落難合者，到利害之際反得力。」（《見聞雜記》卷一）

【常要想見其氣象】夫子溫、良、恭、儉讓五字常要想見其氣象。謝安迎桓溫時氣象常要想。劉寬下車還牛氣象常要想。（《見聞雜記》卷一）

【去惡如轉戶樞】司馬溫公曰：「去惡從善，捨非從是，人或以為如制悍

馬，幹磐石之難靜，而思之在我而已，如轉戶樞，何難之有？」（《見聞雜記》卷一）

【善於進言】李樂《見聞雜記》：「言官論劾大臣，必須一段公心，是非不枉。兩下對證，而我毫無愧色。至如論元輔太宰本兵，須先下工夫，看見眼前何人可代。得代者必賢於去者，必有益於國家。」此善於進言，亦忠於進言者也。若祇做得這篇文字，打出自己名頭，毫於國家無補，不如緘口不言，反於言責無損。（法式善《陶廬雜錄》卷五）

西臺漫記六卷　（明）蔣以化撰

蔣以化，字仲學，號養庵，常熟人，蔣以忠之弟。隆慶元年（1567）舉人，萬曆間知孝感縣，常巡行郭外，召父老問民疾苦，給牛種，歲祲躬為糜粥餉之。官至監察御史。著有《花編》《使淮續採》。生平事蹟見《（同治）蘇州府志》卷九十九、《（嘉慶）大清一統志》卷三三九。

此書多記明代人事，如「紀李卓吾」條記李贄事及其《藏書》猖狂之論，又如「紀錢封翁遺事」條記錢龍橋芳規懿行，可稱古人；「紀余心純」條記嘉善令余心純待人之薄；又有議論抒情者，如「紀史籍」「紀積書」二條論書籍之易敗而難積，「紀春雪」條記春雪之害人，可見其憂民之心；「紀扇」條則記其愛扇之情，謂「其卷舒自我，行藏自我，非山水而蒼翠在，非鳥雀而飛翔在」，「其鬱抑焦勞、蕩神苦思時，開篋縱觀，真足以解慍而消煩，扇又吾良友也」，其愛惜之情躍然紙上。

《四庫全書總目》入小說家類存目，稱此書雜記見聞，多及僻逸幽怪之事，全書議論每過於叫囂求快，似乎多恩怨之詞，不盡實錄云云。然阮元《文選樓藏書記》卷二稱此書多述見聞時事，足備史家採擇者。

此本據明萬曆刻本影印。

【附錄】

【蔣以化《西臺漫紀引》】素不嫻於文，性喜親書，喜談人長，喜不忘人德，往欲日聞而日紀之，少年半以經生術廢，壯而折腰五斗，簿書相牽，即願為老蠹魚無暇也。幸乙未以臺臣請告南還，復遭內艱，里居七載，每徜徉山水之暇，輒登小樓，爇香啜茗，間取所藏諸卷，晝伊夜吾，惟意所適。家人間相嘲曰：「豈尚為功車計乎？何自苦為？」余笑答曰：「公車以得失牽念，安

能如今日率意抽架上之編而漫評之，殊快乎？」……每操管以紀其概，間有得於目所親睹者某某，得於縉紳先生，而有遺行遺澤可傳者某某，皆以登諸尺幅而存之。（下略）〔註497〕

【張廷相《西臺漫記序》】嘗論正氣磅礴，浩然流形，在地為河嶽，在天為日星，在羽毛為麟鳳，在山川為璧金，在筆則名擅董狐，在史則業著《麟經》……其立說大都取今時之近事，冠以龍興，勸忠貞也；次以名宦諸賢，表芳躅也；次以善人文學、孝廉隱棲，崇實踐也；次以烈女賢母、孤雛義僕，礪頑鈍也；又次以先塋祠贈、夢想悲愉、山田園舍，所以敦人紀而導天和也；終以木石犬卵之怪，鳥硯扇數之繁，其令人玄覽達觀，不起駭怖，所以載有為之相而鎮無名之樸。（下略）〔註498〕

【四庫提要】《西臺漫記》六卷（浙江巡撫採進本），明蔣以化撰。以化字仲學，常熟人。隆慶丁卯舉人。官至監察御史。是書雜記見聞，多及僻逸幽怪之事。其紀李贄之荒悖不經，卒以臺臣會訐下獄，前後端末頗詳，而不詳其所終。又誤以姚安府知府為姚州知州，所紀王大臣事與史所言馮保之說迴異，殆不可解。全書議論，每過於叫囂求快。似乎多恩怨之詞，不盡實錄也。（《四庫全書總目》卷一百四十三「子部五十三·小說家類存目一」）

【疏通鹽法】據巡按直隸監察御史蔣以化，揭稱兩淮額課計邊中司徵，數逾百萬，先年常苦積滯，近自萬曆二十年後，加增寧遼遼沒等引，雖暫行暫止，業已不堪。至二十七年，以變賣存積為名，差太監魯保每歲增行八萬引，俱紊法亂政，越單超掣，而正課大壅二十七年以前，猶借徵堆鹽。今堆鹽已盡，借徵空引，各商虧折無算。邇來抵當引鹽，鬻家變產，久不堪命，必哄然散去。淮雖有鹽，將誰中誰支？百萬邊儲，其誰出誰辦？竊謂無名存積，當蚤復恩旨，亟行停罷等因到部。（陳子龍《皇明經世文編》卷四百十一《趙司農奏議·兩淮超單疏》）

林居漫錄前集六卷別集九卷畸集五卷多集六卷

（明）伍袁萃撰

伍袁萃（1548～1624），字聖起，號寧方，又號松菊舉人。蘇州府吳縣

〔註497〕《續修四庫全書》第 1172 冊，上海古籍出版社，2002 年版，第 3～4 頁。
〔註498〕《續修四庫全書》第 1172 冊，上海古籍出版社，2002 年版，第 5～7 頁。

人。萬曆八年（1580）進士，授貴溪知縣。擢兵部主事，進員外郎，署職方事。李成梁子如楨求為錦衣大帥，袁萃力爭，寢之。出為浙江提學僉事，官至廣東海北道副使。中官李敬轄珠池，其參隨擅殺人，袁萃捕論如法。著有《彈園雜志》《逸我軒集》《貽安堂集》《遵典集》等。事蹟附見《明史·徐貞明傳》《（乾隆）江南通志》卷一四〇。

書前有萬曆三十五年（1607）袁萃自序，稱或有所追憶於昔，或有所感慨於今，輒拾片楮，湯然錄之，志在維風義，存悼俗，故多矯枉過激之論云云。〔註499〕史稱其書多貶斥當世公卿大夫，而於李三才、于玉立尤甚云。

全書十萬言，分前集六卷、別集九卷、畸集五卷、多集六卷，內多記朝野故實，屢引明初事以證時下弊政。其書詞氣激越，中多詆排陽明之語，而一力迴護程、朱，如其試浙士時，凡用陽明新說者，悉黜之；又謂陽明「奉命處置思田事，不候代，棄師而歸」，不合大臣事君之禮，於死生之際多有昏瞶；又記陽明晚年自悔之語曰：「朱元晦學問醇實，畢竟還讓他。」又主闢佛，如謂：「世之愚夫愚婦，慕其所謂天堂者，畏其所謂地獄者，以此沉溺而不返，無足怪也。今士大夫亦多沉溺焉。問其故，則託於明心見性之旨；究其心，實同於愚夫愚婦之惑。」又多有闡發經義者，亦皆依據程、朱，如解「回之為人也，擇乎中庸」章、解孟子「赤子之心」說及心之體用等，皆以程、朱理學為準則。又論讀書曰：「讀書不可間，須早暮講習，斯義理浹洽；讀書不可速，須從容涵泳，斯趣味深長。」

此書《四庫全書總目》列入小說家類存目，稱所載多朝野故實，往往引明初之事以證明季弊政，而詞氣過激，嫌於已甚；又因力排良知之說，與王守仁為難，遂並其事功而沒之，不免矯枉過正云云。傅增湘亦稱此書在退居以後，其言以指斥朝政，臧否人物為多，辭旨偏激，意氣凌厲，多不得其平，猶是明人攻訐囂爭之習，未可據為實錄。

此本據南京圖書館藏明萬曆間刻本影印。又有上海圖書館藏明千頃齋抄本，南京圖書館藏清抄本。

【附錄】

【袁萃《林居漫錄自序》】余自丁丑通籍，在仕途僅十二載，餘皆林居也。

〔註499〕《續修四庫全書》第 1172 冊，上海古籍出版社，2002 年版，第 101～102頁。

賦性恬淡，於世味一無所嗜，惟好博覽書史，尚友千古，而塵緣未斷，且隱且見，間有論著，旋復散逸。頃投簪海岸，懸車里門，一切人事都廢，朝夕小園中，時而登樓，時而臥榻，時而睹花之開，時而聽鳥之鳴，皆欣然有會心處。竟不知日之西而歲之改也。或有所追憶於昔，或有所感慨於今，輒拾片楮，湯然錄之，久而成帙，句不刻鏤，詞不藻繪，第取達意而已。抑是錄也，志在維風義，存悼俗，故多矯枉過激之論。昔杜牧之憤時事而作罪言，此亦吾之罪言也夫。萬曆丁未季夏之吉，松菊主人伍袁萃書。

【四庫提要】《林居漫錄前集》六卷《畸集》五卷（浙江鄭大節家藏本），明伍袁萃撰。袁萃字聖起，吳縣人。萬曆庚辰進士，官至廣東海北道按察司副使。事蹟附見《明史‧徐貞明傳》。史稱所撰《林居漫錄》《彈園雜志》多貶斥當世公卿大夫，而於李三才、於玉立尤甚。今觀是書，所載多朝野故實，往往引明初之事以證明季弊政，而詞氣過激，嫌於已甚。又因力排良知之說，與王守仁為難，遂並其事功而沒之，不免矯枉過正。至臚載閭巷瑣事，多參以因果之說，尤失於龐雜矣。（《四庫全書總目》卷一百四十三「子部五十三‧小說家類存目一」）

【林居漫錄】伍寧方袁萃憲使吳中人，素名剛勁嫉惡，任粵東憲以目眚自免，家居無聊，著一書名《林居漫錄》，有前集、後集、別集、多集，皆談時事，其間偏執處亦間有之。李修吾正撫淮時名獨重，伍獨議其短，謂才足以籠罩一世，術足以交結時賢，多取而人不以為貪，嗜殺而人不以為酷，掠名雖高，徐觀其後可也。不數年而李被彈，白簡四起，多祖其說，因有稱其先見者。至論乙巳京察留用一事，極誹沈四明之非，有識皆以為正論，而歸種吾鄉賀吏部燦然清平一疏，謂為迎合時相。賀，好名人也，見之不勝憤懣，乃作一書名《漫錄評正》，盡擯其說，箋注於旁，謂無一語得實，而於己清平之疏，則直誇為公正，能動上聽，始下察疏得完大典，有功於國。伍憤其飾非，又作《駁漫錄評正》以糾之，其詞轉峻。賀不能堪，又作《駁駁漫錄評正》，則語愈支蔓，且訐伍過端近於巷口。伍為吳下人望，輔之者眾，共為切齒，復作書名《漫錄三評駁正》，援引指證，詳明深刻，讀者或謂快心，或謂已甚。賀已老多病，見此恚哭嘔血，不復能措一詞，未幾下世。其後憎伍者中之。南都有給事黃元蓋建中特疏劾之，專指《漫錄》，則賀不及見矣。（《萬曆野獲編》卷二十五）

【遵典集】《遵典集》，亦伍袁萃撰，所取章疏，大抵黨邪醜正。如趙興

邦攻湯兆京、孫居相，亓詩教攻孫瑋、周起元，徐兆魁攻顧憲成，孫光裕攻高攀龍、岳元聲，趙興邦攻呂坤，韓濬攻劉宗周，姚宗文薦徐大化，胡來朝薦邵輔忠、徐兆魁，皆推為千古公論。而劉光復輩之論李三才，尤詳哉言之。光復揭內訌及福清，並及先少師。謂少師以位育顏三才之堂，去有餘幸。其詆毀君子，可謂不遺餘力。至所標榜，如邵、趙、二徐及劉廷元、周應秋、呂圖南輩，皆逆案中人。而周忠惠、劉念臺諸公之死，卒與日月爭光。桀犬之吠於君子，何損毛髮，徒自穢耳。若先少師之見毀於光復，先方伯之被擯於亓、韓，今日觀之，何啻華袞乎？袁萃自負乾坤正氣，然乎否耶？（王士禛《池北偶談》卷八）

【伍蓉庵語】《林居漫錄》：「縉紳之家，婢妾多，足以漁色，而不足以養壽命之源；僕隸多，足以張威，而不足以貽安靜之福；田宅多，足以示侈，而不足以杜勢家侵奪、子孫傾覆之禍。是故武侯之醜婦，荊公之蹇驢，蕭相國之不治垣屋，質諸前哲，無非軌儀。凡百君子，何莫由斯。」又云：「古訓但言貪利，而王子晉獨言貪禍，但言求福，而孟子兼言求禍，人即至愚，禍豈有愛焉，而貪之求之。曰：彼倚冰向火，蠅趨蟻附之輩，利方在門，兵已在頸，非貪之求之耶？」又云：「人有恆言，皆曰義利。利緊跟義，則是義能生利也。又皆曰利害，害緊跟利，則是利能為害也。知義之在先，害之在後，則熙熙攘攘，亦可以少息矣。」（褚人獲《堅瓠廣集》卷一）

【萬斯同《書彈園雜志後》】甚哉伍袁萃之妄也！其《雜志》所載大要為辛亥京察一事耳。辛亥之役，孫公丕揚為冢宰，凡小人之號為宣黨、昆黨者斥之始盡，而王紹徽、喬應甲亦在其中。紹徽素有清譽，應甲嘗劾李三才，萃深惡三才，凡劾三才者皆稱之為豪傑，故為二人不平，於察典既竣，小人之擊孫公者極其褒美，而君子之持正議者痛加詆毀，自以為《春秋》之筆矣。迨魏忠賢一出，向之褒美者鮮不失身喪節，如徐北魁、邵輔忠、徐紹吉、劉廷元。及紹徽、應甲後皆入逆案內，而其所詆毀者獨能保其身名，於是袁萃之論不攻而自敗。使其目睹魏賊之禍，何待他人之毀其書，當自毀之恐後矣。甚哉立言之不可易也！袁萃之為此志，豈有意於仇君子、庇小人？惟所見一偏，遂以至此。然則君子之欲立言者可自逞其胸臆哉？（《群書疑辨》卷十二）

【書駁駁漫錄評正後】始伍袁萃為《林居漫錄》，而賀燦然駁之曰《漫錄評正》，袁萃又取《評正》駁之曰《駁漫錄評正》，已而燦然復取袁萃之所駁者

駁之曰《駁駁漫錄評正》，皆以為刊布焉。事起於袁萃之譏燦然，而燦然為之報復耳。吾謂袁萃之乖僻，其持論固未必盡當，而燦然之挾忿詆訐亦不足為定論也。蓋萬曆己巳之春，少宰楊公時喬、總憲溫公純主京察，於臺省之為權門效力者多所貶黜，相臣欲留之，察疏久入而不下，一時諫者及為謫降，燦然以銓部郎繼言之，亦遭罷黜，察疏乃下，燦然方以此舉為名高。袁萃於《漫錄》中謂其疏既攻，被察者不當復攻主察者譏其承相臣風旨，於是二人之隙遂不可解，而彼此訐發，幾如兩造之訟。夫燦然心術固不可知，然彼既建言被黜，亦可稍恕，乃袁萃必欲攻發其陰私，以章己之直筆，不亦過甚已哉！夫德非聖人，職非史官，好著書以褒貶當世之公卿大夫，縱使褒貶悉當，亦不免當世之忌，況其所褒貶者原未必盡當乎？宜其為人所詬厲也。然則為燦然者固失之於逞憤，而為袁萃者亦無輕於著書哉！（萬斯同《群書疑辨》卷十二）

西山日記二卷　　（明）丁元薦撰

丁元薦（1563～1628），字長孺，長興人。萬曆十四年（1586）進士，家居八年，始謁選為中書舍人。官至尚寶司少卿。事蹟見《明史》。《劉蕺山集》卷十四有《丁長孺先生墓表》。

前有康熙二十八年（1689）丁澍序，稱下至稗官野乘之所見聞，雜取當世人物以存一代之是非，朝野僉採，簡而不糅。[註500] 黃宗羲題辭稱所記皆嘉言善行，雖七人下中而一事合宜，亦必書之，然後知先生之恕也。[註501]

西山者，其隱居之所也。全書分上下兩卷，書中所記，皆明初至萬曆間朝野事蹟，名為「日記」，實採《世說》之體，分三十六類，英斷、相業、延攬、才略、深心、名將、循良、法吏、節烈、忠義、清修、直節、德量、器識、神識、正學十六類為上卷，古道、友誼、義俠、格言、正論、清議、文學、師模、庭訓、母範、孝友、篤行、方術、高隱、恬退、持正、賢媛、耆壽、家訓、日課二十類為下卷。如延攬記王陽明與龍光征田州事，才略記正德間劉六、劉七起義事，名將記戚繼光抗擊興化倭寇事，正學記羅念庵「周

〔註500〕《續修四庫全書》第 1172 冊，上海古籍出版社，2002 年版，第 277～280 頁。
〔註501〕《續修四庫全書》第 1172 冊，上海古籍出版社，2002 年版，第 280～283 頁。

子所謂主靜者，乃無極以來真胍絡」之論及陳獻章靜坐悟道事，文學記歸有光令長興事。論「學吃虧」曰：「顧博士謙服，文康公曾孫也，饋予一墨刻，大書『學吃虧』三字，乃文康公手筆。朱文寧有言：『堯舜之道，孝悌而已矣。夫子之道，忠恕而已矣。』推之孟言『自反』，曾言『日省』，顏子『不校』，皆此『學吃虧』三字奧義。涉世久，方知三字可味。嘗謂仕宦及作家不可算盡，算盡者造物必陰挫之，以此冷眼權貴及里中大家往往坐是以敗。」末又有「避亂五箴」，分廣慈、習勞、甘貧、挹損、密藏五則，如《密藏箴》曰：「藏舟於壑，藏溪於山，行無轍跡，遊戲人間。」《四庫全書總目》入小說家類存目。

此書有國家圖書館藏清舊抄本、康熙二十八年先醒齋刻本、《涵芬樓秘籍》本。此本據南京圖書館藏清康熙二十八年先醒齋刻本影印。

【附錄】

【丁澍《西山日記序》】史以該天道，決王事，非學業與心術並茂者，不足垂鑒於天下後世，一言蔽之曰，嚴邪正之別而已，下至稗官野乘之所見聞，雜取當世人物以存一代之是非，孟堅所謂芻蕘狂夫之義，亦有所擇焉。此家璽卿長孺公《西山日記》所由作也。璽卿為予伯父行。澍方在襁褓，不及親侍謦咳，側聞諸兄弟言公生平伉直尚峭毅，嘗戛戛不可一世，立神宗朝，值黨釁方起，以一朝郎抗疏言時政，屢忤宰相意……退而在野，念念不忘君，日與顧涇陽、高景逸、魏廓園諸先生講學東林，攻者益眾，隨筆作日記以寓意，自洪武以迄萬曆，朝野僉採，簡而不糅。嗚呼，亦足以見公之志矣。嘗考司馬溫公亦有日記，王安石作《日錄》以亂之。一時尊堯手記紛紛剖擊，恨不請從炎火，以免流毒，惟涑水之書至今炳若日星，重關乎世道人心者，其心術與學業更何待辨而知之耶……時康熙己巳閏春中浣，宗侄澍拜手敬書。〔註502〕

【黃宗羲《西山日記題辭》】丁長孺先生嫉惡如仇，宣城縱橫楚、浙，富平主察，斥其黨七人，舉朝大嘩，先生抗言七人宜斥，救者非是，波路壯闊，不惜以身為砥柱。沒後文集出，崑、宣纖芥之惡，無所隱避，世以比之史鉞。去之再世，聞孫蓼庵刻其《西山日記》，所記皆嘉言善行，雖其人下中，而一事合宜，亦必書之，然後知先生之恕也。夫立表以定子午，非子非午，皆從子

〔註502〕 《續修四庫全書》第 1172 冊，上海古籍出版社，2002 年版，第 277～280 頁。

午而出，不準的於表，則倒影、斜線皆自以為子午矣，日記固先生所立之表也。先生之嫉惡，亦嫉其非子非午，自以為子午者而已矣。妖鏡之幻人也，或現夫弁冕，或現夫狐鼠，人莫不貴弁冕而賤狐鼠，然而妖鏡之弁冕狐鼠，使軒轅鼓其橐籥，按以弦望，金煙玉水，所照未必不反是也。昔倪文煥黨逆而歸，喬侍御往訊之，曰：「楊、左二公以忤璫罹禍，君子也。公糾之何故？」文煥曰：「一時有一時之君子，一時有一時之小人。我居言路時，莫不罵楊、左為小人，我自糾小人耳。今局面一翻，莫不稱楊、左為君子，吾亦以為君子矣。」以世情言之，文煥實為名言。嗚呼！世情之是非，象沒深泥。盍亦觀先生之書，以審其子午乎？（《黃宗羲全集》，浙江古籍出版社，2005 年版，第十冊第 75～76 頁）

【明史本傳】丁元薦，字長孺，長興人。父應詔，江西僉事。元薦舉萬曆十四年進士。請告歸。家居八年，始謁選為中書舍人。甫期月，上封事萬言，極陳時弊。言今日事勢可寒心者三：饑民思亂也，武備積弛也，日本封貢也。可浩歎者七：征斂苛急也，賞罰不明也，忠賢廢錮也，輔臣妒嫉也，議論滋多也，士習敗壞也，襃功恤忠未備也。坐視而不可救藥者二，則紀綱、人心也。其所言輔臣，專斥首輔王錫爵，元薦座主也。二十七年京察。元薦家居，坐浮躁論調。閱十有二年，起廣東按察司經歷，移禮部主事。甫抵官，值京察事竣，尚書孫丕揚力清邪黨，反為其黨所攻。副都御史許弘綱故共掌察，見群小橫甚，畏之，累疏請竣察典，語頗示異。群小藉以攻丕揚。察疏猶未下，人情杌隉，慮事中變，然無敢言者。元薦乃上言弘綱持議不宜前卻，並盡發諸人隱狀。黨人惡之，交章論劾無虛日。元薦復再疏辨晰，竟不安其身而去。其後邪黨愈熾，正人屏斥殆盡，至有以「《六經》亂天下」語入鄉試策問者。元薦家居不勝憤，復馳疏闕下，極詆亂政之叛高皇、邪說之叛孔子者。疏雖不報，黨人益惡之。四十五年京察，遂復以不謹削籍。天啟初，大起遺佚。元薦格於例，獨不召。至四年，廷臣交訟其冤，起刑部檢校，歷尚寶少卿。明年，朝事大變，復削其籍。元薦初學於許孚遠，已，從顧憲成遊。慷慨負氣，遇事奮前，屢躓無少挫。通籍四十年，前後服官不滿一載。同郡沈淮召入閣，邀一見，謝不往。嘗過高攀龍，請與交歡，辭曰：「吾老矣，不能涉嫌要津。」遽別去。當東林、浙黨之分，浙黨所彈射東林者，李三才之次，則元薦與于玉立。

【丁元薦傳】丁元薦，字長孺，號慎所，浙江長興人。萬曆丙戌進士。質

剛骨勁，見大識超，歷挫抑甘，厄窮百折，而終不餒其浩然之氣。初官中翰，矢口而陳當世之弊，時以為賈誼之疏，與世遂不相臭味，一斥而歸沈寂田間者數年。再起儀部，復矢口而陳當世之弊，時以為汲黯之戇，與世益枘鑿而不相投，於是鎩其翅，絕其轡，至欲割以大盜之刃，一決目中之刺，竟中他事，削籍歸。甲子元晨，賢令被弒，一邑震惴，若將隕墜，元薦奮不自計，流言矢集，屹無所避，擒盜寧民，一邑得安。平時究心理學，其加功也深，其用心也密，凡東林諸君子無不就正，而於顧憲成則師事之。憲成嘗答書云：「承示新功甚善。周子揭主靜，是得手事；程子見人靜坐，便歎其善學，是入手事。李延平教人靜坐看喜怒哀樂未發時氣象，又就中點出一活機，此大儒留下海上單方也。」他日又云：「得手書，不勝欣慰，足下用心如此，何患不日進也。寡欲二字極妙。周元公首闢聖學，亦只此二字，是一了百了工夫，更不須此疑，願與足下共勉之。亦只密切做去，不須悔前慮後，反成憧憧，令心體上多一事也。」嘗過無錫，赴東林會講。他日憲成致書曰：「東林之會，風色蒸蒸，座上發貧賤富貴，一則尤令聽者竦起，足下之功於是乎大矣。」年七十卒。天啟中以其為憲成門人也，禁錮之，崇禎朝乃復。外史氏曰：當明末時，習俗伈儷，苟有良心者卒不能合，況先生乎？故一出再出，而終見惡於時流，此其入山惟恐不深，而甘老於田間也。（《東林列傳》卷二十二）

【四庫提要】《西山日記》二卷（浙江巡撫採進本），明丁元薦撰。元薦字長孺，長興人。萬曆丙戌進士，官至尚寶司少卿。事蹟具《明史》本傳。是編雜錄自洪武迄萬曆朝野事蹟，分英斷、相業、延攬、才略、深心、名將、循良、法吏、節烈、忠義、清修、直節、德量、器識、神識、正學十六類，為上卷；古道、友誼、義俠、格言、正論、清議、文學、師模、庭訓、母範、孝友、篤行、方術、高隱、恬退、持正、賢媛、耆壽、家訓、日錄二十類，為下卷。西山者，其所隱居處也。末附避亂五箴，蓋已刻於《拙存堂集》中者，以其切裨身世，故復入於是編云。（《四庫全書總目》卷一百四十三「子部五十三·小說家類存目一」）

【大義覺迷錄】夫災異之事，古昔帝王未嘗諱言。蓋此乃上天垂象，以示儆也。遇災異而能恐懼修省，即可化災為福矣。遇嘉祥而或侈肆驕矜，必致轉福為災矣。朕於此理見之甚明，信之甚篤，故每逢上天賜福，昭示嘉祥，寤寐之間，倍加乾惕。並飭內外臣工，共深敬謹，若涉冰淵，所頒諭旨，已數十次，朕豈敢欺天而為此不由衷之語耶！數十年來，凡與我朝為難者，莫

不上干天譴，立時殄滅。如內地之三逆，外蕃之察哈爾、噶爾丹、青海、西藏等，偶肆跳樑，即成灰燼。又麼麼醜類，如汪景祺、查嗣庭、蔡懷璽、郭允進等，皆自投憲網，若有鬼神使之者。今逆賊曾靜，又復自行首露。設逆賊但閉戶著作，肆其狂悖，不令張熙投書於岳鍾琪，其大逆不道之罪，何人為之稽察，不幾隱沒漏網乎？而天地不容，使之自敗，朕實感幸之。昔明世嘉靖，萬曆之時，稗官野史所以誣謗其君者，不一而足。如《憂疑竑議錄》《彈園雜志》《西山日記》諸書咸訕誹朝廷，誣及宮壼，當時並未發覺，以致流傳至今，惑人觀聽。今日之凶頑匪類，一存悖逆之心，必曲折發露，自速其辜，刻不容緩，豈非上天厚恩我朝之明徵歟？又云：「自崇禎甲申，以至今日，與夫德祐以迄洪武，中間兩截世界，百度荒塌，萬物消藏，無當世事功足論，無當代人物堪述。」夫本朝豈可與元同論哉？元自世祖定統之後，繼世之君，不能振興國家政事，內則決於宮闈，外則委於宰執，綱紀廢弛，其後諸帝或欲創制立法，而天不假以年，所以終元之世無大有為之君。

玉堂叢語八卷 （明）焦竑撰

焦竑（1540～1620），字弱侯，號澹園，江寧（今江蘇南京）人。萬曆十七年（1589）狀元，官翰林院修撰，後曾任南京司業。著有《澹園集》《焦氏筆乘》《焦氏類林》等。生平事蹟見《明史》本傳。

此書前有萬曆四十六年（1618）顧起元序，稱其書義例精而權量審，聞見博而取捨嚴，可考一代詞林之得失。〔註503〕又有廬陵郭一鶚序，稱此書體裁仍之《世說》，區分準之《類林》，而中所取裁抽揚，宛然成館閣諸君子之小史。〔註504〕

此書分行誼、文學、言語、政事、銓選、籌策、召對、講讀、寵遇、禮樂、薦舉、獻替、侃直、纂修、調護、忠節、識鑒、方正、廉介、義概、器量、長厚、退讓、慎密、敏悟、出處、師友、品藻、事例、科試、科目、容止、賞譽、企羨、恬適、規諷、豪爽、任達、夙惠、遊覽、術解、巧藝、傷逝、誌異、簡傲、諧謔、儉嗇、汰侈、險譎、忿狷、刺毀、紕漏、惑溺、仇

〔註503〕《續修四庫全書》第 1172 冊，上海古籍出版社，2002 年版，第 375～378 頁。
〔註504〕《續修四庫全書》第 1172 冊，上海古籍出版社，2002 年版，第 378～380 頁。

隙五十四門，為明萬曆之前翰林人物言行錄，且書中所記，多作者耳聞目見，採自他書者，皆一一注明出處。如「行誼」類記羅倫修身持己之嚴，「所交盡一世豪傑之士，其語及先生之為人也，必曰青天白日」。又如「文學」類記陳濟以布衣而為《永樂大典》都總裁，並與姚廣孝等人詳定凡例，區別去取。又如「政事」類記劉宣請教琉球諸國來學子弟曰：「夷狄慕中國而來學，不盡心以誨迪之，是遏抑其良心也。」又如「纂修」類記永樂十二年上諭胡廣、楊榮、金幼孜編纂《五經四書性理大全》。又如「師友」類記唐順之於文稱曾子固，詩稱《擊壤集》、黃山谷，學則篤信朱元晦，而一日忽悟，云：「吾覺朱子所解書，無一句是者。」已跳出朱學之「包圍圈」矣。

此本據山東省圖書館藏明萬曆四十六年徐象橒曼山館刻本影印。

【附錄】

【焦竑《玉堂叢語自序》】余自束髮，好覽觀國朝名公卿事蹟。迨濫竽詞林，尤欲綜覈其行事，以待異日之參考。此為史職，非第如歐陽公所云誇於田夫野老而已者。顧衙門前輩，體勢遼闊，雖隔一資，即不肯降顏以相梯接。苦無從諮問，每就簡冊中求之，凡人品之淑慝，注厝之得失，朝廷之論建，隱居之講求，輒以片紙誌之，儲之巾箱。頃年垂八十，聰明不及於前時，道德日負其初心，不啻韓子所言者，業一切置之不理矣。相知者惜其嘗為心思所及而廣之，余不能止也。讀者倘與近日《翰林記》《館閣類錄》《殿閣詞林記》《應制集》諸書而並存之，亦余之幸也夫。萬曆戊午夏五，澹園老人焦竑書。

【顧起元《玉堂叢語序》】《玉堂叢語》若干卷，太史澹園先生，以其腹笥所貯詞林往哲之行實，眆臨川《世說》而記之者也。其官則自閣部元僚，而下逮於待詔應奉之宂從。其人則自鼎甲館選，而旁及於徵辟薦舉之遺賢。其事則自德行、政事、文學、言語，而微摭於諧謔、排抵之卮言。其書則自金匱石室、典冊高文，而博採於稗官野史之餘論。義例精而權量審，聞見博而取捨嚴。詞林一代得失之林，煌煌乎可考鏡矣。起元蓋嘗攬前輩之為衙門存掌故者，如《殿閣詞林記》、《館閣類錄》、《翰林記》諸書，視前代韋、蘇之志，不啻至明且備，然大都以垂典制、辨職掌、紀恩遇、詳事例云爾。至於人品之淑慝，注厝之得失，朝廷之論建，隱居之講求，顧有未之及者。有先生此書，而使人益知其地重，所以居之者恒不得輕；其名高，所以副之者恒不得易。應違之主，綦迅於機衡之間；衰鉞之權，別嚴於目睫之外。所以揚前徽而詒後鑒者，豈其微哉！先生洽聞強記，酬對若流，奧篇隱牒，了辨如響。嘗試諮

以朝家之憲章，人倫之品目，矢口而譚，援筆而寫，靡不批析枝條，根極要領。即王儉之闇憶朝典，摯虞之詳練譜學，亡以喻之。使其承旒廈之顧問，應廊廟之諏詢，所以翊潤萬微，調訓九品，必有度越茲錄上者。而以抗節高蹈，未究厥施。然經國大業，出其緒餘，流而布之，猶使蓬山之秘史副在人間，東觀之新書傳諸天上。先生所以為玉堂重者，又自有在矣。起元三復斯編，為之舞蹈，私謂後之君子，諷而求之，所以矢謨揆策。撫世長民之道，有不下帶而存者。若夫成規未泯，軼典如新，於以折衷是非，網羅文獻，又其餘事。其他流潤麈尾，丐馥筆端，咸號碎金，並失拱璧。第曰與前紀錄諸書，存之為詞林掌故，猶未敢謂窺其大也。萬曆戊午秋日，同里晚學顧起元書。

【郭一鶚《玉堂叢語序》】《玉堂叢語》一書，成於秣陵太史焦先生。先生蔚然為一代儒宗，其銓敘今古，津梁後學，所著述傳之通都鉅邑者，蓋凡幾種。是書最晚出，體裁仍之《世說》，區分準之《類林》。而中所取裁抽揚，宛然成館閣諸君子一小史然。嘻，奇矣！夫巖穴之士，何與於東觀之盛也，姝嫛之儒，何接於長宿之談也。夏蟲井蛙之見，何能承宏議崇論之緒也。一旦得是書讀之，且咀嚼之，若親聆名碩之謦咳，躬造金馬之創業也。以方之稗官瑣說，道之所不該，義之所不出者，是徒侈說鈴傳贗鼎也。其得失懸絕何如。嘻，亦奇矣夫！國家二百年來，名臣碩老，強半出自玉堂精選。以故得其寸楮隻字、一事詞組者，信之若蓍蔡，珍之若夜光。矻矻世儒安所得全帙一莊誦乎？焦先生胸庫茹納萬有，鄴架珍藏萬卷，能裒集，更能裒裁。抽精騎於什伍，揀粹腋於眾白。都內好事者往往祈得而梓行之，俾千古後學不致慨我明館閣無成書，因而補苴國史之弗備也。先生之功於是為大。不佞粗知《易》者也，聞之《易·大畜》象曰：「君子以多識前言往行以畜其德。」夫德惟一耳，不多也。以不多借資於多，究且化，多而還一，則善畜德者乎！以躋於篤實光輝之盛寧遠乎！夫學者得先生所集《叢語》一善畜之，弘裨身心，匪淺鮮者。詎惟國典朝章、前言往行之蠡測已也。余以是窺先生裒集之深心，敢為之弁其首云。江右廬陵郭一鶚汝蔫甫題。

【四庫提要】《玉堂叢語》八卷（江蘇巡撫採進本），是編仿《世說》之體，採摭明初以來翰林諸臣遺言往行，分條臚載，凡五十有四類，而終於仇隙。案朱國楨《湧幢小品》曰：「焦弱侯率直任真，元子初出閣，定講官六人，癸未則郭明龍，丙戌唐抑所、袁玉蟠、蕭玄圃、全元洲，己丑則弱侯。太倉相公謂宜擇其近而易曉者勒為一書進覽。無何，太倉去國，諸公不復措

意，惟弱侯纂《養正圖說》一冊。郭聞之不平，曰：『當眾為之，奈何獨出一手？』後其子攜歸，刻於南中，送在寓所，正在案，璫陳矩適至，取去數部呈御覽。諸老大恚，謂由他途進，圖大拜。又載其序呂坤《閨範》，鄭國泰乞取添入后妃一門。眾大譁，謂鄭氏著書，弱侯交結作序。」云云。竑作是書，以仇隙終篇，蓋感此二事，藉以寓意。然陳矩為司禮太監，鄭國泰為貴妃之侄，何以二書適入二人之手，俱得進於宮禁？當時物議，實有其因，未可盡委之排擠也。（《四庫全書總目》卷一百四十三「子部五十三・小說家類存目一」）

【布衣總裁】朝廷修《永樂大典》，大臣有言陳先生濟者，以布衣召至，為都總裁。時合內外詞臣暨太學儒生，眾數千人，繙閱中秘四庫書，浩瀚填委。先生至，則與故少師姚公、尚書鄭公、祭酒學士數輩，詳定凡例，區別去取，莫不允愜。而六館執筆之士，凡有疑難，輒從質問，先生隨問響答，未嘗抵滯。疏抉剖析，咸有源委，非口耳涉獵者可比。故一時之人無不服其該博。（《玉堂叢語》卷一）

【學貴自得】陳白沙自幼穎悟絕人，讀書一覽輒記。一日讀《孟子》至「有天民者」，歎曰：「大丈夫行己當如是也。」弱冠領鄉薦，兩上春官不第。聞臨川吳與弼講伊、洛之學，遂從遊。既受業，忽悟曰：「夫學貴自得，苟自得之，則古人之言，我之言也。」遂築春陽臺，日靜坐其中。（《玉堂叢語》卷一）

【簡傲】王廷陳為文，頃刻便就，多奇氣。然好狎遊，黏竿風鷗，諸童子樂，又蹶不可馴。父母扶撲之，輒呼曰：「大人奈何輒虐海內名士耶！」為翰林庶吉士，詩已有名，其意不可一世，僅推何景明，而好薛蕙、鄭善夫。故事，學士二人為庶吉士師，甚嚴重，稚欽獨心易之，時登院署中樹，而窺學士過，故作聲驚使見。大恚，然度無如何，佯為不知也。乃已當授官給事中，用言事，故詔特予外補裕州守。既中不屑州而以諫出，知當召，益驕甚。臺省監司過州，不出迎，亦無所託疾。人或勸之，怒曰：「齷齪諸盲官，受廷陳迎耶？當不愧死。」一日出候其師蔡潮，以他藩道者，潮好謂曰：「生來候我固厚，而分守從後來，亦一見否？且生厚我以師故，即分守君命也。」稚欽曰：「善。」乃前迎分守，而分守既下車，數州吏微過，當稚欽答之十。稚欽大罵曰：「蔡師誤，先生見辱。」挺身出，悉呼其吏卒從守，勿更侍，一府中懾伏，亡敢留者。分守窘，不能具朝鋪，謀於蔡潮，潮為謝過，稍給之，僅得夜引去。於是

監司相戒，莫敢道裕州者。既歸，愈益自放，達官貴人來購文見者，稚欽多蓬首囚服應之。間衣紅紵窄衫，跨馬或騎牛，嘯歌田野間，人多望而避之。(《玉堂叢語》卷八)

【誌異】劉青田讀書青田山中，忽見石崖谺開，公亟趨之，聞有呵之者，曰：「此中毒惡，不可入也。」公入不顧。其中別有天日，見石室方丈，周迴皆刻雲龍神鬼之文，後壁正中一方，白如瑩玉，刻二神人相向手捧金字牌，云：「卯金刀，持石敲。」公喜，引鉅石撞裂之，得石函，中藏書四卷，懷出，壁合如故。歸讀之，不能通其辭。乃多遊深山古剎，訪求異人，至一山室中，見老道士馮幾讀書，公知其非凡人也，再拜懇請，道士舉手中書，厚二寸許，授公，約旬日能背記乃可受教，不然無益也。公一夕記其半，道士歎曰：「大才也。」遂令公出壁中書，道士覽之，笑曰：「此書本十二卷，以應十二月，分上中下，以應三才。此四卷，特其粗者，應人事耳。」乃閉門講論，凡七晝夜，遂窮其旨。公拜請益，道士笑曰：「凡天人授受，因材而篤。昔子房、孔明並得其六，予得其八，今子得其四，亦足以澄清濁世矣。」嗟乎！自古異人經世，皆有所授，獨子房授《素書》於黃石，其事大著，餘多秘不聞，夫豈偶然之故哉？或云，道士乃九江黃楚望，高帝雅聞道士名，令驛召至闕，年且八十，而容色甚少。命與誠意及張鐵冠擇建宮之地，初各不相聞，既而皆為圖以進，尺寸若一。上欲留，不可，遂放還山，不知所終。(《玉堂叢語》卷八)

湧幢小品三十二卷　(明) 朱國楨撰

朱國楨 (1558～1632)，一作國禎，字文寧，號平涵，自號虬庵居士，湖州烏程人。萬曆十七年 (1589) 進士，天啟三年元年 (1623) 拜禮部尚書兼東閣大學士，後改文淵閣大學士，累加少保兼太子太保。四年春晉戶部尚書、武英殿大學士，總裁《國史實錄》，加少傅兼太子太保，後任首輔。卒贈太傅，諡文肅。著有《大政記》《明史概》《皇明紀傳》《朱文肅公集》《朱文肅公詩集》等。生平事蹟見《自述行略》及《明史》本傳。

書前有國楨自敘，稱仰視容齋，欣然有竊附之意，題曰《希洪》；會所創湧幢初成，讀書其中，遂以名篇，其曰小品，猶《雜俎》遺意。〔註505〕然其

〔註505〕　《續修四庫全書》第 1172 冊，上海古籍出版社，2002 年版，第 579～580 頁。

體制不類《容齋隨筆》，而與《酉陽雜俎》所記多荒怪不經者更為不類。

此書始撰於萬曆二十八年己酉（1600），蔵事於天啟元年辛酉（1621），凡二千三百六十餘則，多記明朝掌故，大而朝章典制、政治經濟、倉儲備荒、瑤役冶煉，小至社會風俗、人物傳記，以及典籍詩文、宗教服飾、鳥獸蟲魚，無不羅列。其敘述明代中葉人物，如戴冠、王守仁、沈周、吳昂等人逸事，尤為生動傳神。又如「地震」條記嘉靖三十四年山西、河南、山陝地震事，「鄖陽兵變」條記農民起義事，「王、葛仗義」條記市民抗稅事，皆具史料價值。《四庫全書總目》入稱其是非不甚失真，在明季說部之中猶為質實，而貪多務得，使蕪穢汩沒其菁英，轉有沙中金屑之憾云。周中孚稱其書皆好談掌故，品題人物，多質實可信，惜其炫博貪多，傷於蕪雜，而援引古書多有差誤云云。〔註506〕皆為平允之論。〔註507〕此書問世之後影響甚廣，清人多所徵引。明人因襲宋人，清人因襲明人，譬如積薪，後來居上。世人皆知明人好剿襲前人之書而割裂之，以掩其面目，其實清人亦然。民國以下，學風大壞，掩耳盜鈴，以抄襲洋人為榮。自鄶以下，可以無譏焉。

此書初刻於明代天啟二年，在清代流傳甚廣。此本據復旦大學圖書館藏明天啟二年刻本影印。

【附錄】

【朱國楨《湧幢小品自敘》】閒居無事，一切都已棄擲，獨不能廢書。然家罕藏書，即有存者，鈍甚，不善讀，又不克竟。至於奇古詭卓之調、閎深奧衍之詞，即之如匹馬入深山，蟻子緣磨角，怳惚莫知其極與鄉也。惟淺近之說，人所忽去，且以為可弄可笑者，入目便記，記輒錄出，約略一日內必存數則，而時時默坐，有所窺測，間亦手疏以寄岑寂逍遙之況，因思茂先《博物》崛起東西京之後，別開一調。後之作者紛紛皆有可觀，而唯段少卿、岳總領、最為古雅。至洪學士容齋篾為《隨筆》，數至於五，下遍士林，上達主聽。我

〔註506〕周中孚：《鄭堂讀書記》卷五十七。

〔註507〕現代史家謝國楨《史料學概論》也肯定其價值。劉葉秋《歷代筆記概述》：
「《湧幢小品》三十二卷，刊行於天啟年間，雜錄見聞，間有考證。其中某些記載，亦能反映明代政治、經濟情況。可是這類內容，不過全書十分之二三。書內故事、掌故，以及瑣談、叢考，大部分採擇舊文，甚為蕪雜，以致精華為糟粕所掩。」丁富信《朱國禎湧幢小品研究》認為，朱國禎注意史料的準確性，很多記載都是自己的親歷親聞，在採擷他書時往往注明出處，而尤以參考《明實錄》的材料為多。

明楊修撰、何侍郎、陸給事、王司寇擴充振發，別自成書，此皆以絕人之資。投山放海之客，為野蔬硐草之嗜，雖畸雜兼收，若無倫序，而中間根據條理，要自秩然，固非探形影，襲口吻，以亂視聽者比，其意微而其致固已遠矣。餘之無當明甚。然千金之鼎，烏獲可舉，孺子亦奮臂也；太牢之味，王公能羞，田畯亦垂涎也。執筆自韻，仰視容齋，欣然有竊附之意焉。間示一二館師與兒子輩資譚諧，題曰《希洪》。昏眊之餘，理耶棼耶，澄耶淆耶，皆不自知。蕚花舒笑於名園，蛙部鼓吹於天籟。我用我法，此亦散人之一快。而又念洪，亦未易可希，將使人有優孟之誚。會所創湧幢初成，讀書其中，潛為之說，遂以名篇。其曰小品，猶然《雜俎》遺意。要知古人範圍終不可脫，非敢捨洪而希段也。虬庵居士朱國禎題。

【《湧幢小品跋》】是編起己酉之春，至辛酉冬月，積可三十餘冊。凡經《稗海》諸書所載行於世者，都不敢錄。然觚而忘，隨汰隨忘，又不可勝計。要以見意澹宕，自喜而已。生平原無文，又絕無著作，間舉筆，並其稿失去，以為常。即此亦時有散佚，而存者尚多。會赴召，檢出，節為三十二卷，付之梓。歷年山居工夫，上不用之道德，下不用之文章，而僅僅得此。子不云乎：「博弈猶賢乎已。」夫聖人之所輕，後人之所習，曰手談，曰坐隱，何等自在。余此好，故自不減。奈老去，僅可終三局。一切緊關事皆憒憒不理，而反軋此不足紀之語、不足傳之事。積此不足有無之牘，雖於心思初無所費，可免枯木蛛絲之誚，要以少費紙墨，重為梨棗災，又或者更因此取笑取憎於人，豈非一生拙計，垂老而更甚者乎？方割裂時，如蜂採花，亦自有味。既成，閱之，等於嚼蠟，又幾欲毀去。夫人心，亦何常之有。喜則茹之，厭則吐之，天下事皆如此。並付之流雲逝水可矣。壬戌年九月，題於西郊之映月軒。

【四庫提要】《湧幢小品》三十二卷（兵部侍郎紀昀家藏本），明朱國禎撰。國禎有《大政記》，已著錄。是書雜記見聞，亦間有考證，其是非不甚失真，在明季說部之中，猶為質實。而貪多務得，使蕪穢汩沒其菁英，轉有沙中金屑之憾。初名曰《希洪》，蓋欲倣《容齋隨筆》也，既而自知其不類，乃改今名。其曰湧幢者，國禎嘗構木為亭，六角如石幢，其制略如穹廬，可以擇地而移，隨意而張，忽如湧出，故以為名云。（《四庫全書總目》卷一百二十八「子部三十八・雜家類存目五」）

【湧幢說】猶之乎寓也，而性好動，動則東西南北無不之矣。動而迂僻，無所諧。顧好寂，寂則煙霞泉石無不守矣。寂而冥心未透，縣解實難。計必有

所寄，寄則形影神情無不適矣。撫孤松而結廬，尋雲水而泛宅，皆所寄焉，以適其適，是未易言也。惟鳥有巢，山居者亦曰巢，巢斯足矣，何言乎幢？幢與巢，不相蒙也，而偶然象之，因以為號。此非佛氏之說而朱氏之說也。蓋求其所謂結與泛者皆不可得，則姑以意起焉。拆木為亭，亭有角。角之面六，面之窗四。銳之若削，覆之若束，墊之若盤，納涼則隨風，映目則測景。收勝則依山，依水，依竹樹，各因其便。可卷可舒，可高可下，擇便而張，出沒隱見。如地斯湧，俄然無跡。或曰幔亭，或曰雲峰，或曰海市樓臺，惟所命之，而有人焉。匡坐其中，不自量力。整齊一切，並取殘牘，綴而補焉。非經史，非禪玄，亦非諧稗。用炙我口，以為異珍也。而皁田所不食，以為殘瀋也。而邠廚所未羅，蓋亦古者遊戲之意焉，而品斯下矣。夫廢退者以逃虛為上，忘機次之，晦跡又次之，斯之未能，為怨尤，為誇誕。大方所笑，故寓之乎幢。幢不可著也，則曰湧。湧不可幻也，實之以品。品有大，非吾事也。又有奇，非吾辨也。合奇與大，前人為之，非吾敢也。姑捨是，蟬鳴於高秋，菌發於積腐。然乎自然，成其為湧而已矣。己未年八月，題於黃洋墩之品水齋。

【湧幢小品】朱國禎《湧幢小品》三十二卷，好談掌故，品題人物，不為刻深之論，蓋明季說部之佳者。至於援引古書，多有差誤。如張彪稱其妻為「鄉里」，見《南史》，而誤以為楊彪。王文公父名益，而誤以為蓋。「止謗莫如自修」，魏司空王昶語，見《三國志》，而誤以為《文中子》。宋置顯謨閣藏神宗御集，寶謨閣藏光宗御集，見《宋史·職官志》，而誤認寶謨為神宗閣名。（下略）（錢大昕《十駕齋養新錄》卷十四）

【講讀】太祖最好學，海內宿儒徵聘殆盡。臨朝，侍左右，每事諮訪，退即與之講解，甚至互為辨難。又設大本堂教皇太子，其諸王、諸王孫皆親加督課，且日與諸儒相上下。故太宗、仁宗皆優於文事，而建文尤為瞻敏。太宗又推此意教皇太孫，命姚廣孝等講讀華蓋殿，故宣宗詩文妙絕今古，而繪事尤精。雖聖神天縱，要之，預教之功不可少也。英宗即位之元年，少傅楊士奇等請開經筵，時年方十歲，行禮甚肅，歷代因之，定以初二、十二、廿二，而尤勤於日講。至武宗時，始不免作輟。世宗勵精於先，倦勤於後。神宗初立，張太嶽亦盡抖擻從事。後御朝日稀，不復舉行，雖日講進稿不廢。要之，皆成故事故紙矣。（《湧幢小品》卷一）

【實錄】臣禎於友人處借得各朝實錄，恭頌至高皇帝初克集慶路，即改為應天府矣。以後宜書京師，或曰都下，不則當稱應天，乃每每著建康字面，

似是文章家改字用古法。又曰珥生暈，或背氣一道，多書曰「日上」。夫「日下」、「日中」、「日左右」，自是可見、可書。日之上，人何得著眼。想因欽天監原奏錄之，不加訂改。實錄成，擇日進呈，焚稿於芭蕉園。園在太液池東，崇臺復殿，古木珍石，參錯其間，又有小山曲水，則焚之處也。實錄之名起於唐。國朝平元都，即輦十三朝實錄至京，修之至再。《太祖實錄》修於建文，又再修於永樂。並歷朝所修者，藏之金櫃石室，最為秘密。申文定當國，命諸學士校讐，始於館中謄出，攜歸私第，轉相抄錄，遍及臺省。若部屬之有力者，蓋不啻家藏戶守矣。聞新安有余侍郎懋學、范太常曦陽節略自為一家，太常不知何如。嘗見余侍郎世穆兩廟，甚有體裁，然於《吾學》《憲章》諸書及家乘、別集尚未暇及，王弇州似得兼而提摘碎散。覽者可喜可愕，總又望洋。陳文端請修正史，分各志二十八，務於詳備，一志多至四五十萬餘言。未幾，文端薨，各志草草了事。丁酉擬修列傳，會三殿災，奏停，蓋六月十九日也。時余入史館方三日，又十日病發，凡三月，僅得不死，而館中無復有談及者。蓋余之無緣如此，有愧其名甚矣。（《湧幢小品》卷二）

【永樂大典】此書乃文皇命儒臣解縉等粹秘閣書分韻類載，以便檢考，賜名《文獻大成》。復以未備，命姚廣孝等再修。供事編輯者凡三千餘人，二萬二千九百三十七卷，一萬一千九十本，目錄九百本，貯之文樓。世廟甚愛之，凡有疑，按韻索覽。三殿災，命左右趣登文樓出之，夜中傳諭三四次，遂得不毀。又明年，重錄一部，貯他所。（《湧幢小品》卷二）

【秘書】中秘書在文淵之署，約二萬餘部，近百萬卷，刻本十三，抄本十七。入直者，辰入未出。凡五楹，中一楹當梁拱間豎一金龍柱，宣廟嘗幸其地，與閣臣繙諮詢問，故置示史臣不得中立設座云。然臨幸益稀，至今絕響。其書乃秦漢至寶。屢購所積，不得移出。今不知何如。聞往往有私竊而出者，此係神廟初年沈晴峰太史所記。乃弘治五年大學士丘濬上言：「我太祖高皇帝肇造之初，庶務草創，日不暇給，首求遺書於至正丙午之秋。考是時猶未登寶位也。既平元都，得其館閣秘藏，而又廣購於民間，沒入於罪籍。一時儲積，不減前代。然藏蓄數多，不無亂雜。積歷年久，不無鼠蠹。經該人眾，不無散失。今內閣儲書有匱，書目有簿，皆可查考。乞敕內閣大學士等計議，量委學士並講讀以下官數員，督同典籍等官。撥與吏典班匠人等，逐廚開將書目一一比校，或有或無，或全或缺，所欠或多或少。分為經、史、子、集四類，及雜、類書二類。每類若干部，部若干卷，各類總數共若干，要見實在的

數，明白開具奏報。又以木刻考校年月，委官名銜為記，識於每卷之末，立為案卷，永遠存照。竊惟天下之物，雖奇珍異寶，既失之皆可復得，惟經籍在天地間，為生人之元氣，紀往古而示來今，不可一日無者。無之則生人貿貿然如在冥途中行已。其所關係豈小小哉？民庶之家，遷徙不常，好尚不一，既不能有所廣儲，雖儲之亦不能久。所賴石渠延閣之中，積聚之多，收藏之密，扃鑰之固，類聚者有掌故之官，闕略者有繕寫之吏，損壞者有修補之工，散失者有購訪之令，然後不至於湮瀾散失爾。前代藏書之多，有至三十七萬卷者。今內閣所藏，不能什一。數十年來，在內者未聞考校，在外者未聞購求。臣恐數十年之後，日漸消耗失，今不為整治，將有後時無及之悔。伏望體聖詔求遺書之心，任萬世斯文在茲之責，毋使後世志藝文者以書籍散失之咎歸焉，不勝千萬世儒道之幸。」（《湧幢小品》卷二）

【子畏真心】唐子畏長於文衡山，自請北面隅坐。其書云：「非面伏，乃心服也。項橐七歲為孔子師，子路長孔子十歲。詩與畫，寅得與微仲爭衡；至其學行，寅將北面而走矣。寅長於微仲十閱月，願例孔子，以微仲為師，求一俯首，以消鎔渣滓之心，非徼徼為異，亦使後生小子欽仰前輩之規矩豐度。微仲不可辭也。」袁郎中歎曰：「真心真話。誰謂子畏徒狂哉！」（《湧幢小品》卷四）

【堂】堂名多矣，惟彰德府有密作堂，最奇。在華林園，堂周圍二十四架，以大船浮之於水，為激輪於堂，層層各異。下層刻木為七人，相對列坐，一人彈琵琶，一人擊胡鼓，一人彈箜篌，一人搊箏，一人振銅鈸，一人拍板，一人弄盤，並衣之以錦繡，其節會進退俯仰莫不中規。中層作佛堂三間，佛事精麗。又作木僧七人，各長三尺，衣以繒綵。堂西南角，一僧手執香盒；東南角，一僧手執香爐而立。餘五僧繞佛左轉行道。每至西南角，則執香盒僧以手拈香授行道僧。僧舒手受香，復行至東南角，則執香爐僧舒手授香於行道僧，僧乃舒手置香於爐中，遂至佛前作禮。禮畢，整衣而行，周而復始，與人無異。上層亦作佛堂，傍立菩薩及侍衛力士。佛坐帳上刻作飛仙，循環右轉；又刻畫紫雲飛騰，相映左轉。往來交錯，終日不絕。並黃門侍郎博陵崔士順所製，奇巧機妙，自古未有。（《湧幢小品》卷四）

【宗人入學】近日宗室甚多，祿米日減。自將軍而下，有文學者，得應試為秀才，一時趨者頗眾。士子為詩嘲曰：「願將紗帽換儒巾，解帶絲條穩稱身。老爺博得相公叫，娘娘重結秀才親。」一王子口占報云：「紗帽儒巾氣類

同，繫絛脫帶掛玲瓏。娘娘原抱老爺睡，喜得天潢有相公。」聞者皆絕倒。（《湧幢小品》卷五）

【恥誌文】張嘉孚，渭南人，嘉靖丁未進士，歷官副使，有清名。將卒，謂子孫曰：「世人生但識幾字，死即有一部遺文。生但餘幾錢，死即有一片誌文。吾恥之。否德不足辱明公筆，自題姓名、官位、家世、歲月紀諸石爾。蓋先達有行之者，子孫必遵吾言。不則，為不孝。」所著述率焚草，草任散佚，戒勿收，故無得而稱焉。致仕家居，終日不去書。晚好《易》，事多先覺，秘不語人。常曰：「不須名位，不用身後之譽。袁緩是吾師也。」署其庭曰：「四十餘年策名，卻悔紅塵浪度。七旬暮齒學《易》，幾能黃髮無愆。」年七十九卒。子袞，舉人。孫國縉，進士。（《湧幢小品》卷五）

【誌墓無愧】楊慈湖之父廷顯，字時發。少時嘗自視無過，視人有過。一日忽自念曰：「豈其人有過而吾獨無過乎？」於是自省。即得一過，旋又得二三。已而紛然，乃大恐懼。痛懲力改，或至泣下。象山陸九淵為之墓碣，嘗曰：「誌墓非古，而銘多溢辭，惟於公無愧云。」（《湧幢小品》卷六）

【制科盛際】永嘉、江陵兩相公最得君，最強悍，其可恨處不少，卻有一件最得意處。永嘉典嘉靖己丑試，會元唐荊州順之、狀元羅念庵洪先。江陵典隆慶辛未試，會元鄧定宇以贊、狀元張陽和元忭。四人者，何處得來？且同道同心事座主，不阿附，亦不抗忤，最為得體。若天生此人，以應二相之求，而二相之目力亦加人數等矣。成化丙戌，會元章楓山懋、狀元羅一峰倫，人品最高，冠絕前後。其爵位之崇，名實之相稱，莫如成化乙未，會元為王文恪鏊、狀元謝文正遷，可謂盛矣。然比其柄用，厄於姦臣，不久而去，文正又多晚年一出。後則嘉靖之壬戌，為會元王文肅錫爵、狀元申文定時行，相繼為首揆，更勝於前，而因循否隔，不得盡行其志。文肅至以哭子並命，自來全盛之事，似亦若造化所忌也。（《湧幢小品》卷七）

【四喜添字】相傳有《四喜詩》曰：「久旱逢甘雨，他鄉遇故知。洞房花燭夜，金榜掛名時。」隆慶戊辰科，有以教官登第館選者，吾師山陰王對南師相戲曰：「四喜祇五言，未足為喜，當添二。」曰：「十年久旱逢甘雨，萬里他鄉遇故知。和尚洞房花燭夜。」某公大笑曰：「莫說，莫說，是教官金榜掛名時了。」聞者絕倒。壬辰科，閩翁青陽正春，以教官登第，賜第一甲第一名。余同館黃平倩戲曰：「四喜七言猶未了當，當於後再添三字。」眾問之。曰：「第一句添曰帶珠子，二曰舊可兒，三曰選駙馬，四曰中狀元。」翁聞亦解

頤。(《湧幢小品》卷二十二)

【謔詩】郁勳弱冠為華容令，素戲謔，作詩曰：「華容知縣是區區，三甲多因不讀書。縣丞主簿皆僚友，通判同知總上司。忙裏無心吞冷飯，閒中有口嚼乾魚。前世業緣今世苦，華容知縣是區區。」吳明卿二子皆肥而矬，又皆饒才致，喜譚謔，常往謁汪伯玉。辭歸，索贈言。汪知其好詼諧也，乃口占云：「泰伯由來有後昆，身如泥塑面如盆。喘月一雙洇水犢，拜風兩個壯江豚。並肩盡教填深巷，獨立還堪塞大門。」其弟自謂稍清於兄，乃啟汪云：「小任不似家兄太胖，老伯何不少分別。」汪即應聲云：「我正無結句，只以兄此念足之——懸知嬝那無君分，不必爭長踮腳跟。」(《湧幢小品》卷二十二)

皇明世說新語八卷附釋名一卷　　（明）李紹文撰

李紹文，字節之，華亭（今上海松江）人。祖父李日章（1497～1563），字尚絅，號海樓，嘉靖二年進士，官襄陽知府。父李豫亨，博覽群書，著書滿屋，事蹟見本書「推篷寤語」條。紹文未得一第，未能光大門楣，然潛心閉門讀書，萬曆、天啟間著書不輟。著有《雲間著述考》《雲間人物志》《雲間雜識》《藝林累百》等。《中國文學家大辭典・明代卷》有華亭李紹箕，萬曆間刊行《彭澤草》一卷，與紹文或為兄弟，存疑待考。今考，《松江府志》卷八十二《拾遺志・古今人傳拾遺》：「林太僕景暘，為人敦愨，有德於鄉，雅負人倫鑒，而喜獎後進。延文士與子有麟為同學，每舉社，必晨起滌，凡席設紙墨，既就坐，供客具，必親閱幾三，命題期以酉刻畢，既畢，則引大觥酌客，款坐密語，皆稱引古賢往事相慰勉，深夜無倦容。與其社者：張宗伯鼐、鄭憲副棟、杜方伯喬林、杜駕部士基、姜中翰雲龍、錢比部大忠，不得第者惟李紹文一人。」林景暘（1530～1604），字紹熙，號宏齋，隆慶二年中進士，官南京太僕寺卿。晚年歸鄉，提攜後進，造福一方。張鼐（1572～1630年），字世調，號侗初，張鏊的五世從孫，萬曆三十二年（1604年）甲辰科進士，官司業，天下推為正人。杜喬林，字君遷，號梅梁，萬曆四十四年（1616）進士，官湖州知府。姜雲龍（1575～？），字神超，萬曆二十五年（1597）舉應天鄉試。紹文應與張鼐等人年齡相仿，大約十六世紀七十年代出生，卒年不詳。紹文考場失意，然發憤著書，失之桑榆，收之東隅，巋然而為晚明松江文獻之鉅擘。

此書仿劉義慶《世說新語》，其三十六門亦仍其舊。書凡八卷，凡三十六類。所載明一代佚事瑣語，迄於嘉隆。前有《釋名》一則，詳列書中諸人名字、諡號、爵里，亦頗多舛互。書中所記，皆嘉言懿行。如「德行」記胡居仁之安貧樂道，或為之慮，則曰：「以仁義潤身，以牙籤潤屋，足矣。」「言語」記王陽明「中會試，同舍有以不第為恥者，陽明慰之曰：『世以不得第為恥，吾以不得第動心為恥。』」「文學」記歐陽玄評宋濂文章曰：「氣韻沉雄，如淮陰出師，百戰百勝，志不少懾；神思飄逸，如列子御風，翩然騫舉，不沾塵土；辭調爾雅，如殷彝周鼎，龍文漫滅，古意獨存；態度多變，如晴霽終南，眾巒前陳，應接不暇。」又記曹端「日事著述，座下足著兩磚處皆穿。」「品藻」記彭澤語：「我朝一代，文明之盛、經濟之學，莫盛於劉誠意、宋潛溪，至道學之傳，斷自澠池曹月川始。」「豪爽」記李思齋語：「丈夫喜則清風朗月，跳躍歌舞；怒則迅雷呼風，鼓浪崩沙，如三軍萬馬，聲沸數里，安得閉眼愁眉，作婦人女子賤態。」「輕詆」謂「理學家文字，往往剿襲語錄，鋪敘成文，乃語人曰：『吾文如菽粟布帛。』楊升庵笑曰：『菽粟則誠菽粟，但恐陳陳相因，紅腐不可食耳。』」

陸從平序稱其慕《世說新語》一書，而惜其拘於古昔，不及今時，每於耳目所逮，凡名公巨卿嘉言懿行，或方外弔詭之談，荒迻瑰倜之跡，可以觀風考德，哀思大畜者，有見必劄，有聞必書，分門比類，而人蘗其里，事求其真，則皆取諸昭代，命曰《皇明世說新語》，蓋積勤十餘年而書成云。王圻序亦稱或窮探性奧，或援引道真，而又皆取必於熙朝碩彥之齒牙餘論，一切說怪談妖、恍誕滇淬之語，悉置勿錄，既非掠美於異代，無用擷英於非族云云。〔註508〕

此書有寶曆四年（1754）貫器堂刻本、日本明和八年（1771）皇都書肆菊屋喜兵衛刻本、朝鮮高宗九年（1872）刻本。此本據中國科學院圖書館藏明萬曆刻本影印。

【附錄】

【四庫提要】《明世說新語》八卷（兩江總督採進本），明李紹文撰。紹文有《藝林累百》，已著錄。是書全仿宋劉義慶《世說新語》，其三十六門亦仍

〔註508〕 王圻：《王侍御類稿》卷四。按：王圻（1530～1615），字元翰，號洪洲，
　　　　　著有《三才圖會》《續文獻通考》。他是李紹文的父輩，可能與李家有世交。

其舊。所載明一代佚事瑣語，迄於嘉、隆，蓋萬曆中作也。前有《釋名》一則，詳列書中諸人名字、諡號、爵里。陸從平序謂紹文近以文學受知於熊劍化，劍化復為鼇其謬誤。然今書「方正門」以文徵明論先人世誼語屬之對上相楊公，品藻門以王畿貪嗔癡救戒定慧語屬之對陸樹聲，皆與他說部不合，是傳聞異詞，未能盡確。又以楊士奇為東楊，楊榮為西楊，其《釋名》亦頗多舛互云。(《四庫全書總目》卷一百四十三「子部五十三·小說家類存目一」)

【四庫提要】《藝林累百》八卷(浙江吳玉墀家藏本)，明李紹文撰。紹文字節之，華亭人。是編成於天啟癸亥。因《小學紺珠》而變其體例，摭拾故實，不分門類，不詳出處，但以數目為標題，自一至百，故名曰「累百」。大抵餖飣疏舛，不足以資考證也。(《四庫全書總目》卷一百三十八「子部四十八·類書類存目二」)

【華亭藝文志】《明世說新語》八卷，李紹文著。並郭《府志》《四庫全書》存目。《婁志》云：紹文諸書皆係吾郡文獻。同時許樂善、王圻諸公捐貲付梓，而《明世說》有司為之梓行，尤藝林佳話也。(《重修華亭縣志》卷二十)

戒庵老人漫筆八卷　(明)李詡撰

李詡(1505～1593)，字厚德，號戒庵老人，常州府江陰人。少為諸生，性耽文史，研習理學，坎坷不遇，久試不售，遂棄舉業，居家讀書著述。所作《世德堂吟稿》《名山大川記》《心學摘要》諸書，皆已亡佚。為人主真率，家創真率窩，於此可窺其性情。生平事蹟見《(道光)江陰縣志》卷十七。

此書又稱《戒庵漫筆》，為其孫如一刊行，皆所記聞見雜說。其書多記典章制度。戒庵自稱：「凡片紙隻字關典故者，斷不可輕棄。」(語見卷一「半印勘闇戶帖」條)如詳記明代戶帖，今人魏連科稱，此與洪武戶帖原件相校，絲毫不爽。又多考文獻古籍。如辨《天祿閣外史》乃崑山王逢年所詭託，辨《神光經》為術家妄作之書。又辨贗譜曰：「今人家買得贗譜，便詫曰：『我亦華冑也。』最是可笑。此事起於袁鉉，鉉以積學多藏書，貧不能自養，業此以驚愚賈利耳。」辨《博物志》曰：「張華《博物志》，世止十卷，事多雜出諸書，或本書久失，後人掇拾為之耳。又云原四百卷，武帝俾刪其繁，存此亦不應倍去若是之懸絕也。」又多記遺聞軼事。如卷二詳記嚴大理

遺事，文近二千言，然《明史・嚴本傳》不過寥寥數語。又多記前輩名言。如記崔公銑語：「碑誌盛而史贋矣，唐詩興而教亡矣，啟札具而友濫矣，表箋諛而君志驕矣，制誥儷而臣報輕矣，賄幣流而贄禮失矣，舉業專而經學淺矣，登第易而全才蔑矣。」記東坡語：「天下之事，成於大度之士，而敗於寒陋之小人。」記某前輩（按：即魏校）語：「地氣高寒，便不生物，和暖便生物。秋氣嚴凝，便有一般清高氣象，固亦自好，終是肅殺。人常存得溫和惻怛之意，便自然可愛。」記鄭尚書淡泉公訓子語：「膽欲大，心欲小，志欲圓，行欲方。大志非才不就，大才非學不成。」記張文饒語：「處心不可著，著則偏；作事不可盡，盡則窮。先天之學止是此二語，天之道也。」然書中間有考之未審處，如云：「余少時學舉子業，並無刻本窗稿。有書賈在利考，朋友家往來，抄得燈窗下課數十篇，每篇謄寫二三十紙，到余家塾，揀其幾篇，每篇酬錢或二文或三文。憶荊川中會元，其稿亦是無錫門人蔡瀛與一姻家同刻。方山中會魁，其三試卷，余為慫恿其常熟門人錢夢王以東湖書院活板印行，未聞有坊間板。今滿目皆坊刻矣，亦世風華實之一驗也。」顧炎武《日知錄》卷十六辨之曰：「弘治六年會試同考官靳文僖批已有『自板刻時文行，學者往往記誦，鮮以講究為事』之語，則彼時已有刻文，但不多耳。」《日知錄》卷十九「作文潤筆」條、卷二十八「對襟衣」條皆有所徵引。

《四庫全書總目》稱其間多志朝野典故及詩文瑣語，而敘次煩猥，短於持擇，於凡諧謔鄙俗之事，兼收並載，乃流於小說家言。周中孚稱其記錄既為繁蕪，而目錄於每條標目，頗近小說家言，然其精確者，正訛謬而資博識，故後來諸家頗見徵引云。〔註509〕盛宣懷光緒二十三年（1897）跋稱此書辨《天祿閣外史》之偽，辨《容齋隨筆》之誤，辨《元史》速不臺、雪不臺，完者那、完者拔都二傳為一人，辨《唐詩鼓吹》誤收宋胡宿文恭詩，友倪雲林與張藻仲第二柬《清閟閣集》未收，記茅山顏魯公四面碑、張從申三絕碑，可見明萬曆時尚完整。記嘉靖間江陰出唐大中、宋德祐兩墓誌，皆足以資考證云云。若僅從考據立論，未免稍偏。

此書有萬曆二十年刊本、清順治年間重刻時有所補充。光緒間刊《常州先哲遺書》本較為通行。此本據上海辭書出版社圖書館藏明萬曆二十年刻本影印。

〔註509〕周中孚：《鄭堂讀書記補逸》卷二十五。

【附錄】

【李如一《戒庵漫筆序》】先大父戒庵翁歷世八十有八，年少游郡校，七試場屋，繼就南雍，一謁選曹，旋棄不赴。日以典籍自娛，即舊師友有當途者，絕不與通。聞承下訊勤渠，亦往往避卻，遇賢有司勸駕，第九頓致謝而已。惟塵外隱淪，清言斐亹，辨古今，譚稼圃，其人也者，對之，則聽，然而笑，不厭也。蚤歲課業必紀，已稍稍旁及奇聞異見，晚乃紀歲月陰晴、里閈人事。每於披閱所得，目前所傳，感愴所至，無論篇章繁簡，意合興到，隨筆簡端。自署曰《戒庵老人漫筆》，積成數冊，投諸篋中。癸巳歲夏五，不幸背棄，越明年逾小祥，父理故篋，得《世德堂吟稿》四冊、《名山大川記》八冊、《心學摘要》一冊，獨所謂《漫筆》者擲久蠹食，頗致損缺。父呼一曰：「此汝大父手澤，小子其補綴而什襲之。」逮十有七日，陰雨中抽冊翻視，彷彿音容，不覺泫然。見其中條列，上搜國家之逸載，下收鄉邑之闕聞，參訂往籍，糾核時事，凡可裨於日用兼有資於解頤者，多匯萃焉。先大父原無意著述，故僅僅雜出互見，於日課、陰晴、人事之閒，追曩家塾緒論，耳之所習，尚倍於此，蓋特千百之什一耳。況又裒於蠹餘者乎！然嘗臠知鼎，不嫌其寡，眾口相似，當有嗜者。一因檢括要領，略為品目，標於卷首，是又三月初十鐙下昉也。嗟嗟！惟躬涉久，故四朝之睹記若一瞬；惟腹儲廣，故百家之指示如一轍。始於蔓衍，終極要玄，閟為家珍，幽懷誰賞？爰命小史，分手謄出，將公藝林。緣不獲同志揚榷，因循三載，輒發輒止。今年秋，幸起濂周先生謙光慨然任校勘之勞，計帙折衷，釐為八卷，遂告成編。前後一遵原筆，不敢稍有更置竄入，茲直識其顛末云爾。時在萬曆丁酉歲仲秋乙酉日，家孫如一百拜謹識。

【王稚登《戒庵老人漫筆序》】利城蓋有李先生云，先生名翊，字厚德，有道君子也，號戒庵老人。名所著書曰《漫筆》。漫筆者，不以品列，不以類分，不以甲乙次第為先後，隨事輒紀，隨紀輒書，故云漫。其書浩汗縱橫，閶闔變幻，鴻纖幽顯，靡所不有，不獨成一家之言，且也該眾作之奧，此之為書沈沈者哉！蓋不博古者，不曙千秋；不通今者，不鏡當代；不語大，隘而不廣；不語細，疏而弗當。不明經，不窮列聖淵源；不閱史，不識古今治亂；不譚詞賦，風雅道衰；不探名理，精微統絕。不該覽，不淹通；不搜羅，不閎肆；不論俗，不知萬姓之隱；不述怪，不窺六合之外；不詼諧，不玩世；不神仙，不消搖；不表忠貞，人倫不顯；不載凶俠，檮杌遁藏。故皇、農、羲、昊

以博古、廟謨、野乘以通今，四方上下以語大，男女居室以語細。詩、書、禮、樂以明經，累朝、歷國以閱史，雕龍、纂組而談詞賦，道德、性命而探名理。丘墳、汲冢、醫卜、農圃而該覽，天人、王霸、窮髮、鬼夷而搜羅，街談、市諺、風土、歲時而語俗，牛鬼蛇神、豕立、石言而述怪，射覆、滑稽、談言微中而詼諧，飲食沖舉、驂鸞馭鶴而神仙，皎日秋霜、糜軀碎骨而表忠貞，隱慝暴行惡貫幽明而載凶俠。斯非所謂可喜、可愕、可憤、可悲，嬉笑怒罵，皆成文章者耶！足以代董狐之筆，應所忠之求矣。馬遷採七十二家言而成《史記》，異時天子開石渠、虎觀，詔諸儒撰一代正史，是編寧能舍游？先生少游郡學，試必高等，七應都試悉報罷。晚入南雍，一謁選人即棄去，舊知居要津者，絕不交通。或欲式廬，亦避匿。有司往往勸駕，稽顙稱主臣而已。踐更租庸，先期而辦，曰：「我寧往役，不往見也。」歷年八十八始卒，故自名老人。嗟乎，奈何不獲齒於國老、庶老之列，袒割獻酬，授幾與杖，以贊休明至理，乃終老田間，汶汶而沒，此非有司之過與！屬余序者，諸孫如一，昔名鶚翀，今以字行，亦有文能繩祖武者也。太原王稚登撰。

　　【錢裔美《戒庵漫筆跋》】美幼時嘗侍先外大父近復公側，見其著述累千萬言，合古今藏書，迭窗堆置，不見天日。乙酉，以土兵之亂，書倉灰燼，令人撫髀增慨。今春，中表弟汝集出友人處所獲故家藏《漫筆》示余，特復梓之，以永不朽。梓成，汝集且喜且泣，顧謂余曰：「吾家藏書盡廢，手澤幸於是存焉。」余乃喟然曰：「信乎人以文傳，而文之傳又賴於賢子孫也。」昔外大父以是編付梓人，實揚先烈，今其生平著述與藏書俱散而不可復覓。是編為戒庵公所著，而校訂記跋實出外大父，兩世手澤，凜凜若新。斯舉也，溫公獨樂園眼前可得，何必先投束脩羊哉！不但戒庵公藉以不朽，而外大父亦可少慰矣。千百世後，讀其書彷彿其音容者，不知屬誰氏也。時順治五年戊子九月九日，海虞外孫錢裔美百拜謹識。

　　【李成之《重刻漫筆跋》】先高祖戒庵公篤學力行，少補博士，晚遊成均。每究心時務，精研理學，綜覈經史，馳騁百家，一一親為刪訂，參以心得，而匯為崇帙，皆其壯時事也。晚年更博極群書，凡耳目聞記，輒捉筆識之，不分古今，不別事類，久而成編，題曰《老人漫筆》。先大父近復公刊之《藏說小萃》中，盛行於世久矣。嗚呼！余高祖之著述可云繁富，悉朽蠹於敝簏中，而僅留遺跡於此，亦何異泰山片石、滄海勺波乎哉！竊念余高祖攻苦畢生，不獲食報，逮至忠毅公始以文章氣節顯，何公之見知於世者小而

天之報公若是其遲耶？先大父近復公雅志刪述，雖困於膠序，而得失不以介懷，凡諸懸之國門、藏之名山者，靡不殫力羅致，即鄉邦文獻與夫古刻法書、斷碑遺碣，有一字係先代者，皆搜羅，恐後至。吳越藏書家不遠千百里求之，一時賈人射利者亦奔集如鶩。自輯有《友鄉錄》《禮記輯正》等書，因卷帙浩繁，未遑付之梨棗，所作文章詩賦亦如之。不意乙酉秋，里中乘易代之變，盜賊四起，烽煙滿目，余兄與侄盡遭慘禍，而數世藏書悉歸烏有。嗚呼，其積之也窮一生之力，歷數傳之久，祖孫相繼而不足，其散也則委之泥沙，鬻之坊市，或歸他人之几案，而余竟無從購其隻字遺篇，豈不痛哉！夫子孫不能讀祖父之書，甚至祖父所纘述者亦一朝而散失，其何顏以立於世耶？近於友人家得覯《藏說小萃》，悲喜交集，捧而讀之，如接高祖大父之音容，奚但手澤是存已也。亟取錄之，恨絀於力，不能悉梓，先將《漫筆》重鐫，以垂永久，庶高祖晚年輯綴不至湮滅無聞乎！卷中附識一二，仍補祖筆之所未備，非敢妄有裒益也。得月樓書雖盡亡，其書目幸存於家季，將俟刻之，聊誌先大父彙集之苦心云。玄孫成之百拜識。

【盛宣懷《戒庵漫筆跋》】右《戒庵漫筆》八卷，明李詡撰。詡字厚德，江陰人，諸生，坎坷不遇，年八十餘而卒。厚德蚤歲課業必記，旁及奇聞異見，晚乃記歲月陰晴、里閈人事。每於披閱所得，目前所傳，無論篇章繁簡，隨筆簡端，自署曰《戒庵老人漫筆》，積成數冊。萬曆丁酉，其孫如一為之刊行，附《藏說小萃》之後，王百穀序之。國朝順治五年，玄孫成之又刊於世德堂，今刊本亦寥寥矣。是書雜志朝野掌故詩文瑣語，時近小說家，誠不免《提要》所譏。然如《提要》所舉各條外，如辨《天祿閣外史》之偽，辨《容齋隨筆》之誤，辨《元史》速不臺、雪不臺，完者都、完者拔都二傳為一人，辨《唐詩鼓吹》誤收宋胡文恭詩，又倪雲林與張藻仲第二柬《清閟閣集》未收，記茅山顏魯公四面碑、張從申三絕碑，可見明萬曆時尚完整。記嘉靖間江陰出唐大中、宋德祐兩墓誌，皆足以資考證。惟《鐵椎銘》以為宋翰林學士王文炳作，此銘頌王著擊阿合馬事，事在至元十九年，而以為宋學士，則誤矣。光緒丁酉上巳日，武進盛宣懷跋。

【四庫提要】《戒庵漫筆》八卷（浙江鮑士恭家藏本），明李詡撰。詡字厚德，江陰人。少為諸生。坎坷不第，年八十餘而卒。所作《世德堂吟稿》《名山大川記》諸書，皆已亡佚，惟是編為其孫如一刊行，皆所記聞見雜說。詡自號戒庵老人，因以為名。書中稱世宗為今上，而又載有萬曆初事，蓋隨時綴

錄，積久成編，非一時所撰集，故前後不免於駁文也。其間多志朝野典故及詩文瑣語，而敘次煩猥，短於持擇，於凡諧謔鄙俗之事兼收並載，乃流於小說家言。惟記蘇軾、黃庭堅真蹟詩句可補本集之亡佚，記劉基畫《蜀川圖》可證《圖繪寶鑑》之闕漏。又如論《孟子》古本同異，則較王士禎《池北偶談》所摘為詳。又據《三水小牘》以證洪邁《夷堅志》之蹈襲，辨《兩山墨談》所稱蘇軾有妹嫁秦觀之誕妄諸條，為沙中金屑耳。

【藝文志提要】《戒庵漫筆》八卷，李詡字原德撰。存《藏說小萃》本、康熙世德堂本、《先哲遺書》本。王稚登序：「利城蓋有李先生云……嬉笑怒罵皆成文章者耶？」（《江陰縣續志》卷十九）

【論存經議經】三皇之書，伏羲有《易》，神農有《本草》，黃帝有《素問》。《易》以卜筮存，《本草》《素問》以方技存，其天乎？新安王晦叔云：「《大戴記》之《夏小正》，《管子》之《弟子職》，《孔叢子》之《小爾雅》，古書之存者，三子之力也。」濬儀王伯厚云：「陸務觀曰，唐及國初學者，不敢議孔安國、鄭康成，況聖人乎？自慶曆後，諸儒發明經旨，非前人所及，然排《繫辭》，毀《周禮》，疑《孟子》，譏《書》之《胤征》《顧命》，黜《詩》之《序》，不難於議經，況傳注乎？」（《戒庵漫筆》卷一）

【文士潤筆】嘉定沈練塘齡閒論文士無不重財者，常熟桑思玄曾有人求文，託以親昵，無潤筆。思玄謂曰：「平生未嘗白作文字，最敗興，你可暫將銀一錠四五兩置吾前，發興後待作完，仍還汝可也。」唐子畏曾在孫思和家有一鉅本，錄記所作，簿面題二字曰利市。都南濠至不苟取。嘗有疾，以帕裹頭強起，人請其休息者，答曰：「若不如此，則無人來求文字矣。」馬懷德言，曾為人求文字於祝枝山，問曰：「是見精神否？」〔註510〕曰：「然。」又曰：「吾不與他計較，清物也好。」問何清物，則曰：「青羊絨罷。」（《戒庵漫筆》卷一）

【辨奸論·族譜亭記】蘇老泉《辨奸論》《族譜亭記》，葉石林《避暑錄話》、周公謹《齊東野語》二書中載當時作二文之情實，余錄之，為索隱者助焉。葉云：「蘇明允本好言兵，見元昊叛西方，用事久無功，天下事有當改作，因挾其所著書，嘉祐初來京師，一時推其文章。王荊公為知制誥，方談經術，獨不喜之，屢詆於眾，以故明允惡荊公甚於仇讎。會張安道亦為荊公所排，

〔註510〕原注：俗以取人錢為精神。

二人素相善，明允作《辨奸》一篇，密獻安道，以荊公比王衍、盧杞，而不以示歐文忠。荊公後微聞之，因不樂子瞻兄弟，兩家之隙遂不可解。《辨奸》久不出，元豐間子由從安道辟南京，請為明允墓表，特全載之，蘇氏亦不入石，比年稍傳於世。荊公性固簡率不緣飾，然而謂之食狗彘之食、囚首喪面者，亦不至是也。」（《戒庵漫筆》卷一）

【在官有族犯皆去職】邑訓導張用齋庸《送知縣饒公免官還鄉序》云：「洪武九年秋八月，有司欽奉詔條，凡在官者，其族屬有麗於法，聽其解職還鄉里。江陰令饒公玄德，其族屬適於法有相值者，於是得白於有司，去歸其鄉邑。」余觀《用齋漫稿》，摘此段以見國初之法云。在今則官勢重而民命輕矣。（《戒庵漫筆》卷一）

【己未歲荒】嘉靖三十八年己未，旱荒異常，余鄉有具呈於縣者，其呈模寫民艱，可謂曲盡，摘而存之，俾他日為居安思危之助云。「某等住居去城百里之外，絕不通潮，離水一丈有餘，最稱高阜。自夏初而不雨，三時之望已孤，入秋來尚愆晹，千里之跡如掃，鳩語不聞於澤畔，龜文盡見於田中。上以求之於天，而禱雨不應，下以求之於地，而掘井無泉。腹內者盡被拋荒，野無青草，沿河者雖經插蒔，田起黃埃。一粒雖秀，而無水以浸其根，終為空合，三眼俱齊，而無日以待其長，縱雨無收。晚蒔者，以根老而尚青，名雖稻而實則草也。早耘者，以根嫩而先死，豈非穀之不如稗乎？間有豆苗幾丘，復遇昆蟲為變，大者先食其葉，名為茛牛，小者繼食其花，呼為茛虱。目下雖云未槁，秋來總是無成。某切念民遭倭亂之餘，室如懸罄，今若遇饑荒之變，命若倒懸。壯者則趁工於水鄉，圖升合之粟而積勞以死，老弱則枵腹於戶內，無瓶罍之積而待哺以亡。魚鱉則盡於河中，雞犬則空於閭里。水路絕而客商不至，生路難尋；人心變而移兌不通，盜心頓起。或十日方成一布，晨出而見奪於強暴之徒；或廿錢糴得一升，夜歸而不到於妻孥之口。黑夜則穿窬接跡，白晝而搶奪成群。大兵之後而遇凶年，民有七亡而無一得；飢饉之餘而遭盜賊，民有三死而無一生。況二麥罄於車舟之餘，種子誰能復辦？衣服盡於典賣之後，祈寒何以克當？明年之荒歉可知，今歲之三冬難度，豈暇顧夫父母，亦奚有於妻孥？貿貿然來悲號道路，怏怏然去顛踣溝渠。目擊傷心，耳聞酸鼻。欲入城而訴旱，餓殍豈能行百里之程？思赴臺而告荒，糟糠何以供一朝之費？」云云。即令他人誦之，便欲流涕，何況經歷者乎？（《戒庵漫筆》卷四）

【才不足憑】鄉先輩古塘王懼齋格一日偕子莘、侄相立於門，望見顧山僧舍煙起，遂呼子侄，試以對語曰「山館茶煙飛入白雲添雨意」，侄即應聲曰「溪庭砧杵亂敲明月雜秋聲」。子構思終日不能對，懼齋怒而撻之。莘中正德丁丑進士，相以諸生困頓卒。才之不足以觀人如此。（《戒庵漫筆》卷六）

焦氏說楛七卷　（明）焦周撰

　　焦周（1564？～1605），字茂潛（《四庫全書總目》作茂叔），上元（今江蘇南京）人。焦竑之次子。萬曆二十八年（1600）舉應天鄉試。生平事蹟見《金陵通傳》。

　　此書前有萬曆四十一年（1613）周潤生序，稱每披覽有會，與夫聞見所經，輒以劄記，久之成帙，題曰《說楛》。〔註511〕《中國古代小說總目提要》定為志怪小說集，似頗牽強。

　　卷端有焦周題辭，謂書名取《荀子·勸學篇》「說楛者，勿聽也」之意。書中所記，或參考他書，如《周禮》《漢書》《風俗通》《酉陽雜俎》，或記聞見故事，以天地之象，名物詮釋為多。如記娛樂團體：「雜劇曰緋綠社，蹴球曰齊雲社，唱賺曰遏雲社，耍詞曰同文社，相撲曰角抵社，清樂曰清音社，射弩曰錦標社，花繡曰錦體社，使棒曰英略社，小說曰雄辯社，行院曰翠錦社，影戲曰繪革社，梳剃曰淨髮社，吟叫曰律華社，撮弄曰雲機社。」又記長安語言：「長安市人，語各不同，有葫蘆語，鑣子語，紐語，練語，三折語，通名市語。」又有記人作偽書：「近庸劣無知之人，取前人成書，謬加增損，以苟小利，然往往託之名人，最為可惡，金陵書坊十數年來，有刻必歸家君，曩見新安之墓石，太山之銅碑，往往皆然。昔元白詩文，流播人間，市井小兒，皆誦習之，至雞林之遠，無不傳誦，有一篇偽者，其宰相必能辨之，不知今亦有能辨此者否。」

　　清康熙間印本有「懷德壹主人告白」云：「澹園先生（指焦竑）雅瞻淵源，著述宏富，為前明一代鉅儒，藏書甲於天下，嗣君茂叔先生，寢食載籍，科第流聲，纂輯《說楛》一書，紀事屬詞，搜遐探異，凡天地之廣漠，品物之繁多，仙釋之靈玄，靡不兼賅具備。是故老師宿儒，志奇好古者，所共津逮無涯也。特為刊出，用助見聞，讀者珍之。」未免狐假虎威，虛張聲勢。

〔註511〕（《續修四庫全書》第1174冊，上海古籍出版社，2002年版，第1～2頁。

《四庫全書總目》稱其書皆刺取諸書中新穎之語，及聞見所及，可資談噱者，雜載成編云云，庶幾近之。細核此書，鮮見心得，因襲居多，不及其父《焦氏筆乘》遠甚。

此本據北京大學圖書館藏明萬曆刻本影印。

【附錄】

【四庫提要】《說楛》七卷（兩淮馬裕家藏本），明焦周撰。周字茂叔，上元人。焦竑之子也。萬曆庚子舉人。其書皆刺取諸書中新穎之語，及聞見所及，可資談噱者，雜載成編，不分門類。如元微之謫通州，史無其事。論吳越改元，誤以歐陽修《五代史》與《十國世家》為二書，亦時有疏舛。其稱《說楛》者，取《荀子》「說楛勿聽」之義也。（《四庫全書總目》卷一百二十八「子部三十八·雜家類存目五」）

野獲編三十卷野獲編補遺四卷　（明）沈德符撰

沈德符（1578～1642），字景倩，又字虎臣、景伯，嘉興府秀水人。萬曆四十六年（1618）舉人。屢上春官不第。平生博覽，淹貫史乘。著有《清權堂集》《敝帚軒剩語》《顧曲雜言》《飛鳧語略》《秦璽始末》。生平事蹟見《（康熙）嘉興府志》卷十四、《列朝詩集小傳》丁集下。

書前有萬曆三十四年（1606）德符自序，稱孩時即聞朝家事，家庭間又竊聆父祖緒言，復從鄉邦先達剽竊一二雅談，或與隴畝老農談說前輩典型及瑣言剩語，綱繹故所記憶云云。〔註512〕《補遺》前有萬曆四十七年（1619）《小引》，稱自丙午、丁未間，有《萬曆野獲編》共卅卷，諸所見聞又有出往事外者，輒隨意錄寫，亦復成帙，名曰續編，仍冠以萬曆云。〔註513〕

此書三十卷，原未分類，康熙間錢枋分類編排，分四十八類，曰列朝、宮闈、宗藩、公主、勳戚、內監、內閣、詞林、吏部、戶部、河槽、禮部、科場、兵部、刑部、工部、臺省、言事、京職、曆法、禁衛、佞倖、督撫、司道、府縣、士人、山人、婦女、妓女、畿輔、外郡、風俗、技藝、評論、著述、詞曲、玩具、諧謔、噱鄙、釋道、神仙、果報、徵夢、鬼怪、機祥、叛賊、土司、外國。另《補遺》四卷，分列朝、宮闈、宗藩、公主、勳戚、

〔註512〕《續修四庫全書》第1174冊，上海古籍出版社，2002年版，第116頁。
〔註513〕《續修四庫全書》第1174冊，上海古籍出版社，2002年版，第697頁。

內監、內閣、詞林、吏部、戶部、禮部、科場、兵部、刑部、臺省、言事、京職、曆法、佞倖、督撫、司道、士人、婦女、畿輔、風俗、著述、玩具、諧謔、嗤鄙、釋道、神仙、禨祥、鬼怪、土司、外國三十五類。上記朝章掌故，下及風土人情、瑣事軼聞，舉凡內閣原委、詞林雅故，以及詞曲技藝、士女諧謔，無不畢陳。有明一代之掌故，是編所記，最為詳贍。然《清代禁燬書目四種》竟然列之於全毀書目。

就《序》《引》而言，德符不無野人獻芹之意。所謂「詠歌太平」，亦非虛語；但所謂「無非聖朝佳話」者，則不盡然。例如本書卷十八之錄寫「廷杖」「立枷」，「冤獄」「冤親」諸條，都不似「聖朝佳話」；又卷二十一之錄寫「秘方見幸」「進藥」諸條，亦似太平盛世之玷。「借蟹譏權貴」條、「優人諷時事」條，皆譏諷權豪勢要，嘲弄時事政治。〔註514〕

此書有國家圖書館明抄殘本。此本據清道光七年姚祖恩刻本、同治八年姚德恒補修本影印。

【附錄】

【沈德符《野獲編自序》】余生長京邸，孩時即聞朝家事，家庭間又竊聆父祖緒言，因喜誦說之。比成童，適先人棄養，復從鄉邦先達，剽竊一二雅談。或與隴畝老農，談說前輩典型。及瑣言剩語，娓娓忘倦，久而漸忘之矣。困阨名場，夢寐京國。今年鼓篋遊成均，不勝令威化鶴歸來之感。即文武衣冠，亦幾作杜陵夔府想矣。垂翅南還，舟車多暇，念年將及壯，邅回無成，又無能著述以名世，輒復綢繹故所記憶，間及戲笑不急之事，如歐陽《歸田錄》例，並錄置敗簏中，所得僅往日百之一耳。其聞見偶新者亦附及焉。若郢書燕說，則不敢存也。夫小說家盛於唐而濫於宋，溯其初，則蕭梁殷芸始有小說行世。芸字灌蔬，蓋有取於退耕之義，諒非朝市人所能參也。余以退耕而談朝市，非僭則迂。然謀野則獲，古人已有之，因以署吾錄。若比於野人之獻，則《美芹十論》當時已置高閣，非吾所甘矣。編中強半述事，故以萬曆冠之。萬曆三十四年丙午仲冬日，沈德符題於甕汲軒。

【沈德符《續編小引》】今上御極已垂五十年。德符幸生堯舜之世，雖困處菰蘆，然詠歌太平，無非聖朝佳話。間有稍關時事者，其涇渭自明。藿食者，但能粗憶梗概而已。至於風氣之轉移，俗尚之改革，又漸與往年稍不同。

〔註514〕郭預衡：《中國散文史》下冊，上海古籍出版社，2011年版，第308頁。

蓋自丙午、丁未間。有《萬曆野獲編》共卅卷，棄置廢簏中，且輟筆已十餘年而往矣。壯歲已去，記性日頹；諸所見聞，又有出往事外者。胸臆舊貯，遺忘未盡。恐久而並未盡者失之，遂不問新舊，輒隨意錄寫，亦復成帙，緒成前稿，名曰「續編」，仍冠以萬曆。其事亦有不盡屬今上時者，然耳剽目睹，皆德符有生來所親得也。昔吾家存中身處北扉，淹該絕世，故《筆談》一書傳誦至今。吾家石田雖高逸出存中上，終以布衣老死吳下，故所著《客座新聞》時有牴牾。德符少生京國，長遊辟雍，較存中甚賤。而所交士大夫及四方名流聚輦下者，或稍過石田，因妄為此筆。總之，書生語言，疵誤不少，姑存之以待後人之斥正。或比於《玄怪》《瀟湘》諸錄，差為不妄。今聖人在宥，當如紀年所稱萬數，與天同極，野之所獲，正不勝書也。萬曆四十七年己未歲新秋，題於敝帚齋。

【沈振《補遺序》】先高祖孝廉公撰《萬曆野獲編》二十卷，又《續編》十二卷，精覈該博。凡朝常國典、山川人物，鉅細畢舉，惜未梓。至崇禎末，長溪為雈苻之藪，流離播遷，累世琬琰，具已漸滅。是編所存，僅十之四五。振自束髮受書以來，撫卷尋繹，輒為扼腕痛悼，歎遺編之失守也。猶幸天假之緣，原目俱在，得以知其殘缺，藉以搜訂。辛卯、壬辰間館禾城，旁徵博詢，所見不下數十餘冊，無如傳抄互異，訖無全編。惟桐川錢氏所藏，得自梅里朱氏，較多於他本。而質之原目，亦止十之六七耳。爾載先生更為列門分部，事以類序，惟次第非復本來，然頗便於展覽，因以錢本為主，而彙集諸家所藏，視錢本之所缺者而抄附之，又共得二百三十餘條，作為八卷，覆校原目，一無所遺。振竊大幸是書之得全，不敢謂小子搜緝之力。而豐城劍合，先高祖之靈實憑式之也。康熙癸巳閏五月，五世孫振謹識。

【沈振《補遺跋》】錢牧齋云：「自王、李之學盛行，吳越間學者拾其殘瀋，相戒不讀唐以後書。而景倩獨近搜博覽，其於兩宋以來史乘別集、故家舊事往往能敷陳其本末，疏通其端緒。家世仕宦，習聞國家故事，且及見嘉靖以來名人獻老，講求掌故，綱羅放失，勒成一家之言，以上史館，惜其有志而未逮也。」朱竹垞《詩綜》亦全錄此文，但於「勒成一家之言」下節去「以上史館」四字，並易下句為「惜其未就也」。謹按：牧齋先生有志未逮之語，謂上史館也。今《詩綜》所易，則直視此編為未就之書矣。恨振生也晚，哲人已逝，不獲以此全帙奉正，而受之先生之言不我欺也。（據康熙寫本補）

【錢枋《分類凡例》】秀水沈景倩先生，以萬曆戊午舉於北畿。祖父皆以

進士起家。景倩初隨寓京師，該洽好古，日讀書一寸。所交卿士大夫，及故家遺老、中官戚里，習聞前朝掌故，沿革折衷，考之往昔，驗之將來，其是非予奪，一出於公，而不為門戶偏黨。此史家必當取材者。但隨時紀錄，缺失甚多。即其自敘，云僅得往日百之一，後復合成續編。而遺目及編中所載之錄於前書者，往往不可得見。朱竹垞檢討向日抄傳未全，歸田之後，多方搜輯，略已具備。余得借觀，苦其事多猥雜，難以查考，因割裂排纘，都為三十卷，分四十八門，庶便因類檢尋云。凡分類之書，皆先立篇目，後集其事詞以相從。今此編止就所有者各為標出，或以官，或以人，或以事，條章粗列，各以類聚。取明白易曉，非敢好立異同。編中次第，多因篇首之年月，其後有追敘以前與傍及者，概不暇細為分析。昔人云：「君子言欲純事，書欲純理。詳於誌常，而略於誌異。」今此編，上自宗廟百官、禮文度數、人才用捨、治亂得失，下及經史子集、山川風物、釋老方技、神仙夢幻、閨閫瑣語、齊諧小說，無不博求本末，收其是而芟其偽。常者固加詳，而異者不加略也。六朝、唐、宋以來，說家概然，有識之士知無譏焉。康熙庚辰八月，桐鄉錢枋識。

【孝慈錄】世以父母憂制中舉子為諱。士大夫尤不欲彰聞，慮涉不孝。然太祖作《孝慈錄序》中，已為嗣續大事，曲賜矜貸矣。穆宗在裕邸生長子，是為憲懷太子，時去母妃杜氏喪方期，世宗不悅，得少詹事尹臺引《孝慈錄序》為解，上始釋然。南朝宋文帝諒陰中生子，秘之至三年始下詔。其來久矣。(《萬曆野獲編》卷一)

【御製文集】帝王御集，莫尊崇於趙宋。每一朝則建一閣度之，如龍圖、天章而下，俱為收貯秘閣，置學士、直學士、待制、直閣諸官，若此朝無集則闕之。即徽宗播遷裔土，南渡尚能博訪遺文，以建敷文閣是矣。本朝唯太祖高皇帝、宣宗章皇帝御集裒刻，尊藏禁中。竊謂亦宜特設一閣，以奉雲漢之章，令詞臣久待次者充之，以寓後聖憲章遺意，亦聖朝盛舉也。至若累朝列聖俱留神翰墨，以至世宗之制禮樂、更祀典，其時高文大冊佈在人間。即下而詩餘小技，如世傳武宗諸帝聖製，莫不天縱多能。即有散佚，亦可多方搜輯，各成一集，建閣備官，以待文學近臣寓直其中，庶乎禮樂明備之朝，無缺典之恨耳。按宋最重龍圖，呼學士為「老龍」，直學為「大龍」，待制為「小龍」，直閣為「假龍」。今世唯禮部儀制一司，說有「大儀」、「中儀」、「小儀」之稱，蓋昉於此。然唐人又呼諫議大夫為「大坡」，拾遺為「小坡」，散騎常侍為「大貂」，補闕為「小貂」，又以吏部尚書為「大天」，郎中為「小天」，尤

奇。(《萬曆野獲編》卷一)

【訪求遺書】國初克故元時，太祖命大將軍徐達收其秘閣所藏圖書典籍盡解金陵，又詔求民間遺書。時宋刻板本，有一書至十餘部者。太宗移都燕山，始命取南京所貯書，每本以一部入北，時永樂十九年也。初貯在左順門北廊，至正統六年而移入文淵閣中，則地邃禁嚴，事同前代矣。至正統十四年英宗北狩，而南京所存內署諸書悉遭大火，凡宋、元以來秘本一朝俱盡矣。自後北京所收，雖置高閣，飽蠹魚，卷帙尚如故也。自宏政以後，閣臣詞臣俱無人問及，漸以散佚。至嘉靖中葉，御史徐九皋上議，欲查歷代藝文志書目參對，凡經籍不備者，行士民之家，借本送官謄寫，原本給還，且加優賚。又乞上御便殿，省閱章奏，處分政事，賜見講讀諸臣，辨析經旨。時夏貴谿為禮卿，議覆，謂御史建白良是，宜如所言備開書目，收採藏貯，所請召見侍從講官，亦仰體皇上聖學備顧問之意。上曰：「書籍充棟，學者不用心，亦從虛名耳。苟能以經書躬行實踐，為治有餘裕矣。此心不養以正，召見亦虛應也。」因命俱已之。蓋上已一心玄教，朝講漸稀，乃欲不時賜見侍臣，已咈聖意，故求訪遺書，一併寢罷。惜哉按古來求書者，無過趙宋之殷切，所獻多者，至賜進士出身。即故元起沙漠，尚立經籍所，又設興文署，以編集經史，收貯板刻。當此全盛之世，反視為迂緩不急之事。自嘉靖至今又七八十年，其腐敗者十二，盜竊者十五，楊文貞正統間所存《文淵書目》徒存其名耳。即使徐九皋之說得行，亦祇供攘攫耳。(《萬曆野獲編》卷一)

【節假】永樂間，文皇帝賜燈節假十日。蓋以上元遊樂為太平盛事，故假期反優於元旦，至今循以為例。惟遇外吏考察之年，則吏部都察院、及吏科當事者不得休暇。蓋外僚過堂，正值放燈之時，不可妨公務耳。近年建白，遂有為燈事嬉娛，為臣子墮職業、士民溺聲酒張本，議禁絕之，其不知體制甚矣！又，京師百僚出外夜還，必傳呼紅鋪以燈傳送。此起於弘治間。孝宗一日夜坐甚寒，問左右：「此時百官亦有宴集而歸者否？」左右曰：「有之。」上又問曰：「如此凜冽且昏黑，倘廉貧之吏，歸途無燈火為導，奈何？」左右曰：「亦有之。」上因傳旨「此後遇京官夜還，無問崇卑，令鋪軍執燈傳送。」孝宗之曲體臣下如此。近日，言官上奏，欲裁省宴會，至於僚寀親屬並禁其酒食過從。似此不近人情，乃吳元濟所以防淮蔡三州民者，曾是全盛之世所宜見也？又乙酉、丙戌間，沈歸德為大宗伯，立議禁奢崇儉，其議甚正，其說甚詳。奉旨頒示天下，至欲並禁娼優，則以議者不同而止。無論兩京教坊為

祖宗所設，即藩邸分封，亦必設一樂院，以供侑食享廟之用，安得盡廢之！至於中宮王妃合卺，及內庭慶賀，俱用樂婦供事，一革，則此諸慶典將奈何？又如，外夷朝貢賜宴，大廷元會，及諸大禮，俱伶官排長承應，豈可盡廢！此俱不必言。即四方優人集都下者，亦為勳貴縉紳自公之暇，藉以宴衍，即遇大比之歲，宴大小座師，賀新進郎君，亦情禮之不可缺者。何以並欲禁之？隆慶間，山東葛端肅長西臺，曾建此議，穆宗允行，而終不能革。沈則以眾咻而阻。兩公俱清正名臣，而建白及此，似未為知體。（《萬曆野獲編》卷一）

【先朝藏書】祖宗以來，藏書在文淵閣，大抵宋版居大半。其地既邃密，又制度卑隘，窗牖昏暗，雖白晝亦須列炬。故抽閱甚難，但掌管俱屬之典籍。此輩皆貲郎倖進，雖不知書，而盜取以市利者實繁有徒，歷朝所去已強半。至正德十年乙亥，亦有訟言當科料理者，乃命中書胡熙、典籍劉禪、原管主事李繼先查對校理。繇是為繼先竊取其精者，所亡益多。向來傳聞，俱云楊升庵因乃父為相，潛入攘取，人皆信之。然乙亥年則新都公方憂居在蜀，升菴安得闌入禁地？至於今日則十失其八，更數十年，文淵閣當化為結繩之世矣。（《萬曆野獲編》卷一）

【講學見絀】世宗所任用者，皆銳意功名之士。而高自標榜，互樹聲援者，即疑其人主爭衡。如嘉靖壬辰年，御史馮恩論彗星，而及吏部侍郎湛若水，謂「素行不合人心，乃無用道學」。恩雖用他語得罪。而此言則不以為非。至丁未年，御史游居敬又論南太宰湛若水「學術偏陂，志行邪偽」，乞斥之，並毀所創書院。上雖留若水，而書院則立命拆去矣。比湛歿請恤，上怒叱其偽學盜名，不許。因以逐太宰歐陽必進，其憎之如此。至辛未年九廟焚，給事戚賢等因災陳言，且薦郎中王畿當亟用。上曰：「畿偽學小人，乃擅薦植黨，命謫之外。」湛、王俱當世名流，乃皆以偽學見斥。至於聶雙江道學重望，徐文貞力薦居本兵，上以巽懦僨事逐之，徐不敢救。比世宗上賓，文貞柄國，湛、聶俱得恩贈加等。湛補謚文簡，聶補謚貞襄。蓋二公俱徐受業師，在沆瀣一脈宜然。而識者以為溢美，非世宗意矣。若王文成之歿，在嘉靖初年，既靳其恤典，復奪其世爵，亦文貞力主續封，備極優異，而物論翕然推服，蓋人情不甚相遠也。王龍溪位止郎署，且坐考察斥不得復官，故文貞不能為之地。即隆慶初元起廢，亦不敢及之，第為廣揚其光價耳。湛文簡之學，以隨處體認天理為宗，而不免失之迂腐。如勸世宗求嗣，必收斂精神。上曰：「既欲朕收斂，則不必如此煩瀆。」其時即已厭之矣。聶貞襄任本兵，曲庇分宜孫嚴鵠

冒功，為時所薄。及罷官南遠，遇倭亂，暫留吳門，人問何以禦倭，則曰「壯者以暇日修其孝悌忠信」，聞者竊笑。如此經濟，何以支俺答哉！惟王龍溪聰明機警，辨材無礙，聞其說者解頤心折，即王文成當時亦歎服，以為門牆第一人。至徐華亭又為同心至友，推獎贊歎如司馬公之與邵堯夫。又龍溪性好遊，以故安樂行窩所至，四方共重，逾於王公。同時同鄉錢緒山、唐一庵諸公俱不爾也。（《萬曆野獲編》卷二）

【工匠見知】世宗既以創改大禮，得愉快於志，故委毗春曹特重。如言，如嵩，如階，為宗伯時，其寄託已埒輔相。又以掀翻大獄，疑刑官皆比周撓法，立意摧抑之，即賢者多不以善去。至末年士林繁興，冬卿尤難稱職。一切優游養高，及遲鈍不趨事者，最所切齒，誅譴不逾時刻。最後趙文華為分宜義子，歐陽必進為分宜妻弟，特以貪庚與闒茸相繼見逐，權臣毫不能庇。而雷豐城以勤敏，獨為上所眷倚，即帝堯則哲之明，何以過之？終上之世，雷長冬曹，無事不倚辦。即永壽宮再建，雷總其成。而木匠徐杲，以一人拮据經營，操斤指示，聞其相度時，第四顧籌算，俄頃即出，而斷材長短大小，不爽錙銖。上暫居玉熙，並不聞有斧鑿聲，不三月而新宮告成。上大喜，以故尚書之峻加金吾之世蔭，上猶以為慊也，杲亦謙退，不敢以士大夫自居，然其才自加人數等，以視文華、必進，直樸樕下材耳。按奉天等三殿並奉天門災，在嘉靖三十六年四月。時，上迫欲先成門工，以便朝謁。而文華不能糾纏，屢疏遷延。上大怒，盡奪其官，而用必進，甫匝歲門成，必進得一品。則督工侍郎雷禮有勞，而躬自操作，則徐杲一人力也。又，三年而殿工無完期，必進以司空為苦海，營改左都，而上怒矣。甫一月分宜又勸上改必進吏部，而聖怒遂不可解。先革狐卿並兼官，未幾並尚書奪之，其去工部半歲耳，明年而三殿告成矣。然先一年永壽宮已災，旋奏工完，不特禮得一品，杲得正卿，而華亭亦因以進少師，乃子尚寶丞璠，躐拜太常少卿。識者不無代為惡焉。時，分宜以子世蕃官工部侍郎，反不得監工。求與璠同事，而上峻卻不許。退而父子相泣，不兩月禍起矣。比三殿落成時，徐杲已稱尚書，上欲以太子太保寵之，而徐華亭力沮，謂無故事，得中止，僅支正一品俸。雷亦僅以宮保轉宮傅。其他在事諸臣，升賞亦止不行，僅拜銀幣之賜。以較永壽宮加恩，百不及一矣。時，上愛念杲不已，倘再有營建，杲必峻加，即華亭亦不能尼也。（《萬曆野獲編》卷二）

【觸忌】古來人主多拘避忌，而我朝世宗更甚。當辛巳登極，御袍偶長，

長屢俯而視之，意殊不惬。首揆楊新都進曰：「此陛下垂衣裳而天下治。」天顏頓怡。晚年，在西苑召太醫院使徐偉察脈，上坐小榻，袞衣曳地，偉避不前。上問故，偉答曰：「皇上龍袍在地上，臣不敢進。」上始引衣出腕。珍畢，手詔在直閣臣曰：「偉頃呼地上，具見忠愛。地上人也，地下鬼也。」偉至是始悟，喜懼若再生。又乙丑會試第一題為「綏之斯來」二句，下文則「其死也哀」。上已惡之矣。第三題《孟子》，又有兩「夷」字，時上苦虜之擾，最厭見「夷」、「狄」字面，至是大怒，欲置重典。時主文為高新鄭，徐華亭詭辭解之而止。然初年講章，有進《曾子有疾章》，去卻「人之將死」一節，上謂：「死生常理，有何嫌疑？」促令補進。又似豁然無所諱者。蓋進講時，講官為學士徐璠，上方富於春秋，嗣位未久，樂聞啟沃，恐臣下有所避匿，故亦優容。至乙丑之春，上年已六旬，不豫且久，宜其倦勤多疑也。按世廟晚年，每寫「夷」「狄」字，必極小，凡詔旨及章疏皆然。蓋欲尊中國卑外夷也。而新鄭出題犯之。又有前一題，益益原作蓋。據寫本改。疑其詛咒矣。高之得免，謂非全出華亭不可。新鄭晚途與徐講和書，亦引先帝見疑，賴公調解為言，亦是天理難泯處。宋南渡後，人主書「金」字俱作「今」，蓋與完顏世仇，不欲稱其國號也。至高宗之劉貴人、寧宗之楊后，所寫「金」字亦然，則宮闈亦改用矣。然則世宗之細書，亦不為過。（《萬曆野獲編》卷二）

【實錄紀事】世、穆兩朝實錄，皆江陵故相筆也，於諸史中最稱嚴核。其紀新鄭將去，為南北科道及大小臣工所聚劾，以為皆迎合時情，而參高保徐，尤屬諂媚。況上未嘗有意棄徐，紛紛保之何為？其言可謂至公。及至奪情戀位，一切保留，偏大小南北倍於諂徐之時，而杖譴忤意者以快睚眥，又有華亭所不為者。其於新鄭幕客吏科都給事韓原川等，亦極筆醜詆，目為無忌憚小人。豈非真正實錄！及吏科都陳錦江等入幕後，獻諛畫策，與韓蒲州諸公無異，顧一一任為腹心，資其角距，恬不為異。則笑人適以自笑也。頃見屠緯真《曇花記》，其填詞皆無足取，惟內戶杞說白云：「我做秀才時，也曾罵過李林甫來。」此一語也，亦後來黃扉藥石矣。（《萬曆野獲編》卷二）

【實錄難據】本朝無國史，以列帝實錄為史，已屬紕漏。乃太祖錄凡經三修，當時開國功臣，壯猷偉略，稍不為靖難歸伏諸公所喜者，俱被劃削。建文帝一朝四年，蕩滅無遺。後人搜括捃拾，百千之一二耳。景帝事雖附英宗錄中，其政令尚可考見，但曲筆為多。至於興獻帝以藩邸追崇，亦修實錄，何為者哉！其時總裁費文憲等苦無措手，至假借承奉長史等所撰實錄為張本，

後書成，俱被酬賞。至太監張佐輩，濫受世錦衣，可哂亦可歎矣。今學士大夫有肯於秘閣中借錄其冊一展其書者乎？止與無雙字同，其修《承天大志》亦然，但開局太遲，詞林諸公各具事希寵，紛紛不定，比成未幾，則世宗已昇遐矣。總之，皆不經之舉也。（《萬曆野獲編》卷二）

【貞觀政要】今上聖學高邃，遠非臣下所及。如戊子二月，以春和初啟講筵，上御文華。講畢，復傳諭閣臣申時行等，曰：「唐魏徵為何如人？」對以徵能強諫，亦是賢臣。上駁云：「徵先事李密，再事建成，後事太宗，忘君事仇，固非賢者。」其時產臣以伊尹就湯就桀為比，已非其倫，又引太祖時佐命劉基等皆元舊臣，顧其人可用否耳，此語尤為失當。劉基輩用夏變夷，豈魏徵處角逐時可擬！上遂置不問。又傳聖諭云：「唐太宗協父弒兄，家法不正。」閣臣對曰：「倫理果虧，閨門亦多慚德，但納諫一事可取耳。」此語稍為得之。上意終不釋，命罷《貞觀政要》，而講《禮記》。閣臣又言宋儒云：「讀經則師其意，讀史則師其跡，宜令《通鑑》與《禮經》參講。」上允之。乃命先講《尚書》，徐及《通鑑》，以至《大學衍義》。上之於經史，後先權宜審矣。至評論魏徵、太宗，真千古斧鉞。惜乎對風諸語，稍未能助高深耳。《通鑑》一書，今上元年冬杪，張居正當國，將本年講章進呈，已首列此書，上命鏤版印行矣。今閣臣何又以《通鑑》為請，似乎未經御覽者。意或卷帙浩汗，啟沃未竟耶？然《貞觀政要》，亦上初御講幃，輔臣即以勸講，至是乃厭薄中輟。或以張居正所進，終未審當聖意耶？然自政要罷後，次年四月遂不復御文華。廣廈細旃，迄成塵坌，輔臣屢請不允。其年冬，即有評事雒于仁「酒色財氣」四箴之疏。庚寅元旦召對以後，閣臣亦不得復望天顏矣。唐太宗貞觀之治，季年亦少遜焉。蓋古今同一慨矣。（《萬曆野獲編》卷二）

【母后聖製】本朝仁孝皇后著《內訓》，又有《女誡》，至章聖皇太后又有《女訓》，今俱刻之內府，頒在宇內。今上聖母慈聖皇太后所撰述《女鑑》一書，尤為詳明典要，主上親灑宸翰序之，真宮閫中盛事也。然慈聖聖製又不止此。今文華殿後殿，所懸扁凡十二字，每行二字，共分六行，其文曰「學二帝三王治天下大經大法」，乃慈聖御筆。臣下但見龍翔鳳翥，結構波磔之妙，以為今上御書，而實非也。古來惟宣仁皇后善飛白大書，然不過一二字，豈如慈聖備得八法精蘊哉！真天人也。（《萬曆野獲編》卷三）

【萬貴妃】憲廟時，萬貴妃專房異寵，首揆萬文康至通譜稱從子。而孝

宗生母孝穆皇后紀氏，噤不敢自明，至六歲而左右言之，始得見父皇，命養於仁壽皇太后宮。萬貴妃恚甚，孝穆旋以暴薨報，未逾年而孝皇亦旋正東宮之位矣。以萬氏之專妒，遂令孝穆不全，而終不能有加於孝廟，則宗社之靈憑之也。萬氏豐豔有肌，每上出遊，必戎服佩刀，侍立左右，上每顧之，輒為色飛。其後成化二十三年，撻一宮婢，怒極，氣咽痰湧不復蘇，急以訃聞。上不語久之，但長歎曰：「萬侍長去了，我亦將去矣。」於是悒悒無聊，日以不豫，至於上賓。情之所鍾，遂甘棄臣民不復顧。然婦人以纖柔為主，今萬氏反是而獲異眷，亦猶玉環之受寵於明皇也。《晉·傅咸傳》云：「妹喜冠男子之冠，桀亡天下。」《晉書·五行志》謂男子屐方頭，女屐圓頭。至惠帝時，女屐亦如男子，以為賈南風專妒之應。今萬氏女而男服，亦身應之矣。又，武周垂拱二年，雍州新豐縣有山湧出，初僅六七尺，漸高至三百尺。因命改新豐為慶山縣。江陵人俞文俊上書，謂太后女居男位，反易剛柔致然。成化十六年，福建長樂縣地中突起一阜，高三四尺，人畜踐之輒陷，尋又湧出一山，廣袤五丈。此見《雙槐歲鈔》，以為男女易位之象，蓋亦以屬萬氏之服妖云。唐武宗賢妃有盛寵，其貌與帝甚肖，每戎服從帝騎射，莫知其孰為至尊也。萬氏以成化二年丙戌封貴妃，生皇長子將百日而薨，未及命名。至妃之薨，則二十三年丁未，想其年必非少艾矣，而恩寵不衰。亦猶今上之專眷鄭貴妃，歲三十年也。然萬氏戚里之封，僅得錦衣秩，雖漸進不離本衛。今鄭氏亦然，並不敢援永樂之例，以請文職。蓋兩朝之恩厚，而有節如此。（《萬曆野獲編》卷三）

【鄭世子讓國】鄭世子載堉者，鄭王厚烷之嫡長子，好讀書，明曆法，久為世子，當襲位。不願受爵，自萬曆辛卯，辭疏屢上，不允。至乙巳年，疏猶不止。禮部議載堉以世子之爵終身，而命其子世孫翊錫代管府事，以待異日承襲鄭王之爵。上已允行。載堉復疏力辭，謂庶子襲封，有違祖制，且於近日欽頒要例所載相庚。又言身年七十，衰病不堪，宜令載璽襲盟津王，代理府事，他日入繼親藩之統。而身及男，退居庶子襲封郡王之例。上嘉其恬讓，褒美甚至，特允其請，且命其父子俱以世子世孫終老，而聽孫承郡王爵。（《萬曆野獲編》卷四）

【宗室通四民業】本朝宗室屬禁，不知起自何時，既絕其仕宦，並不習四民業，錮之一城。至於皇親，亦不許作京官，尤屬無謂。仕者僅止布政使，如嘉靖壬辰探花孔天胤，榜下選陝西提學僉事，時方弱冠，尋任浙江提學副

使，後官至左轄而歸。他不可勝紀。向來諸名公，如弇州輩，屢議關禁，未有敢任之者。頃者建立皇太子詔內，直許習儒業，入庠序，登鄉會榜。於是，天潢不億，始有升朝之望矣。此二百年來，最快心事，沈四明實草此詔。且青宮肇起，愜普天久鬱之望，雖聖心默定已久，非出臣下贊決，然偶值其時。特四明為時議所不與，遂無稱其勞者，在他相或不免貪天功矣。（《萬曆野獲編》卷四）

【懼內】士大夫自中古以後多懼內者，蓋名宦已成，慮中冓有違言，損其譽望也。乃若君相亦有之，則唐孝和帝之賜宴，見嘲於優人。至下比於裴談，其後王鐸之為都統，見嘲於門生，謂不如降黃巢，固為千古笑端。唐末朱溫、李克用，皆一時劇盜酋豪，一畏其妻張，每聞召，即中道而返；一敬其妻劉，至與計軍國大事。此其才智，或自有足攝二主者。本朝名臣亦大有此風，往事不及知。如吾浙王文成之立功仗節，九死不回，而獨嚴事夫人，唯諾恐後。近年吳中申、王二相公，亦與夫人白首相莊，不敢有二色。至如今上初，薊帥文登之戚少保繼光，今寧夏帥蕭都督如薰，皆矯矯虎臣，著庸邊閫，俱為其妻所制，又何也？又若近日新安汪司馬長君無疆，為婦陸氏所妒，至刑厥夫為閹人。蒲州楊太史元祥，與婦羅氏爭言，遂以刀自裁。尤慘毒之甚者，抑更非前將相諸公比矣。（《萬曆野獲編》卷五）

【京師名實相違】京師向有諺語云：「翰林院文章，武庫司刀槍，光祿寺茶湯，太醫院藥方。」蓋譏名實之不稱也。然正不止此：「儒生之曳白，無如國子監；官馬之駑下，無如太僕寺；曆學之固陋，無如欽天監；音樂之謬誤，無如太常寺；帑藏之空乏，無如太倉庫；士卒之老弱，無如三大營；書法之劣俗，與畫學之蕪穢，無如制誥兩房、文華武英兩殿。」真可浩歎！至若京官自政事之外，惟有拜客赴席為日課。然皆不得自由。一入衙門，則前後左右皆紹興人，坐堂皇者如傀儡在牽絲之手，提東則東，提西則西；間有苛察者欲自為政，則故舉疑似難明之案，引久遠不行之例，使其耳目瞀亂，精彩凋疲，必至取上譴責而後已。若套子宴會但憑小唱，云請面即面，請酒即酒，請湯即湯，弋陽戲數折之後，各拱揖別去，曾得飲趣否？拜客則皆出長班授意，除赴朝會謁貴要之外，遠近遲速，以及當求面，當到廳，當到門，導引指揮惟其所適，即使置一偶人於輿馬間，不過如此。世間通弊固非一二人所能挽回，若前云諺語之屬，則開創之初必無此事。（《萬曆野獲編》卷二

十四）〔註 515〕

【六月六日】六月六日本非令節，但內府皇史宬曬暴列聖實錄，列聖御製文集諸大函，則每歲故事也。至於時俗，婦女多於是日沐髮，謂沐之則不膩不垢。至於貓犬之屬亦俾浴於河，京師象隻皆用其日洗於郭外之水濱，一年惟此一度，因相交感，牝仰牡俯，一切如人，翻於波浪中，畢事精液浮出，腥穢因之漲膩，居人他處遠汲，必旬日而始澄澈。又憎人見之，遇者必觸死乃已。間有黠者預升茂樹濃陰之中，俯首密窺，始得其情狀如此。又象性最警，入朝遲誤，則以上命賜杖，必伏而受箠如數，起又謝恩。象平日所受祿秩，俱視武弁有等差，遇有罪貶降，即退立所貶之位，不復敢居故班。排列定序，出入綴行，較人無少異，真物中之至靈者。穆宗初登極，天下恩貢陛見，朝儀久不講，諸士子欲瞻天表，必越次入大僚之位，上玉色不怡，朝退欲行譴責，賴華亭公婉解之而止。時謂明經威儀，曾群象之不若。象初至京，傳聞先於射所演習，故謂之演象所。而錦衣衛自有馴象所，專管象奴及象隻。特命錦衣指揮一員提督之，凡大朝會役象甚多，及駕輦馱寶皆用之，若常朝則止用六隻耳。遇有疾病不能入朝，則倩下班暫代，象奴牽之彼房，傳語求替，則次早方出。又能以鼻作簫栗、銅鼓諸聲，入觀者持錢畀象奴，如教獻技，又必斜睨奴受錢滿數，而後昂鼻俯首，鳴鳴出聲，其在象房間亦狂逸，至於撤屋倒樹，人畜遇之俱糜爛。當其將病，耳中先有油出，名曰山性，發則預以鉅繚縻禁之。亦多畏寒而死者，管象房緹帥申報兵部，上疏得旨，始命再驗發光祿寺，距其斃已旬餘。穢塞通衢，過者避道，且天庖何嘗需此殘臠。京師彌文，大抵皆然。（《萬曆野獲編》卷二十四）

【評論前輩】王太倉之評張太嶽曰：「江陵相業，吾始終不謂其非，獨昧於如人一事，到底不悟。」而孫樾峰則又云：「江陵棄留心人材，胸中富有所品劣，每在司銓者上，故其柄長操，夫能長百人者，必其材兼百人者也。」其說又如此。孫樾峰之評王弇州曰：「本朝大小紀載，一出此公之手，使人便疑其不真。」而一時推服諸君子，無不曰良史才，或云世家九卿，所聞見朝家事，甚備甚確。往年陳文憲開史局，亦有生不同時之恨，而李本寧亦訾

〔註 515〕今按：阮葵生《茶餘客話》卷二「明官場弊事」條：有明之弊政情形如繪矣。想其開創之初，當無此事。宣德間，顧佐疏禁官妓，縉紳無以為娛，於是小唱盛行。此輩狡猾解人意，漸至璟察時情，傳佈秘語，緝事衙門亦藉為耳目。其黠者為要津獨據，斷袖分桃，賚予仕牒，即充功曹，突而弁分，旋拜丞簿，而辭所歡矣。此輩多寧波人，後則真定、保定亦承乏，而必偽浙人。

孫言為過。則弇州之宜史與否，終未可定，而說者多謂孫語未然。孫之譏弇州，謂宦官用事者為大橄，杜撰無出，欲出閹尹易之。殊不知閹妖雖古語，而「大橄」二字，唐、宋名公往往用之，今紀載中甚多，初非杜撰也。孫素以博洽稱，何輕譏前輩乃爾。(《萬曆野獲編》卷二十五)

【私史】本朝史氏失職，以故野史甚夥，如弇州《史乘考誤》所列，其不足據明甚。而仇口污衊，顛倒是非，又有弇州所不及見者。如近年浙中一士紳，亦登萬曆初元甲榜，屢躓仕路，官不及墨綬而罷，著一私史，紀世、穆兩朝事，自署「永昭二陵信史」，其中舛謬不必言，即如每科所舉士，則總署曰是年得士，某某以功業文章著，某某以貪酷姦邪著，俱信筆任口，無一得實。有羅其毒而先知者，輒以重賂相懇，則鑿去姓名，別易一人，又賂則又改。其楮墨互換處，一覽洞然。士大夫恨惡之，而其人素橫穢，無屑與辨者。至耿楚侗尚書，雖與江陵素厚，要其生平自在，乃至支與徐文貞謀叛，蓋兩人俱其深仇也。又自云江陵奪情，欲草疏糾正，為其所覺，構陷被謫。此不惟無疏可據，即考當時年月，亦了不相涉。此等書流傳，誤後世不少，弇州若在，又不知如何浩歎也。(《萬曆野獲編》卷二十五)

花當閣叢談八卷　(明)徐復祚撰

徐復祚(1560～?)，原名篤儒，字陽初、訥川，號蕣竹、暮竹、洛誦生，別署忍辱頭陀、慳吝道人、破慳道人、陽初子、休休生，字陽初，晚號三家村老，常熟人。出身世家，祖父徐栻官至南京工部尚書，父親徐禹江以布衣終生。伯叔待聘、待仁均為進士。徐復祚早年就讀於「花當閣」，博學能文，以諸生貢入國學。萬曆十三年(1585)應京兆試，被訟賄買科場，歷時經久「事遂白」。後又屢遭告訟，深感世態炎涼，終至絕意仕途，遂專攻詞曲。撰有傳奇七種(《宵光記》《紅梨記》《投梭記》今存，《題橋記》《題塔記》《雪樵記》《祝髮記》已佚)及雜劇三種(《一文錢》今存，《梧桐雨》《鬧中牟》已佚)。以《紅梨記》最負盛名。此外尚著有《南北詞廣韻選》《燕山叢錄》《增補大明律》等書。生平事蹟詳見《雍正昭文縣志》《乾隆常昭合志》。

此書所記皆嘉靖至萬曆年間朝廷政事、人物掌故和鄉間俚俗。如「都察院」條記明代監察御史之職掌，「四夷館」條記其所分八館之名及提督四夷館

少卿之掌,「宮變」條記嘉靖二十一年楊金英等宮婢謀殺明世宗未遂事,「醋交」條記何文淵與虞原璩交往事,「歸先生」條記歸有光令長興事,「五方之音」記各地方言土音,「纏足」條記纏足陋習。復祚擅長戲曲,故書中頗有戲論曲論,鄧實曾加摘錄,與何良俊曲論合刊而為《何元朗徐陽初曲論》。後人輯錄本或名《曲論》,或名《三家村老曲談》。

此書一名《村老委談》,又名《三家村老委談》,復祚自稱此二冊稍及朝典,取諸家叢說,摘其有資於談議者,筆記之以備遺忘云。〔註516〕原本三十六卷,今存八卷。書後有王東淑跋,又有康熙六十一年(1722)曾侄孫徐述曾識語,稱大抵記朝廷典故、忠貞邪佞、孝義節烈、高人逸士、仙佛奇蹤、豪猾盜賊、倡優乞丐、術數伎巧,與夫街談巷議、善惡果報,可興可觀,無不臚陳云。〔註517〕又有嘉慶十三年(1808)黃廷鑒跋,稱其大者可資史乘,小者亦足寓勸懲,與陶氏《輟耕錄》堪伯仲云云。〔註518〕

此本據中國科學院圖書館藏清嘉慶刻借月山房匯抄本影印。

【附錄】

【徐復祚《花當閣叢談自序》】村老曰:此二冊稍及朝典,非無以也。村中時有酒社,每會,諸社長輒有所徵引,且多俚鄙不根之語。余老健忘,不能一二記憶,因取諸家叢說摘其有資於談議者筆記之,以備遺忘,以省應對。或誚以為留心世務,則失之遠矣。

【黃廷鑒《花當閣叢談跋》】吾邑陽初先生為徐大空公之孫,高才博學,詩歌、傳奇皆有名,嘗仿《輟耕錄》作《村老委談》三十六卷,記當代見聞,其大者可資史乘,小者亦足寓勸懲,與陶氏書堪伯仲焉。惜未經刊布,久而散佚,其後有族孫述曾者搜訪是書,僅得殘帙數冊,即今藏書家所傳嚴中丞起至倭寇始末六卷是也。甲子冬,余於郡城坊中得此殘本二冊,乃出所傳六卷之外者,繕寫精妙,有柳誠懸筆法,屬花當閣原物,狂喜竟日,暇時擬錄副以廣其傳。會照曠閣主人將刊此書,舉以畀之,以此二卷記朝事居多,遂冠諸首,俾藝林中得睹所未見,亦一快事也。時嘉慶戊辰秋七月五日,琴六居

〔註516〕《續修四庫全書》第1175冊,上海古籍出版社,2002年版,第1頁。今按:
　　　　村老低調,為人謙虛。開卷官制、大臣久任、幅員、九邊、邊費、都察院、
　　　　寶璽、鹽法、賦法、戶口、鈔關之類無不是世務。
〔註517〕《續修四庫全書》第1175冊,上海古籍出版社,2002年版,第164頁。
〔註518〕《續修四庫全書》第1175冊,上海古籍出版社,2002年版,第165頁。

士黃廷鑒。

【官制】內閣九卿國初原無拘出身之例。成、弘間，入閣必由翰林，吏部左右堂必用翰林一人，禮部非翰林不用，兵部正堂必由巡撫，左右堂必南北各一人，都察院正堂必由御史。至世廟間，局面稍變矣。霍韜曰：「漢朝賢相俱由郡守，宋制宰相亦須歷州郡，欲其知閭閻困苦與練達人情也。」我朝若薛瑄則由御史，李賢則由主事入閣，皆為一時名臣。今楊一清亦由巡撫轉吏部入閣，是誠立賢無方，善能變通者也。然世廟張、夏諸公則又由大禮而入也。按洪武中丞相胡惟庸誅後，遂罷丞相，不設而分任六卿，嚴為禁革，內閣止置大學士，以備顧問，官備五品，不預政柄，而遷轉由於吏部互相鈐制，其防甚密。自三楊入閣，乃以少師尚書兼大學士，官尊於六卿，口銜天憲，無丞相之名，而有丞相之實矣，故中外皆稱為宰相云。閣中有文淵閣印，印文玉箸篆，惟封上詔草題奏揭帖用之，不下諸司，下諸司用翰林院印。永、宣以前，翰林不拘進士出身，若方孝孺、楊士奇、胡儼輩俱非進士。至天順間，用李賢議，特重進士科，而翰林非一甲及庶吉士不得預矣。然史館之中修撰、編修、檢討、吉士俱自稱為太史氏，特有史官名耳。實錄進呈，焚草液池，一字不傳，況（中闕）類多細事，重大政體多不錄。王鏊《罪言》曰：「班固死，天下不復有史矣。」古之所謂史官，皆世守之，人主所在，執筆以從隨，其言動皆親見而直書之。後世雖具員，而無專職，立班雖近螭頭，亦遠在殿下，人主動靜邈不相及，政事不及與聞。惟易世之後，集前後奏疏而分曹書之，以宰臣為總裁。奏疏之語果皆實乎？分曹之人、宰臣之意果皆公且正乎？且生於數十年之後，追書數十年之前，其是非曲直皆茫然無聞，或得之傳聞，已非其實；縱得其實，而亦莫能燭其情偽，或奪於眾不得書，或迫於勢不敢書，或局於才不能書。故一時君臣謀議勳業汩沒不傳，而奸險情態亦無能發其微，以為世戒，監領者又往往以私好惡雜乎其間，故曰不復有史矣。

【家妓官妓之分】《花當閣叢談》云：「錢同愛使妓從後擎落文太史璧巾。太史不顧，露頂而去。」古人待官妓者，《道山清話》云：「蔡襄守福唐於道山亭妓宴，陳烈聞妓發聲，即越牆攀樹逸去。李覯詩嘲之曰：『山鳥不知紅粉樂，一聲拍板便驚飛。』」《湘山野錄》云：「王安石過揚州，宴有官妓。安石不肯坐而去。一妓答曰：『燒卻車船，延之上坐。』」《鶴林玉露》云：「楊邦乂少處郡庠，同舍拉出飲，託言友家，實娼館也。娼豔妝出，公愕然疾趨逸歸。」劉昌詩《蘆浦筆記》司農少卿楊獮曾誓曰：「妓女之席，誓不

敢入。渝盟受殃，神質於旁。」《輟耕錄》云：「倪瓚眷妓趙買兒，令其自洗，從夜渝旦，竟不作巫山之夢。」《雲林遺事》載此事，作「趙愛兒」。人之性情嗜好，不能強同。匯而誌之，亦風流佳話也。（戴坤《唶庵叢錄》）

玉堂薈記四卷　（清）楊士聰撰

楊士聰（1597～1648），字朝徹，號鳧岫，濟寧人。崇禎四年（1631）進士，授翰林院檢討，官至左諭德。為人詭詐多變，北京被攻佔後投靠李自成大順政權，為戶部侍郎，後又入清朝為官。或謂有士子獻對聯曰：「一二三四五六七；忠信孝悌禮義廉。」上聯缺「八」，暗指「亡八」；下聯用傳統八德「忠信孝悌禮義廉恥」而無「恥」字，隱喻「無恥」。著有《靜遠堂稿》《甲申核真略》等書。生平事蹟見《甲申傳信錄》卷四。

書前有士聰自序，稱自叨史局，不廢記存，壬午再入春明，感興時事，取舊所編輯，更加撰次，不拘年月，凡十餘年來世局朝政、物態人情盡載於此，命曰《薈記》，摭實而不敢為誣云云。〔註519〕書後有民國四年（1915）劉承幹跋，稱其在翰林十餘年，目擊朝政是非，臣僚清濁，一一筆之於書，持論尚少偏倚云。〔註520〕

全書五萬言，分為四卷。所記多明末史事，兼有議論，如稱周延儒論黃道周事為進言有法，又謂楊嗣昌裁省驛遞之非，至有「流離不能復歸，乃有縊死在天壇者」。又論寸楮之制曰：「邊功之盛，莫如神廟初年。江陵柄政，一切機宜，皆從書札得之。今江陵集中，可考而知也。外而督撫，內而各部，無一刻不痛癢相關。凡奏疏所不能及者，竿牘往來，罔非至計。蓋奏疏拘而書札暢，奏疏板而書札活，奏疏僅可一二，而書札不嫌於再三，奏疏或虞洩漏而書札他人無從見。功業之盛，所自來矣。今奏疏之外，但有揭帖，與疏中一字不異，一切書札，概從禁絕。就中情事，未能盡知，而欲懸斷於數千里之外，無惑乎其不及前人也。寸楮之制，通行不過十餘年，前此所未有也。即如近年，答饋遺者，初猶有書，不用謝帖，一變而僅有名帖，再變而僅一單帖，乃至並帖而無之，皆取心照而已。往來之節，日趨苟簡，更假年歲，

〔註519〕《續修四庫全書》第 1175 冊，上海古籍出版社，2002 年版，第 167 頁。今按：1644 年明朝滅亡，縉紳士夫紛紛迎降，南明弘光政權一概目之為「從逆」，楊士聰更是反覆無常，自撰《甲申核真略》，自我辯護而已。
〔註520〕《續修四庫全書》第 1175 冊，上海古籍出版社，2002 年版，第 221 頁。

又當如何。」又有記朝政弊端者，如謂官由科道升者太速，又論濫加兵餉之弊，又論錢法之壞。又論錦衣之濫曰：「錦衣官屬太濫，至千有餘人。其旗尉效有年勞者，皆得補官，層累而上；而最冒濫者，為東廠理刑，夤緣徑熟，即一赤棍，不數年，位至極品。如喬可用者，是已其例，不由南北二司者，雖官都督，不得稱堂上官。即北司較南司為重。然惟富者得之。其選可知。如可用，亦由司轉，而稱堂上官者也。為吳昌時居停，以此革職提問。余謂此帶刀宿衛之選，宜稍鄭重之，非世蔭勳戚，不得推堂上官。其出身旗尉者，雖有年勞，止許帶俸，庶幾其少瘳乎！」又曰：「錦衣惟世廟最重，至神廟末年，北司生草無一系詔獄者。至天啟年間，又太重矣。今上錦衣，雖無大恣睢，而詔獄接踵，雖欲輕之而不可得也。」又曰：「錦衣治獄，雖與刑部不同，然亦伺上意旨所在，而加輕重也。如王世成鞫問巴縣家人，竟至忤旨，非持正也。上一面溫慰勉留，一面嚴鞫家人，安知上意所在。至熊魚山開元下詔獄，獄中具款累累，錦衣匿不以聞，則以相君之寵未衰也。嚴刑之下，蒙蔽反甚於刑部，徒使怨歸於上耳。」又有論時文者，如謂「文至今日，餒飣滿紙，幾於無處著眼，惟博雅好古之儒，足以振之。其光氣一望而可知也。余每閱卷，不須由首徹尾，不拘何處，偶覷一二行，果係佳卷，自然與人不同」。又論文章須分真贗，而謂「以倪鴻寶主考，而有丁卯江右之元，以黃石齋主考，而有庚午浙江之元，皆贗物也。滿紙餒飣，了無餘味，而幸售於法眼」。又多記科舉之事，如曰：「殿試分卷，在受卷官，其實中書掌房者，主張居多，讀卷多人，每人分不及三十卷，若授意中書，以書字不工之卷，聚於一處，而以注意之捲入其中，不拘分到何人，自是第一。但得第一，則一、二、三名惟首輔之所置，他人不敢問矣。然是科江西陳泰來因夢狀元而改今名，如舒芬、劉國裳者，則又前定之數也。」又曰：「辛未館選後，言宜興者有曰：何地不生才，而鼎甲三人及會元、館元，必出於蘇、松、常、淮四府。以淮與江南並稱四府，此何以服宜興之心，乃不辨此而辨館元曰：至於選館首名，亦別無優異，末名亦別無差殊，安所得館元與稱之。夫館元豈無，此可以服言者之心否耶！但館元雖有，實無關係，從來亦無以此自標者。甲戌曾就義刻樹牌，扁稱館元及第，則又咄咄怪事矣。」此外，書中所載關於崇禎皇帝禁煙、解禁之歷史亦頗為真實。《中國古代小說總目提要》列為文言小說集，似低估其史料價值矣。

　　周中孚稱其書於愛憎取捨之間不免有黨同伐異之見，究不足以彰直筆

也，且又備載戲笑經之事，以自穢其書，亦無取焉。〔註521〕然李慈銘稱此書乃崇禎癸未所作，所記皆當時朝事，亦間及詼諧戲瑣，其敘述國故，多有可觀。其書頗不經見，又見《禁書目錄》載此書在抽毀類，然則此本固非全書矣。其中議論頗平允，惟不滿於張天如，其餘好惡俱無所偏云云。〔註522〕繆荃孫《藝風藏書記‧舊抄本第四》稱其書專記時政，雜入瑣屑事，體格卑矣。

　　此書有國家圖書館清抄本、借月山房匯抄本、澤古齋本。此本據《嘉業堂叢書》本影印，此本經曹棟亭、顧湘舟所藏，頗為罕見，有語及穢褻者，節去數則。

【附錄】

　　【楊士聰《玉堂薈記自序》】《春秋》之作也，定、哀則微，豈非以身際兩朝當世之故，有不敢盡言者乎！若夫數世而上，其人往矣，其事往矣，可惟吾所論列而無他顧忌，固也。然非耳聞而目見之也；或傳之故老，或披諸載籍，使非身當其世者有所遺留，又安所得據以盡言也。故揚雄把三寸柔翰，遇有所得，歸而以鉛摘次之於槧，獨《方言》一事然乎哉！我朝詞林之設，名為史官，而每易一代，乃修實錄。其籤筆螭頭，僅存故事；於當世之故闕如也。官則設而職則廢，何歟？今上御極之初，命史官記注。追後召對，漸用喜怒，恐不可以示後，而記注廢矣。向者日講六員，專司起居，一切詔諭傳宣，月有其籍。近因一二執政間奉密諭，不欲聞之於外，而起居廢矣。雖然，未盡廢也，端木氏不云乎：「賢者識其大者，不賢者識其小者。」古來正史所闕，或得之雜錄漫紀，以補其所不足，亦識其小者之意也。自余叨史局，不廢記存，且積有年歲矣。壬午再入春明，感興時事，甚懼此道之淪喪也，乃取舊所編輯，更加撰次，不拘年月，惟有慨於中則書之，匯為一帙。凡十餘年來世局、朝政、物態、人情約略粗載於此，而戲笑不經之事亦往往而在，命曰《薈記》，明其雜亂無統，未足比於作者之林也。然摭實而不敢為誣，余亦竊自信焉。或歔欷余曰：「此昧乎定、哀，則微之義者也。」余固所不辭矣。崇禎癸未嘉平之吉，菏水楊士聰題於魯館之問月樓。

　　【左諭德濟寧楊公墓誌銘】故奉訓大夫左春坊左諭德兼翰林院侍講濟寧

〔註521〕周中孚：《鄭堂讀書記》卷六十五。
〔註522〕李慈銘：《越縵堂讀書記》，上海書店出版社，2000年版，第709～710頁。

楊公以避地卒於毘陵東南二十里戚墅堰之方聖村，其孤通睿奉其喪歸葬，以狀來言，曰：「先君之歿也，遺命就葬江南，而請子一言以銘其藏。今諸孤奉母北還，將卜諸先大參之兆，而不得子一言，是再違先君意也。」余受而哭之，曰：「余何忍銘吾友哉？」按狀：公諱士聰，字朝徹，別號鳧岫，中辛未進士，選庶吉士，癸酉授翰林院檢討。甲戌，奉命冊封趙王，王以疾請，無拜，公正色裁之，卒如禮。丁丑，會試同考，得春秋士二十三人。明年，皇太子出閣講學，充校書官，以職事糾中書黃應恩失當事意，尋以經筵講官召對，面論考選得失，疏劾吏部尚書田唯嘉及其鄉人太僕卿史塈所為諸不法，上用其語，唯嘉黜免塈逮問。未幾，田史之黨復振，公病請回籍。辛巳，史塈死獄中，詔籍其家，應恩前已他事論死，乃思公言為可用。壬午，召見，擢右春坊中允，副考北闈，得士百七十有一人。癸未，題補日講，升左諭德，管誥敕，修《大明會典》。甲申，得旨宣慰襄藩，齎手敕，論左鎮入援，會通州相出治軍，請以公收山東義勇。未及行，寇陷京師，公投愛女於井，趣孔夫人與妾陽氏、祝氏繼，已則仰藥自殺，為防守者覺，水灌之，大吐復活，孔懸絕蘇，二妾與女死馬。得間棄家南奔，督輔請為監軍，護諸鎮帥，不果。過江，避兵武塘，既而轉徙於丹陽金沙，終歸毘陵，鬱鬱不得志以死。初，余同館兄弟二十四人，而豫章楊機部、山右王二彌公與余四人者，立朝相終始，機部最伉直，余與二彌好持論，公謹質凝重，多大節，其以職事糾黃應恩也。應恩者，小人，歷事久，關通中外，舊制詞臣於殿閣大學士為同官，而中書特從史即積資至九卿，不得鈞禮，淄川相以外臣入廢掌故，而應恩挾中官重示籠絡，又助為調旨，以此得相，張心益驕無舊節，公與語不合，立具奏。又移書淄川，責數之，而僉人盡目懾公矣。田唯嘉者以吏侍郎取中旨，進於相張為師生，而史塈特虎而鷙，父喪家居，頤指諸大吏，為威福，天下莫敢言，公於便殿白發其端，退而上書條疏贓蠹，章十數上。當是時，先皇帝欲公盡言，故下嚴旨屢詰辨，苟一語參驗失實，且收坐，而公所彈奏又皆閣部大臣，方任用領事其黨，以聲勢權利相倚行金錢數十萬金吾大璫為耳目，日夜思有以中公，而公以一書生孤特寡助，結怨要近，危禍難測，朝士自一二人外，莫敢過其門。大會廷中，無有立而與之言者，乃益慷慨發抒，盡列其誑欺狀以進，終使邪黨莫得楮梧，顛倒錯愕，咋舌喪氣，自實而後止。此固公質直忠孝，上感主知，而先皇帝之明不可及也已。公之奔走漂泊，憤懣發病，病革而大呼先帝，召對者三，凡以感舊恩而必報之死也。嗟乎！當先帝親儒重學，而同官三四人奉詔輔導太子，

其遭遇之隆可不謂盛歟？逮乎天地裂，交遊盡，二彌前以病亡機部，嬰城不屈而死，唯公與余得相見於流離之中，而復歿於窮村。喪櫬未還，妻子不立，屈指二十四人零落亦無幾矣。嗚呼！可不歎哉……公詩文雅練，章奏尤警核。所著《靜遠堂稿》《玉堂薈記》《戊寅紀事》《甲申核真略》，凡數十卷。生於丁酉七月十四日，卒於戊子七月十一日，享年五十有二。其卒也，通佺甫二歲，公命育之江南，且指以託通睿曰：青山埋骨何必故土？待此子成立，以守吾墓。今盡室北歸，通睿必能奉經氏母，撫幼弟，以無忘父命。嗚呼！公雖即安先隴，而臨歿遺言，請以刻諸墓石，以明公避地之志也。為之銘曰：直矣而不罹其禍，忠矣而不遂其名。其必死而不死也，君父之德；其不死而必死也，臣子之心。豈其道之將行，而命之不辰，唯夫不有其家，不有其身，以全吾貞，用昭示乎後人。（《梅村家藏稿》卷四十二）

【皇明遺民傳】楊士聰，字朝徹，號凫岫，山東濟寧人。崇禎辛未進士。歷翰林院侍講。甲申寇陷京師，投愛女於井，趣夫人孔氏與妾楊氏祝氏縊，自仰藥死，為守者所覺，灌水得活，孔懸絕亦蘇，二妾與女死焉。得間棄家南奔。督輔請為監軍護諸鎮不果，過江避兵武塘，轉徙毘陵，鬱鬱不得志以死。所著《靜遠堂稿》《玉堂薈記》《戊寅紀事》《甲申核真略》凡數十卷。（《域外漢籍集部·韓國文集·二》，成海應《研經齋全集》卷三十七）

【四庫提要】《玉堂薈記》一卷（副都御史黃登賢家藏本），國朝楊士聰撰。士聰字朝徹，號凫岫，濟寧人。前明崇禎辛未進士，官翰林院檢討。入國朝，官至諭德。是書成於崇禎癸未之十二月，距明之亡僅百餘日。自序謂古來正史所闕，或得之雜錄漫記，以補其所不足，亦識其小者之意也。自余叨史局，不廢記存，且積有年歲。壬午再入春明，感興時事，乃取舊所編輯，更加撰次，不拘年月，惟有概於中則書之，匯為一帙。凡十餘年來世局朝政，物態人情，約略粗載於此。而戲笑不經之事，亦往往而在。今觀其書，於當日周延儒、薛國觀、溫體仁、王應熊諸人門戶傾軋之由，政刑顛倒之故，頗能道其委曲，多正史之所未及。然士聰為延儒門生，筆墨之間頗為迴護，而於黃道周、倪元璐皆有不滿之意。至謂道周不坐宦官之房，不以通家名刺與宦官，皆為太過。其記張溥試詩，亦詆諆已甚，皆不免於恩怨之詞。又孔有德之變，乃新城王氏所激，毛霦平叛記言之最詳，而以為由於誅袁崇煥，失遼人之心。殊非實錄。至於鄙謔穢語皆備載之，尤為猥雜，又非《歸田錄》諸書偶記俳諧之例矣。是書自序稱一帙，而書首題卷一字，則當有二卷。中

間癸未九月經筵以下，舊本別為一頁，與前不屬。疑為下卷之首，傳寫佚其標題也。(《四庫全書總目》卷一百四十三「子部五十三·小說家類存目一」)

【殿試分卷】殿試分卷，在受卷官，其實中書掌房者，主張居多，讀卷多人，每人分不及三十卷，若授意中書，以書字不工之卷，聚於一處，而以注意之捲入其中，不拘分到何人，自是第一。但得第一，則一、二、三名惟首輔之所實，他人不敢問矣。然是科江西陳泰來因夢狀元而改今名，如舒芬、劉國裳者，則又前定之數也。

【館元及第】辛未館選後，言宜興者有曰：「何地不生才，而鼎甲三人及會元、館元，必出於蘇、松、常、淮四府。以淮與江南並稱四府，此何以服宜興之心？」乃不辨此而辨館元曰：至於選館首名，亦別無優異，未名亦別無差殊，安所得館元與稱之。夫館元豈無此可以服言者之心否耶！但館元雖有，實無關係，從來亦無以此自標者。甲戌曾就義刻樹牌，扁稱館元及第，則又咄咄怪事矣。

【張溥卷】辛未館選，他未遑論，但以南直言之，額取三人，江南二人，江北一人，此成例也。江北已擬張一如矣，但以吳館元、馬、張二人皆名士，不可去，遂奪一如，而並與之。此謂之無私可乎？張溥卷有塗注字；卷完時政府極為懊恨。翌日，竟以進呈，上既不駁，言者亦未之及，幸矣。(《玉堂薈記》卷一)

【翰林講讀】翰林講讀而下至閣外，報門而入，中庭而揖，儼然屬禮，舊例管誥敕，則官雖講讀，而下不報門，先入揖畢，過東各官方報門入揖，然誥敕止六員，率先盡宮坊，不能及講讀而下。已卯，衙門人少，王炳藜、邵韓芹、城四維俱以史官管誥敕，不知果如儀否？但史官執屬禮未為過也。新中堂謝恩，尚未到任，與史官何與，乃相率詣精微科揖，此一事甚無謂，所當改正者也。(《玉堂薈記》卷一)

【進言有法】宜興進言，亦甚有法。如黃石齋一事，本因上問：「撼山易，撼岳家軍難，何以能至此？」宜興奏曰：「飛在當時，固是忠勇，然亦未盡如所云。但因秦檜讒構，飛遂不得其死。後世憐之，所以說得飛更好。就是古今所無。即如黃道周，皇上罪之甚當，但此人素有浮名，亦只是作得時文好，故一時文士多稱其美。今在瘴癘之鄉，一旦不保，則後世亦止知憐他，就與岳飛相類。」上微笑而不言。蔣晉江因曰：「道周在獄逾年，只是讀書及感戴聖恩，曾手書《孝經》百卷，各有題跋，此人大要還在忠孝一邊，還望皇上赦

他。」上曰：「既是卿這等說，豈止赦他，就是用他，也不難。」翌日降御箚云：「永戍黃道周，罪無可逭，今特赦免前罪，著以少詹事兼翰林院侍讀學士，以見朕重學惜才、赦過宥罪之意。」（《玉堂薈記》卷一）

【錢法】國家錢法，莫盛於萬曆年間，每六文作一分，至天啟年間如故。余乙丑計偕所親見也。辛未乃增至八文，因錢雜也。然猶未大壞。至今日而日甚一日。私錢之禁日嚴，徒為販鬻者苦。揆其所以，皆因有力者為之。如田宏遇自寧波回，載錢十三船入京，曷嘗幾萬萬。宏遇用此錢於百姓，而欲百姓不用此錢，將銷歸何處也。在南之錢白文僅值二分，宏遇買來京用，有四五倍利；萬萬之錢，贓銀亦以萬計矣。律以歐陽駙馬之罪。將何辭焉！雜錢既多，勢不能禁其賤，當因而益賤之，而獨重制錢，俾二文當一文，或三文當一文，法在先行於上，而以漸及下，京城內外，凡收銀者，皆令收錢，制錢與雜錢兼收，其折數亦如之，行之月餘，其應給銀者，概給制錢，未有不樂其便者也。雜錢自去，制錢獨行，無所用禁，而錢法疏通矣。所謂因而利導之者也。（《玉堂薈記》卷一）

【袁崇煥之死】袁崇煥之死，今日固共知其冤。而在當時，不惟崇禎帝恨其引我朝兵脅和（時帝怒甚，欲族誅崇煥，以何如寵申救，免死者三百餘口，見《如寵傳》），鍵頓朝之臣，及京城內外，無不訾其賣國者，楊士聰平心而論，亦但言其罪不至此，而不知其所以得禍之由。其所撰《玉堂薈記》云，己巳之變，當時士馬物力足以相當，袁崇煥初至一戰，人心甫定。而袁於大璫少所結好，毀言日至，竟罹極刑。乃京師小民亦群以為姦臣賣國，至有啖其肉者，其蜚語皆出自內閣云。可見是時引敵脅和之說已萬口一詞，士聰雖略知謗言之出自中涓，然究未知中涓何以有此說也。直至我朝修史時，參校《太宗實錄》，始知此事乃我朝設間，謂崇煥密有成約，令所獲宦官楊姓者知之，陰縱使去。楊監奔還大內，告於帝，帝深信不疑，遂磔崇煥於市。於是《崇煥傳》內有所據依，直書其事，而崇煥之冤始白。使修史時不加詳考，則賣國之說久已並為一談，誰復能辯其誣者？於此可見《明史》立傳之詳慎，是非功罪，銖黍不淆，真可傳信千古也。（趙翼《廿二史箚記》卷三十一）

【周延儒之入姦臣傳】縱敵之說，本屬無稽，楊士聰之論曰：「縱敵者，必我能為敵所畏，方肯以賄免。當北兵深入，所過如破竹，雖禮拜求其去，尚不可得。及其出塞也，大書邊牆曰：『文武官員免送。』當時兵力，為敵所侮笑如此，而反加以得賄縱敵之名，是何高視延儒，輕視敵兵也！」此論載《玉

堂薈記》，可謂得當日情事，而縱敵之說，可不辯自明矣。或云延儒因邊警，
先斂貲遣家人送歸，中途為人耳目，家人姑大言以欺眾，謂「北兵所貽」。人
以其出自家人之語，遂以為實云。亦見《玉堂薈記》。（趙翼《廿二史劄記》卷
三十一）

玉劍尊聞十卷 　（清）梁維樞撰

　　梁維樞（1587～1662），字慎可，直隸真定（今河北石家莊）人。明兵
部尚書夢龍之孫。萬曆舉人，授中書舍人。受業趙南星之門，復從楊漣遊，
會逆奄起，詔獄，趙首被禍，維樞傾身翼之。入清朝為工部郎，擢武德兵備，
練營卒，飭法令，境內肅然，絕苞苴，恤徭役，惠政流聞。著有《姓譜日箋》
《內閣小識》《見君子日箋》等集數百卷行世，卒祀鄉賢。生平事蹟見《（雍
正）畿輔通志》卷七五。

　　此書為「世說體」小說總集，依劉義慶《世說新語》體裁、門目，分為
三十四類，而自為之作注。此書十卷，卷一德行，卷二言語，卷三文學，卷
四方正，卷五雅量、識鑒，卷六賞譽、品藻，卷七規箴、夙惠、容止、企羨、
傷逝，卷八棲逸、賢媛、術解、巧藝、寵禮、任誕，卷九簡傲、排調、輕詆、
假譎，卷十黜免、儉嗇、汰侈、忿狷、讒險、尤悔、紕漏、惑溺、仇隙，凡
三十二類，末又有捷悟、自新二類，有目無文。書中所記，多明代士大夫軼
事舊聞，嘉言善行，文格亦全仿《世說新語》，如「政事」類記伍袁萃與楊
漣論做官，伍曰：「做人須看得人重，做官須看得官輕。輕其可重，必決道
義之坊；重其可輕，必蹈貪鄙之轍。」楊曰：「為一己輕富貴，當看得官輕；
為國家持紀法，當看得官重。」「文學」類記陳繼儒論詩文曰：「吾輩詩文無
別法，但最忌思路太熟耳。」又記周洪謨著《杼辯錄》，自謂是發經傳之蘊，
正先儒之失，破千載之惑。「賞譽」類記吳國倫稱李贄曰：「卓吾高邁蕭潔，
如泰華崇嚴，不可昵近，聽其言，冷冷然塵土俱盡，而本人情切物理，一一
當實不虛。」「品藻」類記孫文融論王世貞曰：「不論何事，出弇州手，便令
人疑非真。」又記張元禎謂見士大夫凡三變：「初講政事，後講文章，今則
專講命。」又述魏裔介《瓊琚佩語》：「國家之用才，猶農家之積粟。粟積於
豐年，乃可以濟饑；才儲於平時，乃可以濟事。」「量思寬，犯思忍，勞思
先，功思讓，坐思下，行思後，名思悔，位思卑，守思終，退思早。」「視屋

漏如明廷，對妻孥如大賓。」

　　書前有吳偉業、錢棻、錢謙益序及自序。維樞自序謂自元以來數百年，雅言韻事幾同星鳳，凡有聞見，略類《世說新語》者，分部書之簡素，敢參一己見意，隨所聞見即書，亦未得序時代之先後、名位之崇卑云云。明代何良俊著《何氏語林》，自漢迄於元朝。此書記有明一代人文事蹟，且著於清修《明史》以前，雖是零簡短帙，小品文字，徵文考獻，功不可沒。故吳梅村序稱其出入兩朝，百餘年來中外之軼事，皆耳聞目給，若坐其人而與之言，無不可以取信云〔註523〕此書所記多為文人遺事，頗見承平氣象。然維樞生於易代之際，書中未有國家興亡之感，異哉！

　　《四庫提要》稱其書隨意抄撮，頗乏持擇，其注尤多膚淺。周中孚《鄭堂讀書記》亦稱此書不敘時代，頗少條理，而於明人狂誕之辭亦以為佳話而載之，不知簡擇；即所注亦極膚淺，非孝標引書為注所可比擬云云。〔註524〕謝國楨稱書中多存文學藝術及社會風俗資料，烘雲託月，忠實反映明代各階層之風氣。〔註525〕

　　此本據清順治甲午梁清遠梁清傳刻本影印。

【附錄】

　　【錢謙益《玉劍尊聞序》】史學之失，未有如今日者也。吾嘗為之說曰：「難言史，天下無史矣；易言史，天下亦無史矣。」夫謂「難言史而無史」者，何也？祖功宗德，日月不刊，國憲家猷，琬琰具在。《周官》之六典如故，《公羊》之三世非邈，不於此時考求掌故，網羅放失，備漢三史，作唐一經，將使禹跡夏鼎，弗克配天，文謨武烈，於焉墜地。惟我昭代，文不在茲，豈蜀史之無官，抑籍氏之忘祖？故曰「難言史則無史」也。謂「易言史而無史」者，何也？《史記》遠稽《世本》，《通鑒》先纂長編，張衡合三史之枝條，陸機定《晋書》之限斷，莫不遠述典章，近刊蕪穢。今以匹夫庶士，徒手奮筆，典籍漫漶，凡例舛春駁，定哀之微詞誰正？建武之新載無徵。此一難也。編年之有左氏也，紀傳之有班、馬也，其文則史，其義則經。《三國》之簡質，班之末子也。《五代》之條暢，馬之耳孫也。今一旦祧班而墠范，昭左而穆馬。東觀以後，夷諸席薦，足取步目，言以足志，雖師契而匠心，恐代斫而傷指，

〔註523〕吳梅村：《梅村家藏稿》卷三十二。
〔註524〕周中孚：《鄭堂讀書記》卷六十五。
〔註525〕謝國楨：《明清筆記談叢》，上海書店出版社，2004年版，第37～39頁。

又一難也。故曰「易言史則亦無史」也。真定梁慎可先生規摹臨川王《世說》，撰《玉劍尊聞》一編，余讀而歎焉。慎可少負淵敏，博學強記，悉應奉之五行，識安世之三篋。其才與學可以史。世食舊德，胚胎前光，漢世稱公卿子孫諳曉臺閣故事者，於當世無兩。其家世可以史。少遊高邑之門，壯入承明之署，歷昌已來九變，復貫南北部之壇墠，大小束之章牒，絲綸之簿籍，邊陲之圖志，莫不藏諸腹笥，得之目論。其閱歷可以史。滄桑貿遷，陸沉郎署，填膺薄胸，裂吻蜇鼻，躊躇四顧，吮毫閣筆，退而採集斯編，臚陳瑣碎，踵附臨川之後塵。其可以史而不史者，良於國史難易之故，精而求之，熟而審之，未敢以嘗試而漫為也。余少讀《世說》，嘗竊論曰：臨川王，史家之巧人也，變遷、固之史法而為之者也。臨川善師遷、固者也，變史家為說家，其法奇。慎可，善師臨川者也，寓史家於說家，其法正。世之君子有志國史者，師慎可之意而善用之，無憚築舍，無輕奏刀，子玄有汗青之期，而伯喈無髡鉗之歎，豈不幸哉！余懼世之讀斯編者不深維史家難易之故，而徒取其長語瑣事，供談諧，代鼓吹，猥與《語林》《說郛》之流同部類而施易之也，為論著之如此。（《牧齋有學集》卷十四）

【吳偉業《玉劍尊聞序》】往余客京師，好擷拾古人嘉言軼行散見於他籍、流傳於故老者，以增益其所未聞。乃有笑余者曰：「甚矣，子之勞也！今以子一日之內出入禁闥，公庭之論列，私家之晤語，誠筆而存之，皆足以為書。乃必舉數世，或數十世，闊遠而荒忽者，整齊而補輯焉。雖用意之勤，其人與其事則固已往而不可追矣，不亦難乎！」余心韙其語，退而為歲抄，日記有成帙矣。久之，朋黨之論作，士大夫所聚訟而爭持者，黑白同異，糾紛龐雜，既不足取信，而飛言微辭咸目之以怨謗。余之書雖藏在篋衍，不以示人，恐招忌而速禍，則盡取而焚之。未幾，天下大亂，公卿故人死亡破滅，其幸而存如余者，流離疾苦，精神昏塞，或於疇人廣坐間徵一二舊事，都不復記憶，於是始悔其書之亡而不可復及也已。水部真定梁公慎可別十八年矣，今年春再相見於京師，出所著《玉劍尊聞集》以示余，曰：「子為我序之。」夫古之立言者，取其講道論德，用口語相傳授，自典謨以降，至於孔、孟、左丘明、穀梁、公羊諸書皆是也。聖人不作，諸子迭興，乃務為文章，競著作，假借緣飾，不必其中之所欲言即得失無考正，家乘野史則又屬之稗官，史家之所不取。遭兵火，易世代，散亡放佚，百不一存。兔園之小儒據事直書，罔識顧避，病在僻陋而寡聞。其稍有聞者，忌諱疑畏，輒逡巡勿敢出。無怪乎書之不

就，可勝歎耶？梁公之祖貞敏公為名太宰大司馬，致政里居者二十年。自公為兒童時，習聞先朝掌故，長而與趙夢白先生遊。先生一代偉人，其緒言遺論可指數而述也。既而子弟位卿貳，備法從，出入兩朝，百餘年來，中外之軼事皆耳聞目擊，若坐其人而與之言，無不可以取信。而公為人又怳爽軒豁，少年好畋獵聲酒，馳逐燕趙之郊，折節讀書，官禁林，被黨錮，志氣不少挫。歸所居雕橋莊，杜門著述，且十年。家世貴盛，修飭醇謹，逾於素門寒士。而聽其論辨，則恢奇歷落，滾滾不休。噫！公之書其本於為人者如是，是足以傳矣。余既論次是編，而因以告後之人，使知一書之成於斯世不為無助，各宜愛惜其所聞，遵公之所以得，而毋蹈余之所以失也。（《梅村家藏稿》卷三十二）

【四庫提要】《玉劍尊聞》十卷（左都御史張若淮家藏本），國朝梁維樞撰。維樞字慎可，真定人。在前明由舉人官工部主事。是書作於國朝順治甲午。取有明一代軼聞瑣事，依劉義慶《世說新語》門目，分三十四類而自為之注，文格亦全仿之。然隨意抄撮，頗乏持擇。如李贄嘗云「宇宙內有五大部文章，漢有司馬子長《史記》，唐有《杜子美集》，宋有《蘇子瞻集》，元有施耐庵《水滸傳》，明有《李獻吉集》」之類，皆狂謬之詞，學晉人放誕而失之者。其注尤多膚淺。如曹操、李白之類，人人習見，何必多累簡牘乎？至所以名書之義，吳偉業諸人之序及維樞自作《小引》均未之言，今亦莫得而詳焉。（《四庫全書總目》卷一百四十三「子部五十三·小說家類存目一」）

【梁維樞仕跡】梁維樞，夢龍孫，萬曆舉人，受業趙忠毅南星之門。忠毅嘗曰：「風雅不墜，復見之梁生矣。」復從楊忠烈漣遊，會逆奄起詔獄，趙首被禍，維樞傾身翼之，楊銀鐺道曰，正定維樞往迓之，大言檻車之旁曰：「公此行足以垂名竹帛，死者公之本志，豈足畏哉？」於時邅卒擁立，人謂何不為門戶計，維樞瀟然不顧也。尋授中書舍人，入本朝為工部郎，擢武德兵備。武德多鳴髇暴客，難以剿治，維樞練營卒，飭法令，境內肅然，絕苞苴，恤徭役，惠政流聞，乞養歸。所著有《玉劍尊聞》《姓譜日箋》《內閣小識》《見君子日箋》等集數百卷行世。子清遠，歷吏、戶、兵等部侍郎，好學能文，今所傳《祓園集》《雕丘雜錄》，其遺集也。（《（乾隆）正定府志》卷之三十五《人物五》）

【薛國觀】史稱薛國觀陰鷙狠才，情性剛愎，繼烏程之後，忮刻相同，而操守遜之，故及於法。近觀梁清遠《玉劍尊聞》言：「國觀任推官時，奉職

守法，為臺諫，忠清剛介，存心中正，不以察察為明。任僉都，則隨時匡救，為莊烈帝所心重，致登台輔。終剛正致忤中官，死於非罪，為一代之賢相。」與《明史》大相徑庭。然史稱王陛彥為其舅吳昌時所陷，死不肯言，是國觀之獄，原由錢謙益等誣害，其去國觀死時不遠，或確有見聞，未可知也。（昭槤《嘯亭續錄》卷五）

客舍偶聞一卷　（清）彭孫貽撰

　　彭孫貽（1614～1673），字仲謀，一字羿仁，號茗齋，自號管葛山人，海鹽人。明末以明經首拔於兩浙，入清後不仕，閉門著述。博聞強識，為文有法，於詩則無體不備，學各家亦無不逼似。擅山水，工墨蘭，曾與吳蕃昌創「瞻社」，時稱「武原二仲」。鄉人私諡曰孝介先生。次文天祥和王昭儀韻《滿江紅》詞云：「曾侍昭陽，回眸處、六宮無色。驚鼙鼓、漁陽塵起，瓊花離闕。行在猿啼鈴斷續，深宮燕去風翻側。只錢塘早晚兩潮來，無休歇。　　天子氣，宮雲滅。天寶事，宮娥說。恨當時不飲，月氏王血。寧墜綠珠樓下井，休看青冢原頭月。願思歸、望帝早難還，刀還缺。」其《掉頭行》詩云：「黃金臺成凡馬至，驊騮駃耳俱逡巡。凌雲詞客新得意，驕嘶高馬胡由馴。彭郎掉頭仰天笑，翻身歸釣西山鱗。鱸魚正肥蓴菜熟，痛飲三日梨花春。狂來忽走諸山上，海水一杯莽相向。觀潮起色僕未能，文園臥病人亡恙。世上文章那足論，窮途意氣輕相讓。丈夫落落非失意，乾坤尚有容汝地。或可披裘大澤中，不然去採湘江芰。醒醲毋為妻子羞，清狂不畏時人忌。長安第宅高比天，須臾烏雀羅秋煙。黃金橫印何赫奕，指顧牛羊上墓田。以茲感慨更投筆，曳杖歸山抱犢眠。」《將西行》詩云：「兵甲滿四野，風雨路漫漫。十步半荊棘，誰言天地寬。豈不憚行役，君親事辛酸。大江浩無涯，哀鳴急羽翰。荒臺委白骨，抱此長恨端。我行逢亂離，豺虎塞巇岏。存亡達義命，敢怨行路難。再拜別所生，忍痛摧心肝。遊子有老親，恒言客途安。揮手各努力，毋為重汩瀾。」著有《甲申以後亡臣表》《明朝紀事本末補編》《茗香堂史論》《彭氏舊聞錄》《方士外紀》《國恩家乘錄》《靖海志》《流寇志》《虔臺逸史》《茗齋雜記》《茗齋詩文集》《茗齋詩餘》等書。生平事蹟見《孝介先生傳》《兩浙輶軒錄》卷一、《歷代畫史匯傳》卷三十四。

　　全書萬餘言，僅一卷。名曰「客舍偶聞」，實與沈周之「客座新聞」相

近。此書所記多明、清間史實。又記異聞，恰如今日之「新聞報導」，足以新人耳目，吸引眼球。如記康熙七年（1668）山東大地震，如沂州報導：「沂州地震，徹夜搖動如雷，官廨、民房、廟宇、城樓、牆垛盡倒，僅存破屋一二，人不敢入，河水暴長，城中上無寸椽，下無片地，男女死者不計其數，存者帶傷，抱男攜女，逃奔無地，晝夜啼號。」莒州報導：「地震如雷，連日不止，馬著山崩四散五，廬固山劈裂一半，十三層塔一座亦劈一半，閻家固、旋風朵、科羅朵、馬齊山、大山各裂一半，城內四鄉，遍地縫裂，或寬一尺、二三尺，或長數丈……裂處皆翻土揚沙，湧流黃水，城東北井二口，噴水高三尺，北門大街井，噴沙水高四尺，水止井干，官民房屋、寺廟、監庫、城垣俱倒……霪雨不止，平地水深三尺，田禾淹沒，地震至今不息。」郯城報導：「地震聲若轟雷，勢如覆舟，城內四關六百餘戶盡倒，死者百餘，城垛全坍，周圍坼裂，城樓傾盡，城門壓塞，自夜徹旦，響震不止，監倉、衙庫無存，煙灶俱絕，暴雨烈日，官民露宿無依，馬頭集為通商辦課所賴，商賈雜處，房屋盡塌，壓死男婦千餘，四郊地裂，穴湧沙泉，河水橫溢，人民流散。」安丘報導：「申六月十七日戌時，大雨，天色陰慘，有聲如吼，地下聲若鉅雷，空中如奔萬馬，地動如簸如顛，一時數次……連日大地顫搖，房屋陸續傾倒，近所未聞，史所未載。」震驚百里，山河為之破碎。滾動報導，可謂驚心動魄。又記清初科場腐敗事：「江南辛卯主考左必蕃、趙晉，頭場《四書》題『能行五者於天下為仁矣』，次題『博厚所以載物也』三句，三題『孔子登東山而小魯』一節，出榜後，於貢院前貼一對，『左丘明雙眼無珠，趙子龍渾身是膽』，又題目詩『能行五者是門生（注云：「金子、銀子、珠子、古玩、紗緞。」），賄賂功名在此行。但願宦囊誇博厚，不須貢院誦高明。登山有竹書貪跡，觀海無波洗惡名。一榜難為言皂白，聖門學者盡遭坑。』」孫貽工詩詞，擅評書畫，能寫小說，文才甚富，故其書頗能引人入勝。繆荃孫《藝風藏書續記》入別史類，以其記康熙初年事也。〔註526〕《中國古代小說總目提要》著錄為筆記小說集，稱其間注文為順德李文田所撰。

前有康熙八年（1669）孫貽自序，稱客長安，見貴遊接席，時時遊於酒人豪士間，抵掌談世事，雖多耳食，徵其實，亦十得五六，更益以所見，隨筆記之，曰《客舍偶聞》云。〔註527〕後有李繩齋、董彬識，又有彭晫識，已殘。

〔註526〕繆荃孫：《藝風藏書續記》卷四《史學第五》，中華書局，1993年影印本。
〔註527〕《續修四庫全書》第1175冊，上海古籍出版社，2002年版，第411頁。

書後有乾隆乙巳（1785）董彬跋，稱所載朝廷故實，俱出當時目擊，非同父老傳聞。〔註528〕徐珂《清稗類鈔》稱「客舍偶聞」條稱所記康熙初年滿人互相擠軋之狀，歷歷如繪。〔註529〕

此書有清乾隆三十八年彭晫抄本、管庭芬輯《花近樓叢書》本。此本據上海圖書館藏清柘柳草堂抄本影印。

【附錄】

【彭孫貽《客舍偶聞自序》】客長安，見貴遊接席，必屏人趣膝，良久，人不聞，須臾，廣坐寒暄而已，微以道上所聞，唯唯謝弗知。廷有大事卿寺臺省集禁門，其中自有主者，群公畫尺一而退，咸諾諾，議更置大吏，冢宰不得聞，有所調發，司馬不知，群公優游無事，日置酒從容，諸小臣相聚博弈，連晨夕，或達旦，失朝會，始以病告，當事亦不問，以是聞見甚希。然時時遊於酒人豪士間，抵掌談世事，無所諱，突梯者又姑妄言之，足以新人聽，雖多耳食，微其寔，亦十得五六，更益以所見，隨筆記之，曰《客舍偶聞》云。康熙戊申九日，淮南彭孫貽羿仁氏書於通津舟次。

【孝介先生傳】孝介先生姓彭氏，名孫貽，字仲謀，一字羿仁，其先全椒人。有名勝者，從明太祖起兵，授指揮使，世襲調海寧衛，因家海鹽為海鹽人。數傳至河南道御史名宗孟，生太僕寺卿，名期生，則先生之祖父也。自侍御以上代襲指揮，至侍御始登萬曆辛丑進士，而太僕與其兄上海知縣名長宜同舉於乙卯，太僕登丙辰進士第，而上海則登第於崇禎癸未，父子咸為名臣，兄弟卒皆殉國云。先生生而絕倫，風發泉湧，髻齔操紙筆，數千言立就，浩博宏麗，加以鐫刻。當明季，爭奇抉奧，時軼出其儕偶，無能跂及者。試於學使者五，皆第一，凡他試無不冠軍。壬午秋闈，華亭陳公子龍以紹興府推官同考薦之主司翰林院編修吳公國華、吏科給事中范公淑泰，皆歎賞，定為第一，以病不能終場，報罷。後遇時恩，選士貢成均，復第一。自萬曆間諸君子務為講學，顧端文、高忠憲兩公倡為東林書院，四方之士益興起。雖羅奄獄得禍最酷，士益以名教自奮。及復社興，而東南諸都邑各推其英傑以為領袖，海內趨之如騖，為之聲氣。海鹽曰瞻社，先生與吳仲木先生蕃昌等主之，號為「武原二仲」。諸方名宿聞先生名，莫不退避三舍。然先生志在千古，不屑屑

〔註528〕《續修四庫全書》第1175冊，上海古籍出版社，2002年版，第437頁。
〔註529〕徐珂：《清稗類鈔》，中華書局，2010年版，第3763頁。

標同角異，日閉門著述，講求有用之學。當事非文藝相賞，求一面不可得。甲申、乙酉之變，太僕以江西左布政使分守嶺北，駐贛州，時南京已陷，閩、越各有所立，不能相協，遂相繼淪陷。太僕猶與太學士楊公廷麟督師，兵部侍郎萬公元吉協守贛，以圖恢復，城孤援，絕血戰，逾年卒不守，太僕與楊、萬二公及文武將佐寓公辟士同日盡節，無一人自屈者，而嘉興亦以倡義拒守，盡遭屠戮，太僕兄上海公及子弟四五人同日罹害，先生奉其母夫人遁避得免。亂甫定，而贛州之變，聞降將金聲桓復反，江西道路阻絕，先生殮諸父兄之死於兵者，安輯母夫人與族屬之得免於兵者，即攜兩蒼頭，冒兵革入贛，沿途物色，遭故部曲於道，始悉太僕盡節於章貢臺，遺骸為故吏杜鳳林桂芳等瘞之臺上，先生哀號重趼，步至殯所，發其瘞，遺跡渺然，蓋先是為部將楊大器與萬安義士曾堯崶發之，已攜歸萬安矣。先生上下贛江，晝夜號泣，卒不可跡，人言藉藉，太僕逾嶺從粵西所立矣。先生心知太僕盡節，而狐鳴魚帛，所在假託，禍至不測，乃與故部曲謀刻木為骸，招魂東返，有《太僕行略》《湖西遺事》《虔臺逸史》記其事。後歲遣客上贛，又屬從弟少宰公入粵，過嶺蹤跡之絕無影響。先生素衣蔬食二十餘年，恒若苫塊，不交人事，每從緇流羽士吟嘯野寺荒苑間，或獨行海上，浩歌激烈，與潮汐相互答，或獨立書空咄咄，或中夜揮杯痛哭，人見而怪之，當事見先生角巾廣袂，吹索百端，有故人寓京師者，招先生曰：「盍遠遊以釋疑乎？」乃輕裝北上，巡覽名勝，憑弔陵寢，作詩數百篇，未嘗謁一顯者。先生已至京師，則萬安義士曾堯崶以太僕遺骨來歸，聞之晝夜兼程，追執喪禮，哀毀彌至。自是益閉門著述，卷帙之富，近古未有。年十三，即能詩，先輩胡職方震亨見而賞譽之。朋酒倡酬，邑人傳誦。晚而愈工，上追騷雅，下逮長短倚聲，皆窮變詣極，多至百卷，文集若干卷。外有《史論》《流寇志》《亡臣表》《方士外紀》《國恩家乘錄》《彭氏舊聞錄》《客舍偶聞》《茗齋雜記》《歷代詩鈔》《五言妙境》《茗齋四韻合編》及天文、地理、陰陽、佛老、稗官野乘，纂輯鼇整，各自成帙，往往散佚於世。又作書數種，一夕手焚之。先生明達剛果，少有經世之志，大而國家治亂，細至里巷利弊，無不洞若觀火，處置纖悉俱盡，戚黨陰蒙其庇。易簀之夕，自序平生，欲得一見於世，而家國至斯，忠孝兩負，夫何言？遂冥然而化，年五十九。以母夫人不及終養，遺命麻衣以殮。卿士大夫高其節，悲其志，私諡曰孝介先生。徐子曰：先生聲名滿天下，遭變後不見一人，獨與吳仲

木先生及仲木弟袞仲先生、謙牧李潛夫先生天植相往還，人皆以鄭所南、謝
臯羽目之。其後兩吳先生皆因難哀毀卒，而李先生窮餓死，皆不負所志焉。
吾邑多志節之士，予所見先生倫輩，素衣蔬食，終其身者十數人，常欲次其
事傳之。頻年糊口四方，今老矣，恐不能遂所志，故勉為先生傳，以權輿之
云。(《四部叢刊》續編集部之《茗齋集》卷首)

【茗齋集跋】始余居鄉時，初讀彭羨門《松桂堂集》，諸父老為余言其從
兄茗齋先生之為人，並稱其所為詩遠出羨門右。又讀朱笠亭《明人詩鈔》，知
先生所著有《史論》《流寇志》《亡臣表》《方士外紀》《彭氏舊聞錄》《客舍偶
聞》《茗齋雜記》《歷代詩鈔》《五言妙境》《茗齋四韻合編》及纂輯天文、地
理、陰陽、佛老、稗官、野乘等書凡數十種。笠亭又言，先生詩文集數十卷，
亂後不自收，散落殆盡，搜訪猶得數千首，諸體皆擅場，樂府古詩皆直造漢、
魏、晉、宋人堂奧，七言歌行間作初唐體，有時學溫、李，大抵宗法在唐人
也。余心益嚮往，求所稱陳世佶《鹽邑藝文續編》，存先生詩五百七十七首者
不可得，得余春溪族祖所刊《茗齋詩初集》一卷，顧傳寫訛奪不可卒讀。讀族
祖所為後序，乃知先生手抄定本尚在人間，方初集刊成時客，且舉世人咸望
續刻餘書幸存藏者，先各借抄，今將不求自得，以為八族祖勉而其後卒未有
成，余因發續成全集之願，頻歲搜詩，時遇散帙，且得先生手書稿本數種，有
先生詩四冊，乃為他人迻錄殘本，詩皆編年，不相銜接，余讀之洵有宏深奧
衍、窮變極奇之觀，漁洋之言固不虛也。余親家葛詞蔚藏《茗齋詩》十餘冊，
慨然相假，意謂必可配合，顧皆分體，間亦不出余所得外者，然所佚多，其不
相銜接同。武昌徐行可友余有年，喜蓄書，聞余欲輯先生詩，乃以其手稿十
二鉅冊至，則正余族祖所欲借抄而不得者。行可語余，是由海寧羊復禮攜之
鄂中，展轉歸於其家。余久識先生書，信為真蹟，喜可償續成全集之願，請於
行可，行可亦以余志為可與也，以其書歸於余。按先生生明萬曆四十三年，
歲在乙卯，歿清康熙十二年，歲在癸丑。族祖所刊先生詩，起丁卯，迄丁丑，
為先生年十三至二十三之作，自後三十七年或一歲數集，或數歲一集，皆手
自編定。最後一集七律中有《壬子除夕詩》五首，後復有《春日過興善寺禪
院》一首，是必作於癸丑之歲，其逝世月日雖不詳，然要可定為臨歿一年之
筆，是始末固完具矣。手稿缺庚子、辛丑、壬寅、癸卯四年，補以葛氏抄本，
又丁未一年，補以余所得殘冊，葛本分體，然每集起迄悉循舊第，統觀贍後
有欠缺，而無清粲，此一卷中可證為此四年所作者。五古有《四君子詩寄懷

李潛夫先生序》（李歿於康熙十一年，年八十有二，時七十歲，當順治十七，是年為庚子），五言排律有《喜范陸二子與查生俱免》（三人因莊氏史案株連案結於康熙癸卯）、《賦黃鸚武二十韻》（序有康熙二年十月臨鞏總兵柏永馥奏之語）諸詩，所惜者獨無七言律耳。顧或謂卷一刻本終於丁丑卷，寫本始見年月為辛巳除夕，其間三年疑有闕佚，余以為不然。是卷七古有《盧尚書歌》，尚書者盧象昇，其兵敗死於鉅鹿，在崇禎十一年十二月，是年為戊寅，證一。又《奉送伯父北上公車》有「月閏之月月再弦，到京梅開未杏先」之句，崇禎十三年庚辰科會試，其年閏正月，與詩所指合，證二。五律《夏夕侍大人露飲》末句云「惟愁吏版催」，先生父觀民太僕丁丑自濟南太守罷官歸，辛巳起補湖廣按察司照磨，太僕辭不赴，詩所云「吏版催」者必即指此，前此有五律六十八首，由秋而冬而春而夏，春夏不計，餘必在辛巳以前，證三。然則戊寅、己卯、庚辰三歲之詩不皆在此卷中，而直與丁丑相接乎？茗齋先生忠於故君，孝於其父，在鄉黨矜式後進，可為一世完人，身歿後其名湮沒而不彰。貴陽陳嵩山輯《明詩紀事》，謂閱《松桂堂集》，其弟羨門無一言及其兄，以為鼎革之際事有難言。以是先生之詩越百餘年始得余族祖刊其初集一卷，余皆以為無復存焉矣，乃沈薶又百數十年，遷流至數千里外，時移代易，忽焉會合，且作者手自寫定之本高幾盈尺，巋然具存，稍有散佚，卒能補綴以成完璧，而其事始終又成於余之一家，冥冥中若有主宰之者，是可異也！《茗齋百花詩》，先生手定本，世稱罕見，雖有與他卷復出者，不當刪改。稿本中五七言摘句，其全篇具見葛氏藏本中，亦有散見他書者，並詩餘輯存若干首，列為補遺。笠亭言先生詩文集數十卷，余痛其詩存而文亡，因取舊藏雜文數十首附詩詞後。《彭氏舊聞錄》《太僕行略》重為先生手稿，亦並錄焉。綜先生所著，其見存者：《流寇志》，北平圖書館有印本；《客舍偶聞》《山中聞見錄》，余友汪穰卿、羅叔言先後刊行；《虞臺逸史》《湖西紀事》則涵芬樓秘笈有之矣；吾鄉張文魚藏先生所選《歷代詩鈔》，自漢魏至南北朝以及宋、元各代皆備，惟唐詩不全，今皆化為煙雲，獨先生手寫所選明詩首尾完好，存於余家，是可於錢氏《列朝詩集》、朱氏《明詩綜》及笠亭《明人詩鈔》外，更樹一幟者也，用為附錄，以殿全書。書成，謹述其原委如右。民國紀元二十三年十月，邑後學張元濟識。（《四部叢刊集部·續編集部·茗齋集》）

　　【客舍偶聞】淮南彭孫貽《客舍偶聞》一帙，順德李芍農侍郎文田注之，所記康熙初年滿人互相擠軋之狀，歷歷如繪。其《自敘》曰：「客長安，見貴

遊接席，必屏人趣膝良久，人不聞，須臾廣坐寒暄而已。徵以道上所聞，唯唯謝弗知。廷有大事，卿寺臺省集禁門，其中自有主者，群公畫尺一而退，咸諾諾。議更置大吏，冢宰不得聞，有所調發，司馬不知，群公優游無事，日置酒從容。諸小臣相聚博弈，連晨夕，或達旦，失朝會，始以病告，當事亦不問，以是聞見甚希。然時時遊於酒人豪士間，抵掌談世事，無所諱，突梯者又姑妄言之，足以新人聽。雖多耳食，微其實，亦十得五六，更益以所見，隨筆記之。」（徐珂《清稗類鈔‧著述類》）

天香閣隨筆二卷　（清）李寄撰

李寄，字介立，號因庵，又號崑崙山樵、三因居士、白眼狂生，江陰人。即徐介立，徐霞客之子。母周氏，徐霞客之妾，方孕而嫡嫁之，以育於李氏，故名李寄。又以介兩姓，歷兩朝，故自命「介立」。介立嘗自述：「歲在戊子，身世之厭，因裹糧入定山紅塔灣，借榻老僧龕下，將欲買田數畝，授山僧為終焉。計而母老，無兄弟代養。明年復館於葛氏，去山五里而近，峰色到門，嶺雲接樹，每舉頭見山，輒生愧赧，常口占句云：『慚愧沉埋鄭子真，出山一步即風塵。樂天終負廬山約，白石清泉也笑人。』」於是奉母居定山，終身不娶。《徐霞客遊記》經兵燹失去，介立訪輯之。卒年七十二。今考，介立生於明天啟間，歿於康熙三十年（1691）前後。著有《歷代兵鑒》《兵鑒隨筆》《輿圖集要》《天香閣文集》《藝圃存稿》《輿園集要》《崑崙山樵詩鈔》《秦志摘錄》《藝圃存稿》，皆未傳。生平事蹟見《崑崙山樵傳》《江陰縣志‧隱逸傳》《清人詩集敘錄》卷六。

全書近三萬言，原無卷數，伍崇曜釐為二卷。所記多明清之際史事及佚詩，如記張獻忠破武昌後驅城中民數十萬口入江中，破衡州後又驅顧入夥之百餘遊僧入湘江。又記江西金、王之變後，譚泰圍南昌，城中百萬之眾皆餓死。掌故趣聞，所在多有。介立又喜縱論天下形勢，如評洪、李博弈曰：「（洪）承疇蒞任，未幾，李定國攻圍肇慶，林、李、劉、謝四將兵出辰州，承疇使游擊彭世龍、知府張雲龍修造長沙城，加高數尺，催督至再，後聞定國敗，始下令罷其役。昔子常城郢，沈尹成非之，以為天子守在四夷，諸侯守在四鄰，今吳是懼，而城於郢，守己小矣，卑之不獲，能無亡乎？幸而敵人無遠謀耳。使知承疇懼而城潭，定國出兩廣，而可望督精兵，順沅而下，

越洞庭，泝湘江，焚舟登陸，據其腹心，則支體自解，是一舉而湖以南去矣。由是觀之，承疇雖人廢肱折，而醫猶然不良也。」又評述史可法：「弘光初立，四鎮來歸，當是時，河南、山東土地尚在，史閣部宜乘其初至，鼓其銳氣，分鎮二省，使萬元吉往來調護，而身居徐州節制之，外接吳鎮聲勢，內固江淮根本，收羅河南北一帶土豪，興屯養馬，相機進取，隱然虎豹，則乃不守門戶而守堂奧，聚各鎮於內地，始而兵民相爭，繼而兵自相爭，再而鎮將相爭，高、黃爭奪揚州，拏鬥不已，竟不能制焉。用督師元吉曲為和解，始解甲聽命，同室爭鬥何暇，外侮財賦之地，幾激大變，可謂無策之甚。黔驢之技，公然長驅直入矣。蓋史公本承平之廉吏，原非撥亂之奇才，身離君側，權奪奸手，一死謝國，不足深責矣。」皆頗具戰略眼光。書中痛詆洪承疇不遺餘力，不愧名門正氣。雖為崑崙山樵，亦具將相之才略，惜不遇耳。

此書後有咸豐二年（1852）伍崇曜跋，稱《隨筆》八卷，雜記鼎革間瑣事及遺聞佚詩，予稍刪其仙、釋迂誕之說，錄存若干頁，亦可以見先生大概云云。〔註530〕

此本據清伍氏刻《粵雅堂叢書》本影印。

【附錄】

【李介立《崑崙山樵傳》】崑崙山樵李介，字介立，號因庵，江陰人。性狷直，不能諧世，恒困於衣食。好山水，將遍遊天下，不登崑崙不止，故自號崑崙山樵。既而知北平張詩、松陵王叔承皆同此號，笑曰：「二公徒美其名耳，彼處嘉、隆全盛之時，盛交遊，工宴會，享妻子田屋之樂，胡能睹所謂崑崙哉！予以孤身，值茲世一無所事，固宜有此。」因戲題二絕云：「拂衣罷試臥柴門，燕趙悲歌氣尚存；聞說崑崙壓太白，今崑崙壓舊崑崙。」（詩在武林與孫太白論詩，太白自誇其佳句，不減曹氏父子，詩掉頭大笑，太白為之氣奪。詩笑謂坐客曰：「進入崑崙，壓倒太白矣。」）「醉臥當壚不肯回，相公促數使人催；杖頭經歲無錢掛，一石輸君笑口開。」（叔承有酒德，飲可一石，客戲謂：「君貌類胡僧，多笑而好飲，豈布袋和尚分身耶？」）其夷然不屑之意如此。著有《天香閣文集》七卷，《天香閣外集》一卷，《停車》《髠春》《谷口》《附遊》《偕影》《晴川》《鳴蟬》《聽雨》《孤筇》《息影》《搔首》《一笑》《□□》諸詩集共二十四卷，《天香閣隨筆》八卷，《歷代兵鑒隨筆》十六卷，《藝

〔註530〕《續修四庫全書》第1175冊，上海古籍出版社，2002年版，第478頁。

圃存稿》六卷,外有《歷代兵鑒》一百廿卷,《輿圖集要》四十卷,《秦志摘錄》三卷,曰萍客,曰甕裏書生,曰白眼狂生,曰三因居士,皆其隨筆異名也。今黃冠出遊,則自謂復陽子云。

【徐恪《題崑崙山樵傳後》】清江下海門,火石矗千丈。南有叢桂芳,下隱猶溪椽。山人眷歸臥,手把青藜杖。蹉跎中興策,惆悵凌雲想。空山號鶹鶹,寒室走夔罔。著書高等身,談笑時抵掌。空同崑崙巔,長嘯為神往。浮雲太華展,流水浙江槳。遺淚灑雙峰,乾坤劃回莽。

【粵雅堂本伍崇曜跋】右《天香閣隨筆》二卷,集一卷附焉,明李介撰。按:介字介立,江陰人。事蹟僅見卷首附錄自撰《崑崙山樵傳》。原抄本玉生廣文偶得於羊城書肆。卷首有同邑徐恪題識,亦不知何許人,謂:「從陳孝子丹忱借閱其《兵鑒》一書,卷帙浩繁,難以摘錄,然亦宇宙間不可少之書也。《隨筆》八卷,雜記鼎革間瑣事及遺聞佚詩,予稍刪其仙、釋迂誕之說,錄存若干葉,亦可以見先生大概矣。」云云。無卷數,茲釐為二卷刻焉。內如備載萬元吉《籌軍錄序》全文,暨《將赴滁陽上疏》《疆事不堪再壞疏》等,均足補史乘之缺。其他野史亦未及詳載。又如紀吳三桂伐陳元事,與鈕玉樵《觚賸》及各說部互異,亦足以備參考。又如痛詆洪文襄不遺餘力,亦無怪其然。至如史閣部將略,或非所長,而身騎箕尾,氣壯山河,論古者作恕詞焉可耳。

【續修四庫全書總目提要(稿本)31—129】《天香閣隨筆》二卷(《粵雅堂叢書》本),明李介撰。按:介字介立,江陰人。事蹟僅見卷首附錄自撰《崑崙山樵傳》。丁文江云,介又名寄,乃徐霞客先生庶子。母周氏,不容於嫡母,孕而被出,育於李氏,故名寄。又歷兩朝,故字介立。不仕不娶,年七十二卒。所著有《天香閣文集》七卷、《外集》一卷、《詩集》二十四卷、《歷代兵覽隨筆》十六卷、《藝圃存稿》六卷、《歷代兵鑒》一百二十卷、《輿圖集要》四十卷等。是書雜記鼎革間瑣事及遺聞佚詩,以及仙釋迂誕之說。書內備載萬元吉《籌軍錄序》全文暨《將赴滁陽上疏》《疆事不堪再壞疏》等,足補史乘之缺。其他野史亦未及詳載。又如記吳三桂伐陳元事,與鈕玉樵《觚賸》及各說部互異,亦足備參考。又如痛詆洪文襄不遺餘力,亦無怪其然。至於史閣部,將略亦非所長,而身騎箕尾,氣壯山河,論古者作恕詞焉可耳。原書無卷數,伍崇曜刊刻時刪其仙、釋迂誕之說,而釐為二卷焉。〔註531〕

〔註531〕今按:此則提要不過抄襲伍崇曜跋。《續修四庫全書總目提要稿本》中不少

【四庫未收書目提要續‧天香樓隨筆二卷】舊題江陰李介撰。考《江陰縣志‧隱逸傳》，李寄，字介立，即徐介立。母周氏，徐弘祖妾，方有孕而嫡嫁之，以育於李氏，故名李寄。又以介兩姓，歷兩朝，故自名介立。今此本題為李介，疑介字誤。卷首裁自撰《崑崙山樵傳》，稱有「著述若干種，今黃冠出遊」云云，蓋明代之遺老。書中「自江右入浙」條，稱「余以鹽業持引」，是曾為鹽商。「徐仲昭」條稱「國變後十餘年卒，庚戌得其詩十七首」，則介在康熙九年間尚存也。書本八卷，雜記鼎革間遺事及舊聞佚詩，徐恪刪存若干條，不分卷數。譚瑩得抄本於書肆，伍崇曜乃釐為二卷，刊入《粵雅堂叢書》焉。內多空圍，大率係忌諱語，未知徐錄如是，抑伍刻缺之，而「大兵」字屢見，「顧玉川」條，又稱其「生當盛世」皆指清言，殆無二定體例。喝謂曹變蛟扼吭而死，足補《明史》本傳之遺；謂李定國兵律極嚴，足正《貳臣傳‧孫可望傳》之誤；謂許定國鄉導南下，此與無名氏《研堂見聞雜記》中，載孫之獬以薙髮激禍，同為小人之尤，《貳臣傳》隱約其詞，得此乃顯。其他記黃得功、祖大壽、洪承疇事，亦多可以互證。「西塞山」、「玉女洞」、「蜀山」等條，駁正《入蜀記》《常州府志》《宜興志》；「塞蘆子」條，皎正錢謙益《杜詩箋》，均見考據，固不僅萬元吉文足補史缺，陳元事足備參考，如伍跋所稱也。惟以王授詩「重逢又是十年別，為閒人生幾十年」，為本於顧況「一別二十年，人堪幾回別」，不知杜甫《別唐十五》詩云，「九載二相逢，百年能幾何」，已有此意。又以趙時春謂貞女宜禁為有益風教，亦失之偏。歸有光《貞女論》，近儒多議之，可以概見。然大體純正，筆亦簡老，不可謂非說部之佳者矣。原附《天香閣集》，今分著之。(《續四庫提要三種》第 196～197 頁)

【古庵高隱】古庵先生邵重生隱居飛來峰下，隨身唯一妾，洴澼炊飪之外，則抄寫書史，執勞兼役，絕無怨言。此不特白家楊柳所難，恐劉伯壽之二草亦不能及也。昔淵明尚歎室無萊婦，敬通每恨家有悍妻。妾，奴僕類也，乃能相主成其高隱如此。(《天香樓隨筆》卷一)

【古庵著書】古庵先生著《西湖志》，搜擄四十年，稿與几等，片碣隻字，一草一木，無不收錄，聞未版行，惜哉！(《天香樓隨筆》卷一)

【晴川歷歷】武昌負山帶江，對岸即漢陽城，城趾插入江溜。武昌城西門即黃鶴樓，在黃鵠磯上。漢陽城外大別山，則晴川閣，蓋得名崔顥「晴川歷歷漢陽樹」也。袁中郎云：「晴川閣與黃鶴樓分岸立，盡會城之山川林藪，朱

提要質量低劣，此即顯例。

門繡陌，若為之設色者。」予登其上，一望瓦礫，山童地枯，唯江濤日夜悲鳴而已。時好事者方作補樹文黏晴川閣。(《天香樓隨筆》卷一)

【江水斷流】張獻忠破武昌，悉驅城中民數十萬口入江中，江水斷流數日，慘哉賊也！然賊獻亦有快人處，其破衡州也，有遊僧百餘來投，願入夥，獻忠曰：「我輩勢成騎虎，爾既皈依淨業，又何利焉？」亦擁入湘江，死之。(《天香樓隨筆》卷一)

【揣摩君心】大壽守錦州，城陷被虜，其子二錦衣在京，懼有不測之命，遍兑黄金，賂周延儒，問以保全之策。周俛首數日，報之曰：「得之矣，請纓可。」時闖獻熾甚，遍躪中原川廣，上日夜焦勞，思滅此。朝食而當其任者輒遷延推避，聞此大喜，如其請。周之善揣摩君心者如此。(《天香樓隨筆》卷一)

【豁堂和尚詞】淨慈豁堂和尚，工詩與書畫，性喜遊覽。嘗畫一漁艇於竹樹下，曖曖漠漠，煙水一灣，題一詞其上：「來往煙波，十年自號西湖長。秋風五兩，吹出蘆花港。得意高歌，夜靜聲初朗。無人賞，自家拍掌，唱得青山響。」(《天香樓隨筆》卷一)

【撫夷圖】戊戌春，予遊虞山，程公弦出其先祖諱宗《撫夷圖》觀之。西南風景，歷歷在目，蓋其時孟密與木邦爭地相殺，朝命公往勘，因從畫工往，備寫一路山川及夷人風俗，每寫一處，公即題詩其上。詩頗清佳，而刻本往往點竄，不類圖中所載，俗筆誤人，可為三歎。(《天香樓隨筆》卷一)

【唐伯虎畫】唐伯虎客大宅，嘗於屏上畫宮女數百，服飾炫麗，姿態百出，共得四扇，傳為寶物。後人求墓西溪，索為潤筆資。後西溪子求墓文於錢牧齋，復為牧齋索去。又有《穿針圖》，皆伯虎筆，並倪雲林手卷，價值千金。乃伯虎償磚負者，俱在大宅。今俱不可問矣，惜哉！(《天香樓隨筆》卷二)

【木知縣】武進吳鍾巒，老名士也，以貢授河南教官，年六十矣，入河南鄉試，中舉人，聯中進士，授長興知縣。好酒，不知民事，終日昏飲。每斷大獄，幕中再四叮嚀，及出堂，瞢然耳，民有「木知縣」之謠。後升廣西桂林府推官，轉為隆武禮部主事，遂相隆武，受命督舟山海師，大兵逼舟山，自縊而死。鍾巒在舟山，其子勸其乘閒歸家，曰：「吾家何在？此即吾家也。吾當死於此。」蓋其志已決矣，非漫然為之者。(《天香樓隨筆》卷二)

【夷齊祠】明末江陰李介立道士介《天香樓隨筆》云：「肇昌府城西七十里有首陽山，古首陽縣在其下，進五十里有夷、齊祠。後人專指蒲阪，無人齒

及此者。萬曆末，邑人楊司農恩著《首陽辨》，力言其非，斷以鞏昌首陽為夷、齊餓處。會分守朱燮元主其說，倡貲興復，故跡煥然矣。當是時，夷、齊闖紂歸西伯，至武王伐紂，叩馬而諫。武王東出，夷、齊西遁，理？有之。」云云。聲木謹案：鞏昌府之首陽山，實在隴西縣境，光緒中葉，從子敏齋觀察更新曾任是縣。並云祠祀仍在，後人景仰高風，由殷至今歷數千年，仍如日月常新，忠孝之感人深矣。（劉聲木《萇楚齋三筆》卷十）

今世說八卷　（清）王晫撰

王晫（1636～1705後），初名斐，字丹麓，號木庵，好坐溪上聽松，自號松溪子，仁和（今屬浙江杭州市）人。年十三，補學官弟子，天質茂美，筆疏氣秀，毛奇齡稱其詩自然溫厚，不徒以音節入古見長。遭外艱，喪葬遵古制，銜恤賫涕風雪中，重趼遠涉，遍告當世鉅公長者，乞為志傳，成帙曰《幽光集》，士大夫讀而悲之。諸生。後棄舉子業，杜門讀書，甚得文名。杭州自明季張右民與龍門諸子創登樓社，而「西湖八社」「西泠十子」繼之。其後有「孤山五老會」，則汪然明、李太虛、馮雲將、張卿子、顧林調也；「北門四子」，則陸薏思、王仲昭、陸升黌與王丹麓也。所居曰霞舉堂，或曰牆東草堂。牆東草堂初植秋海棠一二本，數年遂蔓衍階砌。歲乙丑，忽發奇葩，千葉起樓，錦開四面，經月不落，其旁復有三四如蝴蝶。家人異之，為護其本根，散佈其子。迨明年，子出無異，而原本所發亦如常花。乃離原本尺許，見花心之上復起一花，如重臺。始細視叢中，有千瓣如洛陽者。六瓣如桃者，五瓣如梅如幽蘭者。越日重視，或若山茶之初放，或若牡丹之半謝。至蓓蕾似垂絲，含蒂似石榴，碎剪如秋紗，其花或大或小，其心或連或散，其色紅白深淺，種種奇幻，莫可名狀。丹麓特繪為圖，繫以月日，且自為記，刻之《霞舉堂集》中。昔王弇州創為「文章九命」之說：一曰貧困，二曰嫌忌，三曰玷缺，四曰偃蹇，五曰流貶，六曰刑辱，七曰夭折，八曰無終，九曰無後，殆有所感而為是論。丹麓以為天下後世盡泥此言，豈不群視文章為不祥之莫大者，誰復更有力學好問者哉？因反其意，為更定九命：一曰通顯，二曰薦引，三曰純全，四曰寵遇，五曰安樂，六曰榮名，七曰壽考，八曰神仙，九曰昌後。各引古人往事以實之，頓令覽者有所歆羨云。丹麓又戲為《謅卦》，描摹諂諛之輩，如燃犀照水，情狀畢現。其卦辭曰：「謅，亨。

利有攸往，不利君子貞。」彖曰：「諂，天下大而其情同也，故亨。利有攸往，其義不困窮也。不利君子貞，直無所容也。」象曰：「位高多金，諂。君子以違俗秉禮。」初六：「執其隨，利貞。」象曰：「志在隨人，以順為正也。」六二：「巧言令色，足恭吝。」象曰：「巧言令色，不足敬也。足恭，亦何佞也。」六三：「脅肩諂笑，病於夏畦，凶。」象曰：「笑乃脅肩，不自知其病也。」六四：「見金不有躬，或承之羞。」象曰：「羞載承之，眾難定也。」六五：「有盛饌，富與貴無悔。」象曰：「盛饌無悔，中心稱也。」上六：「諂以賄，利見大人。」象曰：「利見大人，上下應也。」著有《霞舉堂集》《遂生集》《南窗文略》《牆東草堂詞》《丹麓雜著十種》等書，又與張潮同編《檀几叢書》。生平事蹟見《（民國）杭州府志》卷一四五、《國朝詩人徵略》卷八、《兩浙輶軒錄》卷八。

書前有康熙二十二年（1683）自序，述其大旨云：「今朝廷右文，名賢輩出，閭閻才華，遠勝江左。其嘉言懿行，史不勝載，上自廊廟縉紳，下及山澤隱逸，凡一言一行有可採錄，率獵收而類記之。」前又有自撰例言及毛際可、嚴允肇、徐鳳喈、馮景、丁澎五序，毛際可序稱此書撰輯既專，品騭彌當，如德行、言語諸科，固當奉為指南；即恣狷、惑溺，跡涉風刺，要無傷於大雅，縱使其人自為讀之，亦復粲然頤解。此書全仿《世說新語》之體，以皆清初四十年近事，故以「今」名。全書四萬言，凡八卷，分三十門，共計452條。以清初文人學士生平言行為主，間及方外之士（如大覺禪師），由明入清者亦一併收入。著名者如孫奇逢、侯方域、吳偉業、毛奇齡、王士禛、施閏章、魏象樞、汪琬、陳洪綬、朱彝尊諸人。其他無名之輩，其言行足以補史乘之闕，其史料價值或反在名流之上。每條之末注明人物姓名、籍貫、職務。其書分類亦皆從《世說新語》之舊目，惟自新、黜免、儉嗇、讒險、紕漏、仇隙六門，不及備列。《例言》稱「引長蓋短，理所固然」，所略六門，實為易開罪於人之篇，撰者有意迴避，不願以文字賈禍，其情堪諒。〔註532〕有些門類條目過少，如汰侈、輕詆門僅一條，尤悔門僅二條，未免失之太簡。《四庫提要》列此書於小說家類存目，稱其中刻畫摹擬頗嫌太似，所稱許亦多溢量，又稱其文為明末山人之派，皆中肯綮。此書所載士人地區分布極不平衡，江浙兩省高達十之七；又以浙江為主，且集中杭州一帶，以

〔註532〕來新夏：《清人筆記隨錄》，中華書局，2005年版，第82頁。

「西泠十子」為中心，然後擴及其交遊。王晫多載己事，與陸圻並列第一，且自譽極高，故《四庫提要》又稱：「至於載入己事，尤乖體例。」來新夏亦曰：「於書中摻入個人行事而妄作姿態，實屬不檢。」今按其書，丹麓確有自譽之癖。如自謂：「王丹麓博學擅才藻，一時名聲滿江左。居北郭，為往來舟車之衝，四方士大夫過武林者，必先造其廬，問字納交，停軺不忍去。」又曰：「王丹麓意思深遠，常有以自下與人言未嘗先一語。名《士燕集》，故未嘗不在，竟日沖然若不知其在座者。」又曰：「王丹麓為陸蓋思妹婿，兩人刻意耽述作，時人為之語曰：『王丹麓寱寐千秋，陸蓋思神明萬古。』」又曰：「王丹麓蚤年高隱，甚負才望，趙千門亟稱之，比為天地私蓄。」又曰：「嵇淑子目王丹麓神致蕭散，超然物外。」又引諸駿男云：「王丹麓精鑒朗識，如冰壺映物，無不澄澈。」又引徐武令云：「讀丹麓片言隻字，如嚙梅臘，可以香口。」又引衛澹足云：「與丹麓處，如澹對黃花使人幽賞。」諸如此類，不一而足。丹麓本貧士，模擬臨川，其書或可傳於後。俗語云：「王婆賣瓜，自賣自誇。」王晫如此自譽，未見其自信，反而窺其自卑心理焉。誠如所言：「貧者，上天所設以待學者之清俸。」何必揚才露己，岌岌於名利？自伐者無功，信哉！〔註533〕

此本據華東師大圖書館藏清康熙二十二年霞舉堂刻本影印。此書又有咸豐二年伍崇曜《粵雅堂叢書》本。

【附錄】

【王晫《今世說自序》】自經史而外，著述之家不知幾千萬計，而其書或傳或不傳，即幸而傳矣，人或有見，有不見。獨《世說新語》一書纂於南宋，多摭晉事，而兼及於漢魏，垂千百年，學士大夫家無不翫而習之者。雖臨川王之綜敘清遠自高，亦以生當其時，崇尚清流，詞旨故可觀也。至於今讀其書，味其詞組，猶能令人穆然深思，惟恨不得身親身際，與為酬酢，假得王、謝、桓、劉，群集一室，耳提面命，其心神之怡曠，抑何如今朝廷右文，名賢輩出，閭閻才華，遠勝江左。其嘉言懿行，史不勝載，特未有如臨川裒聚而表著之。天下後世亦誰知此日風流更有度越前人者乎？予不敏，志此有年，上

〔註533〕陳文新先生認為此書實為王氏「自傳」，是一部通過記他人之事而抒一己之情的書。參見氏著《〈今世說〉與王晫心態》，《明清小說研究》1990年第1期。

自廊廟縉紳，下及山澤隱逸，凡一言一行，有可採錄，率獵收而類記之。稿凡數易，歷久乃成，或疑名賢生平大節固多，豈獨藉此一端而傳，不知就此一端乃如頰上之毫、眼中之點，傳神正在阿堵。予度後之人得睹是編，或亦如今之讀臨川書者，心曠神怡，未可知也。雖然，臨川取漢末魏晉數百年之事綱羅編次，遂勒成一家言，而予欲以數十年中所見所聞與之頡頏，世有覽者，毋亦笑予之心勞而日拙也夫。康熙癸亥仲春，武林王晫題於牆東草堂。

【四庫提要】《今世說》八卷（浙江巡撫採進本），國朝王晫撰。晫有《遂生集》，已著錄。是書全仿劉義慶《世說新語》之體，以皆近事，故以「今」名。其分類亦皆從舊目，惟除自新、黜免、儉嗇、讒險、紕漏、仇隙六類。惑溺一類，則擇近雅者存焉。其中刻畫摹擬，頗嫌太似，所稱許亦多溢量。蓋標榜聲氣之書，猶明代詩社餘習也。至於載入己事，尤乖體例。徐喈鳳序引漢黃憲為說，然《天祿閣外史》本王逢年之偽書，烏足據乎？文學門中載吳百朋以毆郵二字問吳任臣，任臣對以毆也同本秦權古文，郵許同本《說文》長箋，百朋歎服。案毆字出秦權是矣，然《說文》自有毆字，注曰：擊中聲。惟趙宧光《說文長箋》以《說文》也字訓義不雅，改從秦權，以毆字代也字，不得舉一遺一也。《說文》有䣛字，即郵字也。注甫侯所封，在潁川，今通作許。其正作郵字者，則見《史記·鄭世家》「郵公惡鄭於楚」注：「許靈公也。」是其字見於正史。任臣以為出《說文長箋》，殊不得其本。晫遽以為博洽而記之，亦為不考。信乎空談易而徵實難也！（《四庫全書總目》卷一百四十三「子部五十三·小說家類存目一」）

【周亮工】周櫟園在閩，有趙十五、陳叔度皆工詩，沒不能葬。周出俸金葬之西郊，題曰「詞人趙十五、陳叔度墓」。寥落無所之之士時漬酒其下。○周名亮工，字元亮，一字減齋，一稱櫟下先生，河南祥符人。中庚辰進士，累官少司農。方頤豐下，目光如電，材器揮霍，善經濟，喜議論，疾齷齪拘文。吏當大疑難，剸斷生殺，神氣安閒，無不迎刃而解。性嚴岸，居官不肯假借官里人顧，好嘉與後進。嘗置一簿坐上，與客言海內人才某某，輒疏記之。宦轍所至，山陬海澨。有以讀書能為文名者，必枉車騎過之。有可致者，即為拂席開閣，或又令進其所知，使耳目間不遺一士然後快。得一善力，抽揚之惟恐不及。雖少年一才一藝，不惜齒牙出其名字。老生貧交，相依如兄弟，有著作不顯著者，務表章之不遺餘力。尤嗜繪事及古篆籀法，每天明，盥漱出外舍，從容談說古今圖史、書畫、方名、彝器，皆條分節解，盡其指趣。客

退，則手一卷，燈熒熒然，至夜分歸寢，以為常。著述多至數十種。（《今世說》卷一）

【毛奇齡】毛大可遊靖江，當壚馮氏者悅其詞，欲私就之。毛謝曰：「彼美不知我，直以我為狂夫也。」徑去。○毛名奇齡，一名甡，字齊於，浙江蕭山人。官翰林，少與兄萬並知名，人呼「小毛子」。性恢奇，負才任達，與人坦然，無所忤。賢者多愛其才，匪就之。善詩歌、樂府、填詞，所為大率託之美人香草，以寫其騷激之意。纏綿綺麗，按節而歌，使人淒悅，又能吹簫度曲。（《今世說》卷一）

【王晫】王丹麓遭外艱，喪葬盡禮，銜恤賫涕風雪中，重趼遠涉，遍告當世鉅公，乞為志傳，成帙曰《幽光集》，士大夫讀而悲之。○王名晫，一字木庵，浙江錢塘人。好坐溪上聽松，自稱松溪子，見者稱為松溪主人。喜讀書，所交多一時賢豪長者。遇同好輒談論移日，或至信宿不厭。其他雖相對，終日卒不妄交一言。匪類故多恨之。平生重然諾，與人期，或允所請，不爽時刻。性不耐飲，復善愁。凡在六合之內，或有才士塗窮，佳人失所，每聞其事，輒為於邑。甚至累日減餐，終身不見有喜色。（《今世說》卷一）

【論程羽文鴛鴦牒】國朝程羽文撰《鴛鴦牒》，取古來男女不得其偶者，以意判斷，更為匹偶。中如以王昭君配蘇武，以班昭配鄭康成，以王婉儀配文天祥等類，雖古之賢人，不免侮辱。又以魏甄后配曹植，以遼蕭后配李煜，以漢班婕妤、晉左貴嬪配梁簡文帝、梁元帝，是帝王妃后亦遭輕薄，且亂倫。其自序引譚元春之說，謂：「古來多少才子佳人，被愚拗父母板住，不能成對，齎情以死，乃悟文君奔相如是上上妙策。」云云。此等傷風敗俗之語，若出於口，人人唾罵，不謂竟有敢筆之於書，更出而問世。其倡亂導淫，有司當誅其人，火其書，廬其居，以保存名教。王晫、張潮同編《檀己叢書》，更為收入，皆不知其名教何在，廉恥何往。明季遭屠隆、桑悅、陳繼儒、祝允明、李贄、鍾惺、譚元春等狂徒，直欲蔑棄先王倫常，變更禽獸習慣。其流毒天下，深入人心，以致禍亂相尋，明社以屋。其流毒比之張獻忠、李自成，奚啻千萬倍。不待張、李作亂，明季之人心亡久矣，雖欲天下不亡，得乎？程羽文生當聖世，猶祖述其糞溺，奉為珍秘，以之搖感人心，穢亂天下。王晫撰《丹麓雜著十種》十卷，其第六種曰《看花述異記》，自記夢遇古來諸美女事。其非聖侮法，亦同於程羽文，仍沿明季狂悖之習，其人更可誅，其書更可燒矣。（劉聲木《萇楚齋隨筆》卷四）

　　【魯迅論《世說》摹擬】至於《世說》，後來模仿的更多，從劉孝標的《續世說》——見《唐志》——一直到清之王晫所做的《今世說》，現在易宗夔所做的《新世說》等，都是仿《世說》的書。但是晉朝和現代社會底情狀，完全不同，到今日還模仿那時底小說，是很可笑的。因為我們知道從漢末到六朝為篡奪時代，四海騷然，人多抱厭世主義；加以佛、道二教盛行一時，皆講超脫現世，晉人先受其影響，於是有一派人去修仙，想飛昇，所以喜服藥；有一派人欲永遊醉鄉，不問世事，所以好飲酒。服藥者——晉人所服之藥，我們知道的有五石散，是用五種石料做的，其性燥烈——身上常發炎，適於穿舊衣——因新衣容易擦壞皮膚——又常不洗，蝨子生得極多，所以說：「捫蝨而談。」飲酒者，放浪形骸之外，醉生夢死。——這就是晉時社會底情狀。而生在現代底人，生活情形完全不同了，卻要去模仿那時社會背景所產生的小說，豈非笑話？（《中國小說史略》第二講《六朝時之志怪與志人》）

明語林十四卷補遺一卷　　（清）吳肅公撰

　　吳肅公（1626～1699），字雨若，號晴岩，又號街南，宣城人。明末諸生。少年從其叔父坰學，又遊於沈壽民之門。坰棄舉子業，肅公亦鍵戶不應試，力窮聖學，闢異端，以崇實用。凡異端邪說、堪輿祿命之術，舉不能惑。時王陽明《傳習錄》充斥城內外，肅公辭而闢之，以明道為格物，即集義以為仁。著《正王論》以辨姚江之傳，其大旨謂：「傳注者聖人之教之所寓以明也，陽明悉悟而異之，自謂得性天之妙，於語言聲臭之表，契虛無之悟，為易簡直捷之宗，卒之言天愈渺，而見性愈微，比釋氏而弗惜也。」灑灑千言，灕淄立判。從遊者日眾，立明誠會，約詳全集。遠近知者，率稱晴巖先生。當事請見，謝弗納。裒衣博帶，望而知為有道之儒。入清後不仕，與黃宗羲、魏禧等名流交遊。壽民避跡湖北抱疾，肅公侍湯藥兩月，易簣時，為師櫛縱治髮簪，群稱義弟子云。著有《詩問》《讀禮問》《天官考異》《改元考同》《五行問》《廣祀典儀》《讀書論世》《姑山事錄》《雲間雜記》《街南文集》《街南文集續集》等書。生平事蹟見何紹基《重修安徽通志》卷二二〇、《寧國府志》卷二十八、《聞道錄》卷二〇。

　　前有康熙二十年（1681）肅公自序，稱弱冠耽讀明書，思有所載紀，以

備一代之遺，匯為《語林》一書。〔註534〕又有康熙元年（1662）凡例。蕭公尊儒學，辟異端，又著《正王論》以辨姚江之傳，是書之編纂亦可見其思想取向。

全書七萬言，分十四卷，卷一德行上，卷二德行下、言語，卷三政事、文學，卷四言志、方正，卷五雅量、識鑒，卷六賞譽、品藻，卷七箴規、棲逸，卷八捷悟、博識、豪爽，卷九夙惠、賢媛、容止、自新，卷十術解、巧藝、企羨，卷十一寵禮、傷逝、任誕、簡傲、排調，卷十二輕詆、假譎、黜免、儉嗇、侈汰、忿狷，卷十三讒險、尤悔、紕陋、惑溺，卷十四仇隙，凡三十七類。書中多記明代士大夫軼聞舊事、嘉言懿行，如「德行」類記王陽明於韓邦問執禮甚恭，又記羅洪先於蕪湖救楊賈事。「文學」類記危素訪老兵而修《元史》，又記葉子奇獄中著《草木子》。「方正」類記王鏊與壽寧為姻親而絕不問遺。「識鑒」類記王彝作《文妖》數百言詆楊維楨之文。「箴規」類記胡居仁斥陳獻章學術墮禪，未見道之精微，又記羅洪先斥王畿良知學病道不淺。「企羨」類記王陽明唔王畿使稱弟子事。「排調」類記陽明弟子徐珊因會試策題地陽明學而拂衣而出事。「假譎」類記豐坊高才弔詭，訓詁《十三經》事。王士禛《分甘餘話》卷四稱其文品：「寧都魏禧叔子，以古文名世。余觀其《地獄論》上、中、下三篇，殊非儒者之言。宣城吳肅公晴巖《街南集》，文品似出其右，而知之者尚少。」可謂知言之論。《補遺》一卷，體格亦摹《世說》，然分類多涉混淆，所載亦多掛漏。

此本據上海辭書出版社圖書館藏清光緒方氏刻宣統元年印碧琳瑯館叢書本影印。

【附錄】

【吳肅公《明語林自序》】予弱冠際世亂，耽讀明史，家貧不能置書，逢人丐貸。叔父季野先生又嘗教以史學，謬不自揆，思有所載紀，以備一代之遺，雅不欲編蒲緝柳為能事也。披覽之下，會有賞心，間刪潤而箚識之，擬匯為《語林》一書，以續何氏之後；然志不在焉，或錄或遺，未有成編也。既喪亂窮餓，曩者紀載，百無一存；即所識為《語林》者，零落笥中且二十餘年，毀蝕聽之已耳。新安友人吳仲喬及其弟與可見而慨然欲授之剞氏。於遲迴不欲也，以其中不無紕陋，四方博雅，無從考核；而向所採諸書籍已經放散，即

〔註534〕《續修四庫全書》第1175冊，上海古籍出版社，2002年版，第547～548頁。

缺略何由補、訛謬何由勘哉？仲喬與可曰：「先生固有言矣：義慶之後，患無孝標；元朗之後，不有元美乎？蒲柳之緝，亦庸獨非史學所存耶？」嗟夫，自予叔父之歿，二十餘年，予學益孤，氣益困，往者紀載之役，徒為虛願；而戔戔是編，藝林之璅綴，顧反足以存，何異捨函牛之鼎而計酸鹹於餕餟乎？不忍付之毀蝕，聊以塞仲喬、與可之意。抑有歉者：時易代更，風會各別，嘉言懿跡，今之與古不相侔矣；何妨增置門匯，而斤斤局前人已成之目，何為者哉？然而不及革也已。辛酉秋日，晴巖吳肅公自題。

【《明語林·凡例》】劉氏《世說》，事取高超，言求簡遠。蓋典午之流風，清談之故習，書固宜然。至有明之世，迥異前軌；文獻攸歸，取徵後代。茲所採摭，可用效顰。亦使後人考風，不獨詞林博雅。○劉氏、何氏，皆首四科。然徵文述事，則膾炙之助多，勸懲之義少。門匯已銓，無庸更定，優者不憚廣收，劣者惟取備戒。簡牘不侔，或相什伯，蓋亦善長惡短之義。如任誕、簡傲，世每不察，舉為雅談。鄭、衛不刪，觀者宜辨。○狂士竹林，希蹤於沂浴；荒主寢居，託韻於玄風，君子固已致歎。乃若輔嗣、平叔，蔚為《莊》、《易》之宗；支遁、法深，高標梵竺之戶。聞木樨香，而謬謂無隱之指悟；服五石散，而幸發開朗之神明。異說詭趨，訛種眩道。吾徒著述，曷敢不慎？○《世說》清新，詞多創獲。雖屬臨川雅搆，半庀原史雋材。《明書》宂蔓，幾等稗家。若《名世匯苑》《玉堂叢語》《見聞錄》等書，踵襲譜狀，殊失體裁。茲所修葺，略任愚衷。雖不盡雅馴，亦去泰甚。○《晉書》詭瑣，半類俳諧。劉知幾氏，謂非實錄；《唐·藝文志》，列之說家，即《新語》不無遺議。予茲所採，名集碑版，要於信能羽翼。若野史互紛，不免毀訾任臆，是非任耳；或好譽而誕，或濫美而誣。訛謬參稽，疑誤必缺。○《明史》諸書，取資治理，偉略雖詳，而節善無取，朝臣悉載而幽士難收。是編實史籍餘珍，門徑稍寬，尺度殊短，即事優而宂，難以悉入。理言韻致，代不數人，人不數端。見聞窶陋，多所掛遺，以俟後人折衷，有如元美之於元朗。鄙人滋幸。○名臣鉅儒，多稱爵諡；單門介士，直舉姓名。履歷不能具詳，系里因文偶見。至異同疏解，代年先後，俱未遑及。愧予非義慶，庸患世無孝標。

【人物志儒林】吳肅公，字雨若，號晴巖，宗周裔也。從叔氏坰、徵君沈壽民學。坰謝去舉子業，肅公亦深村鍵戶，力窮聖學，以崇實用。凡異端邪說、堪輿祿命之術，舉不能惑。時姚江《傳習錄》充斥宇內，肅公辭而闢之，以明道為格物，即集義以為仁，著《正王論》。其大旨曰：「傳注者，聖人之教

之所寓以明也，陽明悉悟而異之，自謂得性天之妙，於語言聲臭之表，契虛無之悟，為易簡直捷之宗，卒之言天愈渺而見性愈微，比釋氏而弗惜也。」灑灑千言，澠淄立判。從遊者日眾，立《明誠會約》，詳《全集》。遠近知者，率稱晴巖先生。當事請見，謝弗納。褒衣博帶，望而知為有道之儒。治古文，直逼《左》《史》；詩不屑三唐以下。所著有《街南文集》。壽民避跡湖北，抱疾，肅公侍湯藥兩月。易簀時，為師櫛灑治髮簪，群稱義弟子云。（《嘉慶寧國府志》）

【清詩紀事初編】吳肅公，字雨若，號晴巖，一號逸鴻，宣城人。諸生，入清不事進取，賣字行醫，兼授徒自給。自題其像云：「翩翩者五十年韋布之身，峨峨者三百年方角之巾。」預作墓誌云：「幅衣皂帽，衣袂軒舉。」《宋遺民四先生〔林霽山、鄭所南、謝皋羽、梁隆吉〕詩序》云：「宋之天下亡於蒙古，而人心不與之俱亡。」可以知其所志矣。善病多廢疾，目眇臂攣，疝痔鼻淵，晚而喘咳足瘻，而著述勤劬不肯休。卒於己卯〔康熙三十八年〕，年七十四。事具自撰《街南遺老吳晴巖暨配麻氏合葬墓誌銘》。有《明誠錄》《正王或問》《大學述》《五行問》《易問》《讀書論世》《葬惑論》《皇明通識》，皆未刻。刻行者《街南文集》二十卷、《續集》七卷，附《讀筍問》三卷、《律陶》一卷。李清為之序，稱其文探源經術，貫穿古今。所表章非理學之微，即綱常之大。王方岐稱與古人參會於芒忽之間，而亦未嘗步趨繩尺，求肖乎古人……非不苦吟，而不肯傳者，則於《雪坪詩序》言之：「謂於詩不工，歲不下二三十首，然雅不欲以詩著；又漫違時好，愁苦峭特之音，如啼猿寒鳥，付之荒濱衰草宜耳。」蓋自貴其文，期必傳世，詩非其至者，固莫如善藏矣。《明語林》十四卷、《閩義》十二卷，俱有刻本。（鄧之誠撰）

【從容籌畫】宸濠作逆，報至南京，公卿計無所出。喬白巖宇時任留守，從容籌畫若平時。客至，則談笑飲弈自若。京師人恃以安。（《明語林》卷五雅量）

【兵家之常】王陽明鄱陽會戰，坐舟中對士友論學。俄報伍文定焚須幾敗，眾皆色怖。公笑曰：「此兵家之常。」已而捷至，公起行賞畢，還坐曰：「頃報寧王已擒，想當不偽。但殺傷眾耳。」理前語如故。（《明語林》卷五雅量）

【非敢杜撰】徐文貞階督學浙中，試卷有「顏苦孔卓」之語，文貞署云：「杜撰！」後發卷，秀才前對曰：「揚子《法言》，非敢杜撰。」文貞應聲云：

「不幸早第，苦讀書未多。」因降階，再揖謝秀才去。(《明語林》卷五雅量)

　　【高帝擇相】高帝欲擇相，問伯溫：「楊憲、汪廣洋、胡惟庸，孰可者？」伯溫對曰：「皆不可。」帝怪問之，曰：「憲有相材無相器，廣洋褊淺不足用，惟庸償轅破犁犢也。」後皆如劉言。(《明語林》卷五識鑒)

　　【淫於文者】會稽楊維楨以文主盟四海。王彝獨薄之，曰：「文不明道，而徒以色態惑人取媚，所謂淫於文者也。」作《文妖》數百言詆之。(《明語林》卷五識鑒)

　　【能興且滅】何心隱，捭闔之流，託身講學，頗有知人鑒。嘗遊京師，詣耿定向。會張江陵來訪，偶坐，各不及深語。既去，何謂耿曰：「此人能操天下柄。分宜欲滅道學而不能，華亭欲興道學亦不能。能興且滅，其若人乎？」久之，又曰：「此能殺我，子姑識之。」已而果然。(《明語林》卷五識鑒)

　　【可以為賢】高帝嘗語廷臣：「古之人，太上為聖，其次為賢，其次為君子。若宋濂者，事朕十九年，未嘗有一言之偽，誚一人之短，寵辱不驚，初終靡異，匪直君子，抑亦可以為賢。」(《明語林》卷六賞譽)

　　【基何敢望】劉誠意豪放負氣，不屑用世。孫丹陽炎守處州，恒苦招致，不得。乃移書陳天命幾數千言，劉不答。邀巡就見，置酒與飲，論古今成敗，滾滾不休。劉乃歎曰：「基自以為勝公，觀公議論，基何敢望？」(《明語林》卷六賞譽)

　　【官爵如雨泡】錢功鸞鈔浙中，方良力諍不得，遂疏乞致仕。大理寺丞黃犟，以書賀之曰：「宇宙數百年，不可無此一舉；內外百執事，不可無此一人；丈夫生世如朝露，官爵如雨泡，不可無此一著！」(《明語林》卷六賞譽)

　　【尺短寸長】論者謂劉如孫三吾：文章不及宋景濂，而渾厚過之；先見不如劉誠意，而直諒過之；勇退不如詹同文，而事功過之。故曰尺短寸長。(《明語林》卷六品藻)

　　【解縉品人】成祖嘗手書大臣蹇義等名授解縉，令疏其品。縉具實對曰：「蹇義天資厚重，中無定見；夏原吉有德量，不遠小人；劉儁雖有才幹，不知顧義；鄭賜可謂君子，然短於才；李至剛誕而附勢，雖才不端；黃福秉心易直，確有執守；陳瑛刻於用法，好惡頗端；宋禮戇直而苛，人怨不恤；陳洽疏通警敏，亦不失正；方賓簿書之才，駔獪之心。」後仁宗以示楊士奇，曰：「今人率謂縉狂士，觀所評論，皆有定見。」(《明語林》卷六品藻)

　　【獻吉品人】獻吉嘗曰：「吾嘗觀公卿於成化、弘治間，王三原居則嶽屹，

動財雷擊，大事斧斷，小事海蓄；劉華容志在納約，行在精審，苟濟其事，小枉安焉。自正德以來，靡靡難睹矣。」(《明語林》卷六品藻)

【元美評陽明】元美評陽明：少好古文，爽朗多奇；晚取詞達，不欲深造。既以氣節名，又建不世勳，迨有志聖道，一切掃除之。識者不謂盡然，慕好之者亦挾以兩相重。其御烏合，籠豪傑，待宵人，蹈險出危，儌儻權譎，種種變幻。(《明語林》卷六品藻)

【弇州論相臣】弇州論相臣曰：「廷和始以易進，嫌而居位，自稱其才勝也，不可則止。冕與紀其庶幾。宏內勁於權倖，外伸於奸藩，惜為德不終，假辭國老。一清有應變之略，無格心之本，捭闔操捨，將道也而行之揆地。孚敬乘機遘會，一言拜相，強直自遂。言詭遇而獲，器不勝才，上僭下逼，禍豈不幸。嵩以順為正，內固寵而外籠賄，即微，孽子必敗。階才不下廷和，惟小用權術，收采物情，不無遺憾，與廷和皆救時相也。拱剛愎而忮，小才不足道。居正中、商之習，器滿為驕，群小激之，虎負不可下，魚爛不復顧，故沒身而名穢家滅矣。」(《明語林》卷六品藻)

【錢牧齋論詩】錢牧齋論詩，專詆西涯，而詆諆空同。摭擊七纂，不遺餘力。謂于麟「句摭字捃，行致墨尋，興會索然，神明不屬，被斷淄以衰繡，刻凡銅為追蠡」；「限隔人代，描摹聲調，論古則判唐、選為鴻溝；言今則別中、盛如河漢，謬種流傳，俗學沉錮，昧者視舟壑之密移，愚人求津劍於已逝」。又云：「徵吾長夜，于麟既跋扈於前；才勝相如，伯玉亦簸揚於後。」而斯文未喪，作者難誣。當蔡邕震驚之日，仲蔚已有微言；迨稷下鼓吹之時，元美亦持異議。(《明語林》卷六品藻)

天史十二卷問天亭放言一卷　　(清)丁耀亢撰

丁耀亢（1599～1669），字西生，號野鶴，晚號木雞道人，諸城人。明御史丁惟寧子。貢生。崇禎十五年，助地方鎮壓起義饑民，解安丘圍。清軍南下，走東海，為監軍。及敗，謁京師，充八旗教習，選容城教諭，改福建惠安知縣，以母老投劾歸。著有《丁野鶴集》《續金瓶梅》《逍遙遊》《赤松遊傳奇》及《陸舫》《椒丘》《江於》《歸止》《聽山亭》諸集。生平事蹟見《國朝詩人徵略》卷十四。

全書十一萬言，凡十二卷，另附《問天亭放言》一卷，總目錄列為卷十

三。前十卷為十案，卷十一為《管見》，卷十二為《集古詩》。「十案」皆首列史事，後加按語。史事不以時代為先後，而以罪之大小為序。卷一「大逆二十九案」，首列「隋煬帝大逆無道」案，卷二「淫十九案」，首列「楚平王納婦鞭屍」案，卷三「殘三十六案」，首列「蚩尤」案，卷四「陰謀二十五案」，首列「趙孤兒報屠岸賈冤」案，卷五「負心十三案」，首列「燭影搖紅」案，卷六「貪十三案」，首列「石崇貪劫奢亡」案，卷七「奢十四案」，首列「徽宗花石綱」案，卷八「驕十六案」，首列「武乙射天」案，卷九「朋黨六案」，首列「漢儒盛名致禍」案，卷十「左道二十四案」，首列「九黎亂德」。《管見》前有自序，稱：「謬以俚言附之，曰《管見》。」收《天帝》《天理》《氣》《數》《天命》《鬼神》《天鐵》《輪狂》《因果》《陰騭》《儆戒》《變化》，凡十二篇，皆論史之語。如《數》篇以數分歷史人物為順數之君子、逆數之君子、順數之小人、逆數之小人四類，又謂：「同一君子，順其數而得福，逆其數則得禍矣。同一小人，逆其數則有報，順其數則無報矣。」《集古詩》前亦有自序，所收皆先秦至唐朝間有關史實之銘謠、歌詩，共分歌銘、感遇、惜時、悲往、幽憤、知命、樂天七類，除歌銘外，丁氏於各詩之後皆以賦、比、興之手法論之，且略言詩意，雖簡短扼要，然深得諷喻之道。〔註535〕

　　書前有丁耀亢自序，稱集其明白感應者，匯為十案，注以《管見》，十有二篇，名曰《天史》，紀罪而不紀功，言禍而不言福云云。又有鍾羽正序，稱丁君所以獨書作惡之報，歸於天。〔註536〕《問天亭放言》又名《問天亭詩》，為丁氏詩集，前有丘石常序。

　　此本據北京大學圖書館藏明崇禎間刻本影印。

【附錄】

　　【丁耀亢《天史自序》】余小子僻處東海之陬，窮愁一室，不能進而與有道之士君子游，草深木肥，用以自娛，濩落巖居，蓋九年於茲矣。狂念倦歸，用返靜宅，焰短而質微，欲無言而恐暮也。風雪窮廬，偶檢先大夫手遺「廿一史」而涉獵之，喟然而悲，愀然而恐，因見夫天道人事之表裏，強弱盛衰之報

〔註535〕 《天史》是丁耀亢以因果報應觀念寫成的一部野史著作，其缺陷不言而喻。但作者力求其作有補於世，所以關照現實社會的意圖很明顯，且在史論思想、體例編排及史評的撰寫上均有其獨特的價值。詳見王瑾《論〈天史〉的獨特意義》（《湖北社會科學》2007年第4期）。

〔註536〕 《續修四庫全書》第1176冊，上海古籍出版社，2002年版，第1～5頁。

復，與夫亂臣賊子、幽惡大慝之所危亡，雄威鉅焰、金玉樓臺之所消歇，蓋莫不有天焉。集其明白感應者，匯為十案，注以管見，十有二篇，名曰《天史》。繫史曰：天者，尊聖言也。採之記以志傳，集之傳以核實，引之經書以定疑，取之詩謠以著戒，紀罪而不紀功，言禍而不言福。蓋人情畏則生慎，慎則生祥，譬如聞雷涉海，則忠信生焉，庶幾毒蝛貪鬼用以消除云爾。晨鐘夜磬，敲者本自無心，惟彼夙根，自生懺悔。若夫尚德君子，其或進而教之。崇禎壬申長至日，東武丁耀亢書於煮石山房。

【鍾羽正《天史序》】丁君為《天史》，閱者肅然神悚，翕然稱快，蓋深心於儆世，非徒以文鳴者。夫史何為而作也？將以勸善而懲惡也。以勸善懲惡，而獨取夫惡者懲之，何也？善惡一心也，性惟一，善淆之，而惡萌矣，遂之而惡滋矣，縱之而惡極矣。至於惡極，寧論善哉？本之一念之差也。第令一念勿淆勿遂而縱，何言惡也？故惡去而善自若矣。一懲惡而勸善之法立矣。《春秋》二百四十二年，書襃者十之一，書貶者十之九，此憂世之心也。然而必繫之天，何也？盡懲惡之法也。自昔帝王懼夫人之淆於惡，喪其善也，為之禮以防之，防之而不化，則刑之。五刑三就，五流三居，大辟三千，上下比罪，豈無育材貢進之典，而刑屬為多。然而必稱天討敕天吏，明夫惡者，天之所怒，非可赦也。惡者，天既怒之，王因而刑之，大者干戈，中者斧鑕，小者劓鼇，有犯而必刑，凡以奉天也，故曰予弗順天，厥罪惟鈞。其法如是足矣，而猶未盡也。蓋有元惡大慝，乘權據要，而法不能加者，亦有潛惡隱匿，陰謀淫穢，而法不及加者。法不能加，則疑天網之漏；法不及加，則疑天鑒之疏。天明天威，有所不至，則元惡愈肆，恖然陰慝，愈深毒螫，且至滅倫常，殲善類，霾曀日月，濁穢乾坤，而幽明靈響，將漸盡矣……懲惡即勸善，此諸史所以獨詳於紀惡，而丁君所以獨書作惡之報，歸之於天也。丁君高材曠度，有心持世，於茲表其深衷，真佳刻也。使丁君而紬金匱之編，必為董狐良史之節。丁君而司玉律之任，必為庭堅淑問之明。此固其一班也。三代之佐，予且有厚望焉。賜進士、榮祿大夫、太子太保、工部尚書、前都察院左僉都御史、吏科都給事中、侍經筵眷生鍾羽正頓首拜撰，時年八十歲。

【陳際泰《天史序》】《天史》者，出於東海、泰岱之間，有士焉發憤而作者也。山不盡於岱，水不盡於東海，而天下之言山水者，必宗海岱，亦猶夫學士之言理者而必歸之天也。何為乎天而史之也？曰：載報應也。夫五經之言天，莫明於《易》，言報應，莫備於《春秋》。又何為乎天而史之也？曰：去彰

而瘅，是有取於橋杌之義爾。夫取於是，則忠臣孝子、仁吏義士可讀而不必讀也。不忠不孝不仁不義之臣子吏士不可不讀而必不讀也。可讀而不必讀者，天在其人中矣。不可不讀而必不讀者，天亦在其人中矣。作此史者，其有古心乎？然吾將有以進之焉。山之高，海之深，風雨潮汐晦冥變滅於其間，其將盡於天也否歟？昔者齊人鄒衍善談天，丁君其得所學歟？予不識丁君，而知為董玄宰先生門下士。先生歸，屬予為序。予以先生之序者序之也。山海無際，青蒼浩漾之中，吾聞魯多君子焉，斯固有所取爾也。甲戌仲夏，臨川陳際泰拜題於燕都署。

【四庫提要】《丁野鶴詩鈔》十卷（江西巡撫採進本），國朝丁耀亢撰。耀亢字西生，號野鶴，諸城人。順治中由貢生，官至惠安縣知縣。是集凡分五種，曰《椒邱集》二卷，起甲午終戊戌，官容城教諭時所作；曰《陸舫詩草》五卷，起戊子終癸巳，皆其入都以後所作；曰《江干草》一卷，起己亥終庚子；曰《歸山草》一卷，起壬寅終丙午；曰《聽山亭草》一卷，起丁未止己酉。自《陸舫詩草》以前，耀亢所自刻。《江干草》以下，皆其子慎行所續刻也。耀亢少負雋才，中更變亂，棲遲羈旅，時多激楚之音。自入都以後，交遊漸廣，聲氣日盛，而性情之故亦日薄。王士禎《池北偶談》載其《陶令兒郎諸葛妻》一律，謂野鶴晚遊京師，與王文安諸公倡和，其詩冗厲，無此風致，蓋亦有所不滿矣。（《四庫全書總目》卷一百八十二「集部三十五‧別集類存目九」）

【徽宗花石綱】建中二年，供奉官宦者童貫，性巧媚，先事奉承，以故得幸。嘗詣三吳，訪書畫、奇巧、屏帳、扇帶之屬，以達禁中。帝悅之，遂命貫置御罷所於蘇、杭，牙角、犀玉、金銀、藤竹，曲盡其巧，匠役雕鏤日數千。蘇州人朱、給事蔡京，知帝垂意花石，密取浙中珍異以進。初致黃楊三本，帝大悅，後歲之增加，舳艫相接，浮於淮汴，號為「花石綱」，乃命領應奉局，以督綱事，搜巖剔藪，一木一石，傾人家產，不可勝記。政和四年，築延福宮成，於是文禽異獸、名木佳花實滿園囿，怪石巖壑宛如天成。又多為村店茆房，不施文采，每秋風夜靜，禽獸悲鳴，徹於都下，識者知其不祥。政和七年，置提舉御用人、船所，時東南監司、兩廣市舶各有應承，於是靈璧、太湖、慈谿、武康諸石，二浙竹木，福建荔枝，南海柳實，四川雜樹，文竹、文石等物，皆越海渡江，毀橋樑，鑿城郭而至矣。宣和四年，以延福宮小不堪居，又築萬歲山於宮中，名曰艮嶽。嶽極峻，周十餘里。朱於太湖取石，高廣

數丈，載以大舟，千人挽之，數月乃至，高九十步，為第一峰。環山鑿流，迂迴幽曲，中間巖洞池館，佳名異狀，不可殫記，古今所未有也。欽宗靖康元年，金人斡離不渡河，徽宗出奔，金人遂圍汴京。李綱固守艮嶽，峰巒皆為石，命民取亭臺花木以為薪。至靖康二年。金人黏沒喝劫徽、欽二帝及諸皇子、妃主三千人北去。童貫、朱等亦伏誅。中原遂沒，而宋祚南遷矣。論曰：禽魚花木，山人幽士，藉以娛性，而無損高致。人君好之，則以亡國。何哉？尤物無常，入人之嗜癖而成妖，故懿公以鶴亡，徽宗以石滅，良由六賊在心腹故也。卒之艮嶽排空，夜月泣妖狐之榻；絳宮凌漢，秋風吹羯虜之塵。琳廊翠篆，轉眼丘墟，赤血滿郊，父老東山之淚矣。嗟夫！露臺而惜中產，文帝所以不可及也。（《天史》卷七）

【燭影搖紅】宋太祖趙匡胤以陳橋代周，遂有天下。其弟光義為殿前都虞侯，光美為嘉州防禦使。帝天性友愛，光義嘗有疾，親為灼艾，光義覺痛，帝以自灸。每對近臣言：「光義龍行虎步，他日必為太平天子。」建隆三年，太后病革，遂命太祖繼柴多立幼之弊，謂帝百歲後，當傳位光義，光義傳光美，光美傳德昭。帝事太后至孝，遂於趙普受命，藏之金匱，曰：「謹受教。」開寶六年，封光義為晉王，位宰相上。光美兼侍中，子德昭同平章事。帝愛光義，數幸其第，恩禮甚厚。開寶六年，帝不豫，晉王獨侍疾。至夜宮中虛無人，左右但遙見燭影下。晉王時或離席，若有遜避之狀，既而帝引柱戳地，大聲謂晉王曰：「好為之。」已而遂崩。宮闈之密，人莫能測，中外疑之。光義即位，是為太宗。封弟光美為齊王，太祖元子德昭封武功郡王，次子德芳為興元尹。興國四年，帝既平太原，因伐幽州，德昭從行，軍中夜驚，不知帝所在，有謀立德昭者。帝聞之不懌。及敗還，遂不行太原之賞。德昭言之，帝大怒曰：「待汝自為之，賞未晚也。」德昭退，憤而自剄，德芳相繼病歿，齊王光美不自安，有告其欲亂者，遂貶涪陵縣公，安置房州，使伺察之。初，帝以金匱之盟，問於趙普。普曰：「太祖已誤陛下，豈容再誤。」光美遂以憂悸卒於房州。至道三年，太宗崩。以其太子恒即位，是為真宗。至神宗熙寧元年，方封太祖曾孫從式為安定郡王。從式，德芳之孫也。及欽宗靖康之亂，金人黏沒喝入汴，虜徽、欽，劫皇子、宗戚三千人北去，殺太宗之子孫無遺者。唯康王構帥師在外，即位於南京，是為高宗。紹興二年，元懿太子卒。高宗未有後，謂范宗尹曰：「太祖以神武定天下，子不得享之，遭時多艱，零落可憐。」命宗正選太祖後，將育宮中。上虞縣丞婁寅亮亦上書曰：「太祖捨子立弟，天

下之大公。崇寧以來，僅惟近屬。遂使昌陵之後寂寥無聞，僅同民庶。藝祖在天，未肯顏歠。此金人所以未悔禍也。」帝大感歎。乃選太祖后德芳五世孫子之子伯宗養於宮中，賜名瑗，封普安郡王。紹興二十二年，立為皇太子，即位號孝宗，延南宋一百五十二年之祚。南宋寧宗嘉定三年，復立德昭九世孫貴城為沂王，後是為理宗，而太祖子孫卒以天下終。論曰：君子之情，求為可繼也。故聖王作則於中，不使天下後世有過不及之罪。父子相傳，不得已，而後弟及焉。此中庸之極則也。太祖孝友有餘，遂以太后之亂命而奉其婆心，卒開太宗負心之路。使當時擇大國而封之，如梁孝王故事，何到於滅子而中敗也哉？雖然，此《春秋》之責也。至於柱斧聲鳴，燭光為逆，不能塞萬古之疑。《綱目》云：金粘罕貌類太祖，天生腹下有瘢，人傳與太祖徂時之狀相類。其後入汴，悉取太宗子孫北去，殆至高宗絕嗣，天啟其衷，使太祖子孫復延南宋之祚。天報仁人，固不爽哉！（《天史》卷五）

【天史詩多奇句】諸城丁耀亢野鶴與丘石常海石友善，而皆負氣不相下。一日飲鐵溝園中，論文不合，丘拔壁上劍擬丁，將甘心焉，丁急上馬逸去。丁著《天史詩》，多奇句，如《老將》云：「低頭憐戰馬，落日大江東。」《老馬》云：「西風雙掠耳，落日一回頭。」此例皆警策。丘晚為夏津訓導，《過梁山泊》詩云：「施羅一傳堪千古，卓老標題更可悲。今日梁山但爾爾，天荒地老漸無奇。」丁遷惠安令，丘遷高要令，皆不赴。（王士禎《古夫于亭雜錄》卷五）

邛竹杖七卷　（清）施男撰

施男（1610～1680），字偉長，吉水人。順治初以軍功授廣西按察副使。生平事蹟見《清文獻通考》卷二二八。

書前有來集之序稱其所論者，與所哦詠，若滅若沒，若斷若續，沈石之火，埋劍之光，《國風》、《小雅》，可謂兼之云云。〔註537〕又有文德翼、李來泰、徐世溥諸序。每卷之前均有「自弁」一篇，後列目錄。

是編前三卷為其官桂林時所作，記峒黎風土，並所自作詩句；卷四、卷五則遊於江、浙、吳、楚間所作，多記山川名勝；卷六為自著詩集；卷七則錄劉湘客、楊廷麟、劉大璞、劉日襄、倪元璐五家之作。書中多有論詩文著

〔註537〕《續修四庫全書》第1176冊，上海古籍出版社，2002年版，第237～239頁。

作者，如「譚友夏」條記元春晚年頗非其選《詩歸》，存者僅十之四，謂「樂府屬筆精嚴，初盛半之，中晚退庵亦有倦心矣，瑯琊、歷下七才，不可多及，放言立論，實實我輩火候未到，非故作英雄欺人也」。又如「澀體」條曰：「艱深佶曲，作俑盤誥，《竹書汲冢》次之，《太玄》《法言》儷《易》與《論》，子雲誠非欺人語。」又記風俗人情，如「犵獐風俗」條記宿桂林龍塘村時所見女子嫁人習俗；又如「祀灶」條記徙南湖時鄉里祀灶之俗。其所著詩文，詞多險僻，蓋猶沿明末公安、竟陵之餘習也。

此本據復旦大學圖書館藏清初留髡堂刻本影印。

【附錄】

【來集之《邛竹杖序》】杜少陵縱橫風雅中，每每自許稷、契，然究之僅存忠君愛國之心耳。諸葛孔明自比管、樂，時人猶未之許。至草廬一對，指天下大勢於掌，訖於鞠躬盡瘁，身無餘財，以報陛下。閱八陣之圖，讀《出師》之表，管、樂安能望其項背哉？宋儒於三代以下人不多心折，而特推孔明王佐之材，乃當日自況抑何近且卑也。蓋少陵僅託諸空言，故視古今人品為最易。孔明必欲見諸行事，故視古今人品為最難。卒瘏拮据與口吟舌弄者未可同年而語。近自滄桑以來，凡其委頓憔悴於籬落間者，律絕數通，箋楮半幅，輒復高聲賣弄，位置其身於陶元亮、謝臯羽之上，試問其果能盡空利祿，憤世絕俗而振衣千仞、濯足萬里乎？吾知其必不能也。施子偉長，蟬蛻簪笏，上馬殺賊，下馬草檄，顛沛困躓，忠愛勃窣，凡所見諸行事者，銖而兩之，自當伯仲臥龍。顧錢牧齋先生言舉陳同甫、辛稼軒以相倫擬，豈先生非一代冰鑒耶？相馬以骨，相龍以睛，相士以真，其能為陳同甫、辛稼軒者，必其能為孔明而有餘者也。其不能為陶元亮、謝臯羽者，必其欲為少陵而不足者也。施子推倒一世，開拓萬古，而一本之澹泊寧靜，其所論著與所哦詠，若滅若沒，若斷若續，沈石之火，埋劍之光，《國風》《小雅》，可謂兼之。是將奴僕命騷，而施子謙謙若不勝者，此施子之所以不可測也。西陵社弟來集之題。

【文德翼《邛竹杖序》】吉州施君偉長，少讀等身書，鬚眉如畫，壯行萬里，馬上磨盾鼻，草露布，好多以暇，哀然成書，文情秀媚，若太平時五陵貴介，折節四門，鬥慧而爭妍者，何韻甚也。近辭官，客吳越，益放於詩，詩律甚細。五十年來老眼中未見茲人。《人物志》不云乎：「質素平澹，中睿外朗，筋勁植固，聲清色懌，儀正容直，九徵皆至，則純粹之德也。」以相偉長，未獲闕一，三辰不軌，拔士為相，固其當也。乃崎崛嶔南，狽嘲營道，卒不拔

起，令寂寂笑人，何哉？雖然俊鶻一擊不中，終身息機，桓公蒲博不必得，則不為差強人意。若難肋卜去取，殆奴命魏武矣。偉長視一官如蟻穴，放懷天地，獨不忘酒，旅次即無與飲者，孤影拊雅，怡然自得，沖量深情，有不可以涯涘者⋯⋯社弟文德翼撰。

【四庫提要】《筇竹杖》七卷（兩淮鹽政採進本），國朝施男撰。男字偉長，吉水人。順治初，隨征廣西，以軍功授廣西按察使副使。是編前三卷為男官桂林時所作，記峒黎風土，並所自作詩句。卷四、卷五則遊於江、浙、吳、楚間所作，多記山川名勝。卷六為自著詩集。卷七則錄劉湘客、楊廷麟、劉大璞、劉日裏、倪元璐五家之作。其所著詩文，詞多險僻，蓋猶沿明末公安、竟陵之餘習也。（《四庫全書總目》卷一百四十三「子部五十三・小說家類存目一」）

二樓紀略四卷　（清）佟賦偉撰

佟賦偉，字德覽，號青士，自號二樓居士，奉天（今遼寧遼陽市）人。正藍旗監生。康熙二十四年（1685）任永寧知縣。康熙四十八年（1709）官寧國府（今安徽宣城）知府。著有《永寧縣志》。生平事蹟見《（雍正）河南通志》卷三十七、《（乾隆）江南通志》卷一〇九、《重修安徽通志》卷一二五。

宣城舊有北樓，即南齊謝朓之高齋。明嘉靖中知府朱大器又起文昌臺，設書院其下。康熙五十一年，賦偉更為修治，又於鼇峰下新建南樓，與北樓遙相呼應，以羅汝芳「志學書院」為宗，名「正學書院」。

此書四卷，記述宣城歷代歷史、人文、山川、風物。如表彰梅文鼎曰：「宣城梅定九先生文鼎邃於天人理數，故大學士安溪李公巡撫順天時嘗薦之，上命入見，時御舟中奏對累日，皆稱旨，將官之，以老辭，上知其不仕也，御書『績學參微』四字額賜之，仍賜御書詩扇綾幅，朝賢多作詩文送之，歸隱文脊山中，罕得見者。家故貧一畝之宮，著述自樂。余為吏於斯，每相與論學，欲賓之書院，以倡郡人，而莫可強也。見所攜桃竹杖銘，其上有『偕萬里至公門』之句，居嘗以不及壯盛仰報君恩為憾。久之，特徵其孫。今編修玉汝穀成入史館，玉汝能纘其家學者，供奉恒邀殊獎，每傳溫諭，眷及老儒，真異數也。」又考寧國書院廢興，記羅近溪守宛陵事蹟，記施愚山學行，記宣城著述名家，論歷代宛人詩學優劣，不一而足，堪稱宣城之「百科全書」，

故此書應入地志。然《四庫全書總目》於地方文獻之未透，稱多自述其政績及旁涉他事，不盡有關於二樓，既非地志，又非說部，九流之內，無類可歸，故附之雜家類，未免影響之談。

此本據國家圖書館藏清康熙刻本影印。

【附錄】

【四庫提要】《二樓紀略》四卷（浙江巡撫採進本），國朝佟賦偉撰。賦偉字青士，襄平人。官寧國府知府。寧國舊有北樓，即南齊謝朓之高齋。明嘉靖中知府朱大器又起文昌臺，設書院其下。賦偉更為修治，題曰南樓。每乘暇遊宴其間，因雜錄見聞為此書。多自述其政績及旁涉他事，不盡有關於二樓。既非地志，又非說部，九流之內，無類可歸，姑附之雜家類焉。（《四庫全書總目》卷一百二十九「子部三十九·雜家類存目六」）

【四庫提要】《二樓小志》四卷（浙江巡撫採進本），國朝程元愈撰，汪越、沈廷璐又補葺之。與佟賦偉《二樓紀略》一書相為表裏，皆記寧國府南北樓事。北樓即謝朓之高齋，南樓即文昌臺。明嘉靖中知府朱大器所建也。賦偉書旁涉他事，殊為龐雜。此輯錄歷代題詠，並記南樓建造之始末，差為有緒。越有《讀史記十表》，已著錄。元愈字偕柳，廷璐字元佩，皆寧國人。（《四庫全書總目》卷七十七「史部三十三·地理類存目六」）

劉繼莊先生廣陽雜記五卷 　（清）劉獻廷撰

劉獻廷（1648～1695），字君賢，自號廣陽子，直隸大興（今屬北京市）人。先世本吳人，寓吳江甚久。自其少時，好讀書，輒竟夜不寐，父母憐之，禁絕其膏火，則燃香以代，因眇一目。又折其左肱。居恒落落，躘敝衣冠，踽踽風塵中。遭際國變，亟亟以經世為務，故潔身獨行，不為好爵所縻。以布衣遊公卿間。徐乾學家多藏書，大江南北宿老爭赴之，廣陽子游其間，別有心得，不與人同。萬斯同尤心折之，引參《明史》館事。生平事蹟見王源《劉處士獻廷墓表》、全祖望《劉繼莊傳》、王勤堉《劉繼莊先生年譜初稿》《清史稿·文苑傳》《清史列傳·文苑傳》。

此書《清史稿·藝文志》著錄於雜家類雜說之屬。於明季稗乘，李自成、張獻忠起義，以及臺灣鄭氏遺事，別具隻眼，皆有獨到之處。其論學推崇管子之書，以為與聖經相表裏。又稱《管子》雖不全出敬仲之手，而其經世允

為一家之言，自是宇宙間不可少之大章句。又以唱歌、看戲、看小說、聽說書、信占卜、祀鬼神比為儒者「六經」，亦為獨見。卷五有周季貺跋，云：「此卷考證，故訛舛極多，可刪也。」〔註538〕今考，其掇拾《疑耀》數十條，或注明，或不注明，頗起後人之疑竇。潘祖蔭以為門人誤孱入，概予刪之。門人輯錄先生遺著，豈敢如此作偽？潘氏未免過於武斷，似不足為憑。況且獻廷為清初之人，又不以考據名家，晚年隨意漫錄，特別青睞張萱之書，亦未可知。舉以備參。

　　史稱其學主經世，自象緯、律曆、音韻、險塞、財賦、軍政，以逮岐黃、釋、老之書，無所不究習，與梁溪顧培、衡山王夫之、南昌彭士望為師友，而復往來崑山徐乾學之門，議論不隨人後。全祖望述其學曰：「繼莊之學，主於經世，自象緯、律曆以及邊塞關要、財賦、軍器之屬，旁而岐黃者流，以及釋、道之言，無不留心，深惡雕蟲之技。」獻廷力主博通古今實用之學，卷四述其為學之方：「為學先須開拓其心胸，務令識見廣闊為第一義；次則於古今興廢沿革，禮、樂、兵、農之故，一一淹貫，心知其事，庶不愧於讀書。若夫尋章摘句，一技一能，所謂雕蟲之技，壯夫恥為者也。」胡玉縉稱：「獻廷之學主切用，不主考古，自是北方學派，所言多好大而誇，又異乎北方之淳樸。然其中論音韻、論輿地書、論水利，雖僅標大略，未及成編，而其意要自可取。惟太無徵實之學，未能曲諱。」〔註539〕論者以為其人與「清初三先生」（黃宗羲、顧炎武、王夫之）齊名，其學則自成一派，且以「廣陽學派」稱之。〔註540〕張文虎稱《雜記》多紀黔滇事，蓋其遊跡所至，又兼及旗下掌故，間有考證，亦粗淺。劉在當時與萬季野齊名，全謝山極稱之，不可解。〔註541〕

　　此書有光緒間潘祖蔭刻《功順堂叢書》本，此本據南京圖書館藏清同治四年周星詒家抄本影印。

【附錄】

　　【潘祖蔭跋】劉繼莊氏《廣陽雜記》，舊題門人黃日瑚輯者，皆刪本。德清戴子高藏有足本。書仍五卷，視刪本多十之四（刪本二三兩卷合為二卷，

〔註538〕《續修四庫全書》第1176冊，上海古籍出版社，2002年版，第680頁。
〔註539〕胡玉縉：《續四庫全書三種》，上海書店出版社，2002年版，第659頁。
〔註540〕鄧拓：《燕山夜話》，北京十月文藝出版社，2010年版，第117～120頁。
〔註541〕張文虎：《張文虎日記》，上海書店出版社，2009年版，第72頁。

四五兩卷合為三卷），節次頗不盡同。書中亦間有曰『瑚按』語。然亦有刪本有之而足本轉不載者。又刪本錄醫方極多，而足本僅寥寥數則，殊不可解，豈足本又經人刪節耶？蓋繼莊此書，初亦隨手箚記，未有定本，後人傳寫，或詳或略，遂多同異。悉心求之，當以足本為善。余舊有一本得於陶亮香丈，咸豐庚申失之矣。此本乃趙撝叔所詒，得之子高者。屬葉鞠常先生以丁泳之本校之。增墓誌一篇。其掇拾《疑耀》一卷，疑門人誤孱入者則刪之，付之剞劂，以廣其傳。

【某氏棠跋】《廣陽雜記》皆寫本流傳，亦不甚多。光緒甲申潘文勤始刊於功順堂，頗有訛舛。此本乃吾友周季貺太守同治初所抄校，眉端朱筆及每冊後題記皆其手跡也。〔註542〕

【續修四庫全書總目提要（稿本）31～133】《廣陽雜記》五卷，清劉繼莊撰。繼莊字獻廷，一字君賢，別號廣陽子，學主經世，象緯、輿地，無不窮究，以布衣遊公卿間。萬斯同尤心折之，引參《明史》館事，後隱居吳江卒。是書雜論音韻、地理，均極有見地。所記殘明佚事，及清初官制，糅雜無序，偶一考古，大率淺謬。惟所記唐王聿鍵終於福建，其弟聿鐭終於粵東，桂王由榔終於夜郎，魯王以海終於海外，名皆若為之讖，則自來論者所未及也。

【許廎經籍題跋·廣陽雜記書後】《廣陽雜記》五卷，大興劉獻廷撰。獻廷字君賢，號繼莊，布衣。其書有紀遊者，有考證瑣事者，有述友人論議者，有載軼事舊聞者，為其門人黃曰瑚所韓，向只有傳抄本，光緒間吳縣潘氏始刊入《功順堂叢書》。全祖望稱其為薛季宣、王道甫一流，又稱「書中所述大，兵征俄羅斯及王輔臣《反平涼文》，俱極可喜」。譚獻《復堂日記》亦其為振奇士，又謂「尤喜其說理論事有獨見，而以蓄思隱軫，回曲其詞，易代久而猶有魯連、田橫之想為異」。李慈銘《荀學齋日記》則謂「多記殘明佚事及國初官制，糅雜無序，偶一考古，大率淺謬，宜其心折於金人瑞。惟有一條云，唐王諱聿鍵，終於福建；其弟聿鐭，終於粵東；桂王諱由榔，終於夜郎；魯王諱以海，終於海外。名皆若為之讖。則自來論者所未及」。今案，獻廷之學主切用，不主考古，自是北方學派，所言多好大而誇，又異乎北方之淳樸。然其中論音韻、論輿地書、論水利，雖僅標大略，未及成編，而其意要自可取，李氏所舉一條，未足以盡，雖心折人瑞，而終非人瑞一流，則當以全氏之論列為定也。惟太無徵實之學，未能曲譚。如「冕字與昆字同」

〔註542〕《續修四庫全書》第1176冊，上海古籍出版社，2002年版，第533頁。

一條，可以不載。又云：「嘗見庚帖中有『五際』字，不解出何書，後見類書云云，究未詳所出。」是並《詩大序》孔疏、《漢書·翼奉傳》孟康、應劭兩家注、《郎顗傳》條便宜七事引《詩緯·記曆樞》，竟未之一見。周壽昌《思益堂日劄》譏其陋略，其說良是。至所稱「明成祖非馬皇后子，其母甕氏，蒙古人，以其為元順帝之妃，故隱其事，別有廟藏神主，世世祀之；不關宗伯，有司禮太監為彭躬庵言之」，周氏以為野語無稽，出自閹宦，豈即可信，則猶有辨。考張岱《陶庵夢憶》云：「太祖饗殿深穆，暖閣去殿三尺，近閣下一座稍前為碩妃，是成祖生母，成祖生，孝慈皇后姓為己子，事甚秘。」又朱彝尊《明詩綜》載沈邅伯《敬禮南都奉先殿紀事詩》：「高后配在天，御幄神所棲。眾妃位序東，一妃獨在西。成祖重所生，嬪德莫敢齊。」《靜志居詩話》云：「長陵每自稱曰『朕高皇后第四子也』，然奉先廟制，高后南向，諸妃盡東列，西序惟碩妃一人，蓋高后從未懷姓，豈惟長陵，即懿文太子亦非后生，世疑此事不實，誦沈詩，斯明徵矣。」然即碩妃之是否即元順帝妃，雖不可知，而成祖之非馬皇后子殆無疑義，似不得概斥為無稽。錄存其書，在學者分別觀之焉。（《續四庫提要三種》第659～660頁）

【清史稿本傳】劉獻廷，字繼莊，大興人，先世本吳人也。其學主經世，自象緯、律曆、音韻、險塞、財賦、軍政以逮岐黃、釋老之書，無所不究習。與梁谿顧培、衡山王夫之、南昌彭士望為師友，而復往來崑山徐乾學之門。議論不隨人後。萬斯同引參《明史》館事，顧祖禹、黃儀亦引參《一統志》事。獻廷謂諸公考古有餘，實用則未也。其論方輿書：「當於各疆域前，測北極出地，定簡平儀制度，為正切線表，而節氣之後先，日食之分秒，五星之凌犯占驗，皆可推矣。諸方七十二候不同，世所傳者本之《月令》。乃七國時中原之氣候，與今不合，則歷差為之。今宜細考南北諸方氣候，取其核者詳載之，然後天地相應，可以察其遷變之微矣。燕京、吳下，水皆南流，故必東南風而後雨，衡、湘水北流，故必北風而後雨。諸方山水向背分合，皆紀述之，而風土之剛柔，暨陰陽燥濕之微，可次第而求矣。」其論水利，謂：「西北乃先王舊都，二千餘年未聞仰給東南。何則？溝洫通，水利修也。自劉、石雲擾，以訖金、元，千餘年未知水利為何事，不為民利，乃為民害。故欲經理天下，必自西北水利始矣。西北水利，莫詳於《水經》酈注。雖時移勢易，十猶可得六七。酈氏略於東南，人以此少之。不知水道之當詳，正在西北。」於是欲取「二十一史」關於水利、農田、戰守者，考其所以，附以諸家之說，為之

疏證。凡獻廷所撰著，類非一人一時所能成，故卒不就。又嘗自謂於華嚴字母悟得聲音之道，作新韻譜，足窮造化之奧。證以遼人林益長之說，益自信。其法先立鼻音二，各轉陰、陽、上、去、入之五音共十聲，而不歷喉、齶、舌、齒、脣之七位。故有橫轉，無直送，則等韻重疊之失去。次定喉音四，為諸韻之宗，從此得半音、轉音、伏音、送音、變喉音。又以二鼻音分配之，一為東北韻宗，一為西南韻宗，八韻立，而四海之音可齊。於是以喉音互相合，得音十七；喉音鼻音互相合，得音十；又以有餘不盡者三合之，得音五：共三十二音，為韻父，而韻歷二十二位，為韻母。橫轉各有五子，而萬有不齊之聲攝於此矣。同時吳𡊨盛稱其書。他所著多佚。歿後，弟子黃宗夏輯錄之，為《廣陽雜記》。全祖望稱為薛季宣、王道父一流雲。

【劉處士墓表】劉處士，諱獻廷，字繼莊，別號廣陽子，大興人。生於戊子七月二十六日，年四十有八，卒於吳，歲在乙亥七月六日。與妻張氏合葬於吳之陸墓山。祖□□。父礦，為名醫。母張氏、吳氏。相傳其先為吳人。曾祖以上俱無考。〔處士自言如此。〕處士穎悟絕人，博覽負大志，不仕，不肯為詞章之學。年十九，親歿，挈家而南，隱於吳。初，吳有高僧說法，士人釀金，從之講法華，處士聞之與焉，坐食頃，伏几而鼾，僧說罷，處士鼾亦罷。明日復往如故，眾竊笑，僧詫曰：「客何為者？」呼與語，則大驚，拜伏地，曰：「公神人也。」掖登座。處士夷然登座不讓，暢衍厥旨，眾大說。僧率眾蒲伏，願為弟子。處士笑曰：「吾正若誤耳，豈為浮屠學者哉？」拂衣去。由是從遊者日眾。嘗為學者曰：「聖人謂人為天地之心。人渺焉爾且眾，胡為天地之心？嘗學《易》而得其說。乾也坤也，初交而生風雷，無形也；水火次之，形而虛；山澤又次之，實矣。由是草木生焉，鳥獸育焉。草木鳥獸不已章乎？未竟也。草木不實，則草木之生未竟，而草木熄。天不生人，則天之生未竟，而天地之生熄。人者，天地之實也。故曰，人為天地之心。身豈心哉？心，心爾。所謂仁也，天地不能為者，人為之。剝、復、否、泰存乎運，而轉移之者心。人苟不能幹旋氣運，徒以其知能為一身家之謀，則不得謂之人，何足為天地之心哉？」故處士生平，志在利濟天下後世，造就人才，而身家非所計。其挈家而南也，尚有貲數千金，以交遊濟危難散去。鄰舍一女子許字，夫貧，流於外，母將改聘之，女誓不從。處士聞之惻然。時僅餘藥肆一廛，立鬻金，尋其夫，贈使婚娶，而家益貧。久之，西南大亂，民惶惑不聊生，處士乃入洞庭山，學益力。亂定，妻張氏旋卒，於是慨然欲遍歷九州，覽

其山川形勢，訪遺佚，交其豪傑，博採軼事，以益廣其見聞，而質證其所學。初，故尚書徐健庵及其弟故大學士立齋兩先生聘之，不就。至是歸里，將付其子燮於其兄御史賓廷，徐又聘之，乃就，而予以修《明史》，亦館於徐，與處士道同志合，日討論天地陰陽之變、伯王大略、兵法、文章、典制、古今興亡之故、方域要害、近代人才邪正，其意見之同，猶聲赴響。而處士於禮樂、象緯、醫藥、書數、法律、農桑、火攻、器制旁通博考，浩浩無涯涘。嘗從容謂余曰：「吾志若不就，他無所願，但願先子死耳。」予驚問故，曰：「吾生平知己，捨子其誰？得子為吾傳以傳，復何恨哉？」嗚呼！生死無關於天下，不足為天下士。即為天下士，不能與古人爭雄長，亦不足為千古之士。若處士者，其生其死，固世運消長所關，而上下千百年中不數見之人也。顧留京師四年，有奇遇而訖不見用。庚午，復至吳，遂南遊衡嶽，因而歸。方謀與同志結茅著書終老，乃不一年死矣。處士為人良易，負絕世之學，而虛衷常自下，誨人諄諄不倦。其少也，讀書每竟夜不臥，父母禁，不予膏火，則然香代之，因眇一目。又折其左肱，落落攝敝衣冠，蹀躞風塵中，人無敢易之者。蓋其心廓然大公，以天下為己任，使得志行乎時，建立當不在三代下，而竟溘然齎志以死也。豈不悲乎！死之日，門弟子哀號擗踴不欲生，行路諮嗟涕洟。予在京聞之，驚痛欲絕，召其子燮於天津，與友人斂金為位哭之，而使燮奔喪於吳。未幾，遂得吉壤以葬，予不及銘其壙。己卯正月，過吳，始一拜其墓，而流涕為之表。嗚呼！處士之心，天地所以不熄之心也。古聖賢以其心傳於後，而古聖賢未嘗死。天下有以處士之心為心者，處士又豈死哉？後之覽者尚其有感而興焉。（王源撰，載《廣陽雜記》卷首）〔註543〕

【劉繼莊傳】劉繼莊者，名獻廷，字君賢，順天大興縣人也。先世本吳人，以官太醫，遂家順天。繼莊年十九，復寓吳中，其後居吳江者三十年。晚更遊楚，尋復至吳，垂老始北歸，竟反吳卒焉。崑山徐尚書善下士，又多藏書，大江南北宿老爭赴之，繼莊遊其間，別有心得，不與人同。萬隱君季野，於書無所不讀，乃最心折於繼莊，引參《明史》館事。顧隱君景範、黃隱君子鴻長於輿地，亦引繼莊參《一統志》事。繼莊謂諸公考古有餘，而未切實用。及其歸也，萬先生尤惜之。予獨疑繼莊出於改步之後，遭遇崑山兄弟，而卒

〔註543〕洪去無曰：處士之志甚大，其規模甚偉，學博而識高，而要歸於有用，真千百年不數見之人。乃年未盍十，息焉長逝，實吾道之不幸也，悲哉！其與或庵相契之深，益非他人所反知，故非或庵不能為此文，非此文不足以傳處士也。

老死於布衣，又其棲棲吳頭楚尾間，漠不為枌榆之念，將無近於避人亡命者之所為，是不可以無稽也，而竟莫之能稽。且諸公著述皆流佈海內，而繼莊之書獨不甚傳，因求之幾二十年不可得，近始得見其《廣陽雜記》於杭之趙氏，蓋薛季宣、王道甫一流。嗚呼！如此人才，而姓氏將淪於狐貉之口，可不懼哉！繼莊之學，主於經世，自象緯、律曆以及邊塞、關要、財賦、軍器之屬，旁而岐黃者流，以及釋道之言，無不留心，深惡雕蟲之技。其生平自謂於聲音之道別有所窺，足窮造化之奧，百世而不惑，嘗作新韻譜。其悟自華嚴字母入，而參之以天竺陀羅尼、泰西蠟頂話、小西天梵書，暨天方、蒙古、女直等音。又證之以遼人林益長之說，而益自信。同時吳修齡自謂蒼頡以後第一人。繼莊則曰：「是其於天竺以下書皆未得通，而但略見華嚴之旨者也。」繼莊之法，先立鼻音二，以鼻音為韻本，有開有合，各轉陰、陽、上、去、入之五音，陰、陽即上、下二平，共十聲。而不歷喉、齶、舌、齒、唇之七位，故有橫轉，無直送，則等韻重迭之失去矣。次定喉音四，為諸韻之宗。而後知泰西蠟頂話、女直國書梵音尚有未精者，以四者為正喉音，而從此得半音、轉音、伏音、送音、變喉音，又以二鼻音分配之，一為東北韻宗，一為西南韻宗，八韻立而四海之音可齊，於是以喉音互相合，凡得音十七，喉音與鼻音互相合，凡得音十，又以有餘不盡者三合之，凡得音五，共三十二音，為韻父。而韻歷二十二位為韻母，橫轉各有五子，而萬有不齊之聲攝於此矣。嘗聞康甲夫家有紅毛文字，惜不得觀之，以合泰西蠟頂語之異同，又欲譜四方土音，以窮宇宙元音之變，乃取新韻譜為主，而以四方土音填之，逢人便可印正。蓋繼莊是書多得之大荒以外者，囊括浩博，學者驟見而或未能通也。其論向來方輿之書，大抵詳於人事，而天地之故概未有聞，當於疆場之前別添數則，先以諸方之北極出地為主，定簡平儀之度制，為正切線表，而氣節之後先、日蝕之分秒、五星之陵犯占驗，皆可推矣。諸方七十二候，各各不同，如嶺南之梅十月已開，桃李臘月已開，而吳下梅開於驚蟄，桃李開於清明，相去若此之殊。今世所傳七十二候本諸《月令》，乃七國時中原之氣候。今之中原已與七國之中原不合，則歷差為之。今於南北諸方，細考其氣候，取其核者，詳載之為一則，傳之後世，天地相應之變遷可以求其微矣。燕京、吳下水皆東南流，故必東南風而後雨。衡湘水北流，故必北風而後雨。諸方山水之向背分合，皆當按籍而列之。而風土之剛柔，暨陰陽燥濕之微，又可以次第而求矣。諸方有土音，又有俚音，蓋五行氣運所宣之不同，各譜之為

一則，合之土產，則諸方人民性情風俗之微皆可推而見矣。此固非一人所能為，但發其凡而分觀其成，良亦古今未有之奇也。其論水利，謂西北乃二帝三王之舊都，二千餘年未聞仰給於東南，何則？溝洫通而水利修也。自劉石雲擾，以訖金、元，千有餘年，人皆草草偷生，不暇遠慮，相習成風，不知水利為何事，故西北非無水也，有水而不能用也，不為民利，乃為民害。旱則赤地千里，潦則漂沒民居，無地可瀦，無道可行。人固無如水何，水亦無如人何。虞學士始奮然言之，郭太史始毅然行之，未幾竟廢，三百年無過而問者。有聖人者出，經理天下，必自西北水利始。水利興而後足食，教化可施也。西北水利，莫詳於《水經》酈注。雖時移勢易，十猶可得其六七。酈氏略於東南，人以此少之。不知水道之當詳正在西北。欲取「二十一史」關於水利、農田、戰守者，各詳考其所以，附以諸家之說，以為之疏，以為異日施行者之考證。又言朱子《綱目》非其親筆，故多迂而不切，而關係甚重者反遺之，當別作《紀年》一書。凡繼莊所撰著，其運量皆非一人一時所能成，故雖言之甚殷，而難於畢業，是亦其好大之疵也。又言：「聖王之治天下，自宗法始。無宗法，天下不可得治。宜特為一書以發明之。」是則儒者之至言，而惜其書亦未就。予之知繼莊也以先君，先君之知繼莊也以萬氏。及余出遊於世，而繼莊同志如梁質人、王昆繩皆前死，不得見，即其高弟黃宗夏亦不得見，故不特繼莊之書無從蹤跡，而逢人問其生平顛末，杳無知者。因思當是時安溪李閣學最留心音韻之學，自謂窮幽探微，而絕口不道繼莊與修齡，咄咄怪事，絕不可曉。何況今日去之六七十年以後□□□，並其出處本末而莫之詳，益可傷矣。近者吳江徵士沈彤獨為繼莊立傳。蓋繼莊僑居吳江之壽聖院最久，諸沈皆從之遊。及其子死無後，即以沈氏子為後，然其所後子今亦亡矣，故彤所為傳亦不甚詳。若其謂繼莊卒年四十八，亦恐非也。繼莊弱冠居吳，歷三十年，又之楚之燕，卒死於吳。在壬申以後，則其年多矣。蓋其人蹤跡非尋常遊士所閱歷，故似有所諱，而不令人知。彤蓋得之家庭諸老之傳，以為博物者流，而未知其人。予則雖搞其人之不凡，而終未能悉其生平行事，乃即據《廣陽雜記》出於宗夏所輯者，略求得其讀書著書之概，因為撮拾而傳之，以俟異日更有所聞而續序之。（全祖望撰）

【貪黷者慘報】康熙十三四年間，嶗城城知縣趙昕貪黷，所得貨載歸故鄉。時荒亂，鄉人奪之，焚其居，趙亦隨以狂疾卒於官。引發嶗人爭拾瓦礫擊之；又佯為儋負者，沒其餘貲。妻子貧餒，至不能營葬。代之者，平湖陸隴

其也。到官之日，除弊政，絕饋遺，薪水取給於家，夫人率婢妾以下紡織給魚菜。日與紳士之賢者講道論學，當午輒出粗糲共食。二年註誤去。去之日，留者輷輷殷殷，遮道而哭，海內爭欲望見其顏色。都人士稱循良吏，必以陸當之，卒以魏總憲保舉復其官。嗚呼！貪黷者慘報若彼，廉潔者受用若此，居民上者可以悟矣。（《廣陽雜記》卷一）

【論詩】偶與紫庭論詩。誦魏武觀滄海詩：「水何澹澹，山島疏峙。草木叢生，洪波湧起。」紫庭曰：「只平平寫景，而橫絕宇宙之胸襟眼界，百世之下猶將見之。漢魏詩皆然也。唐以後人極力作大聲壯語以自鋪張，不能及其萬一也。」余深歎服其語，以為發前人未發。紫庭慨然誦十九首曰：「不惜歌者苦，但傷知音稀。非但能言人難，聽者正自不易也。」（《廣陽雜記》卷三）

觚賸八卷觚賸續編四卷　（清）鈕琇撰

鈕琇（1644～1704）〔註 544〕，字書城，號玉樵，吳江人。康熙十一年（1672）拔貢生，歷任項城知縣、白水知縣兼攝沈邱蒲城事、高明縣令。少與潘耒同學，潘推其四六之工。其詩少作驚才絕豔，方駕齊梁，中歲則婉麗悲激，長於諷諭，有變風之遺。四庫館臣以為其作「疏雋頗勝近人，而渾雅終不逮古人」〔註 545〕。著有《臨野堂集》《荔夢編》《亳州牡丹述》《白水縣志》。生平事蹟見《（乾隆）震澤縣志》卷十六、《（同治）蘇州府志》卷一〇六及《清史列傳·文苑傳》。

書前有康熙三十九年（1700）自序，云：「於是傾觚授簡，抄以小胥；因而別地稽時，匯為全帙。」《續編》前有康熙四十一年（1702）正續兩編自序，皆以駢文為之，無關史事。正編八卷，有《吳觚》三卷，《燕觚》《豫觚》《秦觚》各一卷，《粵觚》二卷。續編四卷，有《言觚》《人觚》《事觚》《物觚》各一卷。

鈕琇博雅多聞，書中所記多明、清間聞見雜事，凡社會狀況、詩文著作、士人交往等，皆有涉及，能舉見聞異詞者折衷之，可補正史之闕。如《吳觚》「力田遺詩」條記潘檉章《杜詩博議》為少陵功臣，而朱鶴齡箋注杜詩多採其說而諱其姓名。又「河東君」條記柳如是與錢謙益事。《燕觚》「圓圓」

〔註544〕陸林：《清初文言小說觚賸作者鈕琇生年考略》，《文學遺產》2006 年第 1 期。
〔註545〕《四庫全書總目》卷一百八十三《臨野堂文集》提要。

條記陳圓圓與吳三桂事，「竹垞詞」條論朱彝尊詞。《秦觚》「兩大文章」條錄李因篤《乞養陳情疏》、葉映榴《刺血書表》；「石經」條記鈕琇詢李子德西安石經全本書者姓名及刊立始末。《粵觚》「逍遙居士」條記蒲衣子王隼女瑤湘事，《言觚》「文章有本」條謂傳奇演義雖近遊戲，而皆有所本，如《水滸傳》本龔聖與《三十六贊》。「書名」條謂「著書必先命名，所命之名，與所著之書，明簡確切，然後可傳」。《人觚》「英雄舉動」條記熊廷弼與馮夢龍交往事。《事觚》「相墓四大惑」條論人相墓求富貴之四大迷惑。《物觚》「蘇州土產」條記汪琬謂蘇州有「梨園子弟」與「狀元」而土產。

　　此書為文言小說集，《四庫提要》亦列入小說家類，且稱是編幽豔淒動，然往往點綴敷衍，不能盡覈其實云。周中孚亦稱其文詞皆哀豔奇恣，而記事多近遊戲，故不免喜談神怪，以徵其詭幻，間有裨於考據者，亦百中之一二耳。〔註546〕然清廷嘗以「文多違悖」將此書查禁，以其多採屈大均《廣東新語》諸書。謝國楨稱：「玉樵生當易代，倦倦於滄海遺聞，如記清初東南沿海遷界及修史之獄，以及粵東農民起義之事，均有關掌故。惟其文近小說，間有傳聞失實之處。」〔註547〕陸林稱此書在清初與《聊齋誌異》《虞初新志》鼎足而立。

　　此本據天津圖書館藏清康熙臨野堂刻本影印。

【附錄】

　　【鈕琇《觚剩自序》】原夫天為石補，光乃麗乎三辰；地以鼇勝，力且維乎四極。蓮生嶽上，鉅靈運掌而山開；烏走雲中，后羿彎弓而日落。若其遊神六合，抗想千秋，都非易測之情，實有難窮之理。然則莊生《齊物》，何得置北溟而不談；屈子《離騷》，能無仰東皇而欲問乎？況夫鬼盈睒載，《易》留語怪之文；神降莘言，史發與妖之論。杏壇書垂筆削，辨六鷁之晝飛；龍門事著興亡，誌一蛇之夜哭。是知虞初小說，非盡出於荒唐，郭氏遺經，固無傷於典則也。余也生雖已晚，世不逮夫娜嬛，思則靡涯，心常傾夫薈蕞。幼而就傳，延吳札於楓江；長且服官，謁徐陵於柏府。初垂縞帶，便學長吟。繼傍玉臺，每聆《新語》。入燕都而懷故國，記覽《夢華》；登梁苑而晤名賢，書攜行秘。迨夫哀纏素韠，貧典黑貂，旅食三年，不斷梟魚之淚；宦歸千里，無餘劉寵之

〔註546〕周中孚：《鄭堂讀書記》卷六十六。
〔註547〕謝國楨：《晚明史籍考》卷二十二雜記下，第 978 頁。

錢。遊跡則雁池蟲渚，閱歷遍賒；行裝則玉格貝編，討搜獨富。既而聽雞函谷，策馬蘆關。欵密法於秦灰，欲辨怪哉之氣；懷和聲於周鳳，還題吉了之名。碑洞文章，收諸綠笈；橋山陵寢，繪以黃圖。今則仍綰銀章，更臨珠海。鷓鴣啼處，朱旗錦石之鄉；蝴蝶飛時，丹竈羽衣之洞。官逢斗轂，得虎說於荒江；語習姁隅，成魚吟於蠻府。棨花賓至，快雄辯之當筵；話雨人歸，喜華箋之在篋。於是傾舳授簡，抄以小胥，因而別地稽時，匯為全帙。言其大略，蓋有三焉。爾其簫斷吳門，曲留小海；築摧易水，歌起悲風。嵇散揮弦，廣陵之音欲絕；潘邠閣筆，重陽之句無多。苟非闡此嘉名，誰復求之幽壤？至乃江頭孝女，黃絹無傳；塞外文姬，青蛾莫贖。簾窺燕子，新愁鎖夜月之樓；門倚桃花，舊笑憶春風之徑。維美昭於繡管，斯豔發乎得簇。更若大夫觀止，雅擅多能；君子至斯，夙推博物。疏不遺乎草木，學逆葩經；注兼及乎蟲魚，功期翼雅。爰以資其考索，非止襲夫傳聞。然而宇宙茫茫，人如粟渺；江河滾滾，世亦萍浮。目不越於方隅，每以常而為怪；心苟通乎大造，將何幻而非真？念茲得失之林，總歸陳跡；悟彼逝來之境，庶得遽觀。姑存此日瑣言，豈曰珠能記事；倘附他年野史，亦云稗以備官焉爾。康熙庚辰三月既望，吳江鈕誘玉樵甫書於高明官署之根青閣。

【鈕琇《觚賸續編自序》】斯人誰與，世已滔滔；此日不回，年何舟舟。悲虞翻之骨相，孤負明時；老潘岳之鬢毛，棲遲拙宦。心如鶴靜，自忘衝舉之勞；政與弦清，亦鮮更張之擾。翠飛斷霸，常迎城上群峰；紅點疏林，最惜簾前永晝。倚牀偊息，神惝恍而若移；憑几沉吟，思紛綸而乍起。則有故人萬里，文傳海國之奇；往事十年，書墜雲車之秘。春風說劍，每期絲繡平原；秋雨挑燈，輒憶珠霏彥國。百花綃，水中宮闕，出龍女之新謠；三生石，月裏關山，得牛童之舊夢。匯非一族，集有百端。拈脈望之衣，驚逢創獲；啟兜玄之郭，欣拾遺聞。此皆囊牘之所未登，而餘音之所欲奏者矣。若夫睎樹小園，曲載寵桃之謗；簸錢弱歲，猥加賦柳之誣。《碧雲騢》實敗友聲，《黑心符》奚關世教。揮毫成錦，慘即類於鑠金；濡墨留蠅，疵遂生於玷玉。事可鑒也，義無取焉。近者讀伏波訓子之篇，始悔向人談過；觀德操處時之術，允宜即可稱佳。因抒會粹之衷，用補消搖之錄。德由潛發，故戀寡而勸多；道以遍存，詎洪詳而纖略。偶仿西齋之記，藉耳為通；寧希東觀之藏，寫心則止。遙憐松菊，從此抽簪；漫捲詩書，並當焚硯。冠裳委之蠻府，聞見黜乎愚溪。倘遇蘇公，復有姑且妄言之請；願隨嚴子，應以毋庸求益之辭。

壬午閏六月立秋日，鈕琇書。

【自怡編序】康熙十六年，余筮仕陳之項城，迎養兩大人於官舍。先贈君芥斧公，春秋六十有八，性喜讀書。適有崑山徐大司寇所贈《資治通鑒》在署，每日端坐翻閱，常至夜午乃就寢。暇則飲酒賦詩，與幕中諸子相唱和，匯成一帙，題為《芥斧自怡編》，而引其端曰：「憶余七齡，先大人教以誦詩，時尚未諳聲律。既而攻舉子業，無庸也，年十七，外父黃羽沖先生攜余就浙試，偶得『煙樹隨船走，漁榔雜浪聞』句於湖中，外父頗頷之。中歲以來，累遭外訌，倦於翰墨。事既已，輒欲研露注《離騷經》，焚膏檢較涑水《通鑒》，為之標舉建儲、綏遠、用賢、黜佞、重農田、定賦役、正禮律、興學校諸大典，編輯成書，付兒誦習。詎意天不假我父母年，相繼見背，益悲不自勝，未暇卒業。會皇朝定鼎，南北未靖，乃悉所有葬我先人，志決鹿門偕隱。爰命我子從吳南村遊。南村雅擅詩古文名，與相唱和，得《秋日雜感》若干首。復和其伯氏《東里絕粒吟》十律。方愧未工，而我子亦竊竊然習壯夫弗為之所為。余投筆誡曰：『爾尚以典常作之師，其毋採華鑣厥實。誠欲進我子以經緯之策，弗徒繪風鏤月，與庾、鮑角勝也。』又二十餘載，余詩學益落，而吾子則受知於玉峰徐大司成，三雍追琢，德業稍進，捧檄來令古項。辛酉孟夏，以籃輿迎養，入其邑，觀吾子於治賦、興學、寬徭、平獄之政，次第修舉，足副余編輯曩志，而見之施行，余心大慰。爰喟然曰：『吾向謂作詩者，唯閣衲子與宦遊人爾。汝今於涖任之暇，撫弦調鶴之餘，始可與言詩也已。』余且優游官閣，復理前業，庶效閣衲之所為，以畢我先人始教之意。因命諸孫日錄署中所詠題，曰《芥斧自怡編》。康熙辛酉夏五，書於古項子國之聽松軒。」其明年九月，先贈君抱疾，十一月棄世。又明年我母黃孺人亦終於項寓。嗚呼，痛哉！余家酷貧，至無以為菽水歡。勉就祿仕，以幾古人致親之義，乃天不假年，相繼見背，余復痛先贈君之所痛也。哀哀父母，生我劬勞，而逮存之難如此。為人子者，其可不惕心於愛日哉！（《觚賸》卷五）

【四庫提要】《觚賸》八卷、《續編》四卷（浙江巡撫採進本），國朝鈕琇撰。琇字玉樵，吳江人。康熙壬子拔貢生。歷官至陝西知府。是編成於康熙庚辰，皆記明末國初雜事。隨所至之地，錄其見聞。凡《吳觚》三卷，《燕觚》《豫觚》《秦觚》各一卷，《粵觚》二卷。續編成於康熙甲午，分類排纂為《言觚》《事觚》《人觚》《物觚》四卷，體例與初編略殊。各有琇自序。琇本好為儷偶之詞，故敘述是編，幽豔悽動，有唐人小說之遺。然往往點綴敷衍，以成

佳話，不能盡覈其實也。(《四庫全書總目》卷一百四十四「子部五十四·小說家類存目二」)

【蔣山傭】顧亭林先生炎武，行奇學博，負海內重名。玉峰三徐先生，皆其宅相也。有《答監修徐學士書》，以龍門雄健之筆，間作麗詞，以商山沈隱之年，深言時事，覽其遺編，別為一格。豈誼切渭陽，不覺語之工而思之迫歟？書曰：「幼時侍先祖，自十三四歲讀完《資治通鑑》後，即示之以邸報，泰昌以來，頗窺崖略。然憂患之餘，重以老耄，不談此事，已二十年，都不記憶。而所藏史錄奏狀一二千本，悉為亡友借觀。中郎被收，琴書俱盡。承吾甥來札，惓惓勉以一代文獻，豈非生平至願？恐衰朽未足副此。然既遇周情，兼叨下問，觀書柱史，不為無緣，正未知絳人甲子，郯子雲師，可備趙孟叔孫之對否耳。夫史書之作，鑒往所以訓今。憶昔庚辰、辛巳之間，國步阽危，方州瓦解，而老臣碩彥，品節矯然。下多折檻之陳，上有轉圜之聽。思賈誼之言，每聞於諭旨；烹弘羊之論，屢見於封章。遺風善政，迄今可想。而昊天不弔，大命忽焉，山嶽崩頹，江河日下；三風不警，六逆彌臻。以今所睹，國維人表，視崇禎之代，十不得其二三，而民窮財盡，又倍蓰而無算矣。身當史局，因事納規，造膝之謀，沃心之告，有急於編摩，固不待汗簡奏功，然後為《千秋金鑒》之獻也。關輔荒涼，非復十年以前風景。而雞肋蠶叢，尚煩武略，飛芻挽粟，豈顧民生？至有六旬老婦，七歲孤兒，挈米八升，赴營千里。於是強者鹿鋌，弱者雉經，闔門而聚哭投河，並村則張旗抗令。此一方之隱憂，而廟堂之上，或未之深悉也。吾以望七之齡，客居斯土，飲瀣餐霞，足怡貞性，登岩俯澗，將卜幽棲，恐鶴唳之重驚，即魚潛之匪樂。是以忘其出位，貢此狂言，請賦《祈招》之詩，以代麥丘之祝。不忘百姓，敢自託於魯儒，維此哲人，庶興哀於周雅。當事君子，儻亦有聞而太息者乎？東土饑荒，頗傳行旅，江南水旱，亦察輿謠。涉青雲以遠遊，駕四牡而靡騁，所望隨示以音問。不悉。」先生在南時，號蔣山傭，中年以後，跡絕故鄉，遍遊燕、齊、秦、晉間以終。常言：「生平最憎者舟輿，而炊梁跨衛，乃此身安處也。」其持論畸僻，往往類此。(《觚剩》卷六)

【著書三家】著書之家，海內寥寥。近唯《日知錄》《正字通》《廣東新語》三書可以垂世。《日知錄》為吾鄉顧亭林先生所著，而廖昆湖、屈翁山皆東粵人。夫著書必兼才學識，而又有窮愁之遇，斯立言乃以不朽。《正字通》出衡山張爾公之筆，昆湖為南康太守，以重貲購刻，弁以己名，實非廖筆。顧

與張與屈，皆隱君子，所謂有窮愁之遇者也。稱粵山者必曰羅浮，稱粵石者必曰端硯，稱粵果者必曰荔枝，故翁山語焉獨詳。（《觚剩》卷八）

【圓圓】延陵將軍美豐姿，善騎射，軀幹不甚偉碩，而勇力絕人，沈鷙多謀。弱冠中翹關高選，裘馬清狂，頗以風流自賞；一遇佳麗，輒為神留，然未有可其意者。常讀《漢紀》，至「仕宦當作執金吾，娶妻當得陰麗華」，慨然歎曰：「我亦遂此願，足矣。」雖一時寄情之語，而妄覬非分，意肇於此。明崇禎末，流氛日熾，秦、豫之厄問關城失守，燕都震動。而大江以南，阻於天塹，民物晏如，方極聲色之娛，吳門尤盛。有名妓陳圓圓者，容辭閒雅，額秀頤豐，有林下風致。年十八，隸籍梨園。每一登場，花名雪艷，獨出冠時，觀者魂斷。維時田妃擅寵，兩宮不協，烽火羽書，相望於道，宸居為之憔悴。外戚周嘉定伯以營葬歸蘇，將求色藝兼絕之女，由母后進之，以紓宵旰憂，且分西宮之寵。因出重貲購圓圓，載之以北，納於椒庭。一日侍后側，上見之，問所從來。后對左右供御鮮同里順意者，茲女吳人，且嫻昆伎，令侍櫛盥耳。上制於田妃，復念國事，不甚顧，遂命遣還，故圓圓仍入周邸。延陵方為上倚重，奉詔出鎮山海，祖道者綿亘青門以外。嘉定伯首置綺筵，餞之甲第，出女樂佐觴，圓圓亦在擁紈之列。輕鬟纖履，綽約凌雲，每至遏聲則歌珠累累，與蘭馨併發。延陵停流盼，深屬意焉。詰朝，使人道情於周，有「紫雲見惠」之請。周將拒之，其昵者說周曰：「方今四方多事，寄命干城，嚴關鎖鑰，尤稱重任。天子尚隆推轂之儀，將軍獨端受賑之柄。他日功成奏凱，則二八之賜，降自上方，猶非所客。君侯以田竇之親，坐膺紱冕，北地芳脂，南都媚黛，皆得致之下陳，何惜一女子以結其歡耶？」周然其說，乃許諾。延陵陛辭，上賜三千金，分千金為聘。限迫即行，未及娶也。嘉定伯盛其奩媵，擇吉送其父襄家。未幾，闖賊攻陷京師，宮闈殲蕩，貴臣鉅室，悉加繫累。初索金帛，次錄人產，襄亦與焉。闖擁重兵，挾襄以招其子，許以通侯之賞。家人潛至帳前約降，忽問陳娘何在，使不能隱，以籍入告。延陵遂大怒，按劍曰：「嗟乎！大丈夫不能自保其室，何以生為！」即作書與襄訣，勒軍入關，縞素發喪。隨天旅西下，殄賊過半。賊憤襄，殺之，懸其首於竿，襄家三十八口俱遭慘屠。蓋延陵已有正室，亦遇害，而圓圓反以籍入無恙。闖棄京出走，十八營解散，各委其輜重婦女於途。延陵追度故關至山西，晝夜不息，尚不知圓圓之存亡也。其部將已於都城搜訪得之，飛騎傳送。延陵方駐師絳州，將渡河，聞之大喜。遂於玉帳結五彩樓，備翟茀之服，從以香輿，列旌旗簫鼓三十里，親往迎迓。

雖霧鬟風鬢，不勝掩抑，而翠消紅泫，嬌態逾增。自此由秦入蜀，迄於秉鉞滇雲，垂旒洱海，人臣之位，於斯已極。圓圓皈依上將，匹合大藩，回憶當年牽蘿幽谷、挾瑟句闌時，豈復思有此日？是以鶴市蓮塘，採香舊侶，豔此奇逢，咸有咳吐九天之羨。梅村太史有《圓圓曲》曰：「鼎湖當日棄人間，破敵收京下玉關。慟哭六軍皆縞素，衝冠一怒為紅顏。紅顏流落非吾戀，逆賊天亡自荒宴。電掃黃巾定黑山，哭罷君親再相見。相見初經田竇家，侯門歌舞出如花。許將戚里箜篌伎，等取將軍油壁車。家本姑蘇浣花里，圓圓小字嬌羅綺。夢向夫差苑里遊，宮娥擁入君王起。前身合是採蓮人，門前一片橫塘水。橫塘雙槳去如飛，何處豪家強載歸？此際豈知非薄命，此時只有淚沾衣。薰天意氣連宮掖，明眸皓齒無人惜。奪歸永巷閉良家，教就新聲傾坐客。坐客飛觴紅日暮，一曲哀弦向誰訴？白皙通侯最少年，揀取花枝屢回顧。早攜嬌鳥出樊籠，待得銀河幾時渡？恨殺軍書抵死催，苦留後約將人誤。相約恩深相見難，一朝蟻賊滿長安。可憐思婦樓頭柳，認作天邊粉絮看。遍索綠珠圍內第，獨呼絳雪出雕闌。若非壯士全師勝，爭得蛾眉匹馬還！蛾眉馬上傳呼進，雲鬟不整驚魂定。蠟炬迎來在戰場，啼妝滿面殘紅印。專征簫鼓向秦川，金牛道上車千乘。斜谷雲深起畫樓，散關月落開妝鏡。傳來消息滿江鄉，烏柏紅經十度霜。教曲伎師憐尚在，浣紗女伴憶同行。舊巢共是銜泥燕，飛上枝頭變鳳凰。長向尊前悲老大，有人夫婿擅侯王。當時祇受聲名累，貴戚名豪競延致。一斛明珠萬斛愁，關山漂泊腰肢細。錯怨狂風颺落花，無邊春色來天地。嘗聞傾國與傾城，翻使周郎受重名。妻子豈應關大計，英雄無奈是多情。全家白骨成灰土，一代紅妝照汗青。君不見館娃初起鴛鴦宿，越女如花看不足。香逕塵生鳥自啼，屧廊人去苔空綠。換羽移宮萬里愁；珠歌翠舞古梁州。為君別唱吳宮曲，漢水東南日夜流。」此詩史微詞也。皇朝順治中，延陵進爵為王。五華山向有永曆故宮，乃據有之。紅亭碧沼，曲折依泉；傑閣豐堂，參差因岫。冠以巍闕，繚以雕牆，袤廣數十里。卉木之奇，運自兩粵；器翫之麗，購自八閩。而管絃錦綺以及書畫之屬，則必取之三吳，綑載不絕，以從圓圓之好。延陵既封王，圓圓將正妃位。辭曰：「妾以章臺陋質，謬污瓊寢。始於一顧一恩，繼以千金之聘。流離契闊，幸保殘軀，獲與奉匜之役，珠服玉饌，侈享珠榮，分已過矣。今我王柝恥胙土，威鎮南天，正宜續鸞戚里，諧鳳侯門，上則立體朝廷，下則垂型神屬，稽之大典，斯曰德齊。若欲蒂弱絮於繡裀，培輕塵於玉幾，既蹈非耦之嫌，必貽無儀之刺。是重妾之罪也，其何

敢承命？」延陵不得已，乃別娶中閫。而後婦悍妒絕倫，群姬之豔而進幸者，輒殺之。唯圓圓能順適其意，屏謝鉛華，獨居別院，雖貴寵相等而不相排軋，親若姊娣。圓圓之養姥曰陳，故幼從陳姓，本出於邢，至是府中皆稱邢太太。居久之，延陵潛蓄異謀，邢窺其微，以齒暮請為女道士，霞帔星冠，日以藥鑪經卷自隨。延陵訓練之暇，每至其處，清談竟晷而還。府中或事有疑難，遇延陵怒不可解者，邢致一二婉語，立時冰釋。常曰：「我晨夕焚修，為善是樂，他非所計耳。」內外益敬禮焉。今上之癸丑歲，延陵造逆，丁巳病歿。戊午滇南平，籍其家，舞衫歌扇，蟬犀蕙嬌鶯，聯艫接軫，俱入禁掖。邢之名氏獨不見於籍。其玄機之禪化耶？其紅線之仙隱耶？其盼盼之終於燕子樓耶？已不可知。然遇亂能全，捐榮不禦，皈心淨域，晚節克終，使延陵遇於九原，其負愧何如矣！（《觚剩》卷四《燕觚》）

【河東君】河東君柳如是，名是，一字蘼蕪，本名愛，柳其寓姓也。豐姿逸麗，翩若驚鴻。性狷慧，賦詩輒工，尤長近體七言，作書得虞、褚法。年二十餘，歸虞山蒙叟錢宗伯，而河東君始著。先是我邑盛澤歸家院，有名妓徐佛者，能琴，善畫蘭草。雖僻居湖市，而四方才流履滿其室。丙子春，婁東張西銘以庶常在假，過吳江，泊垂虹亭下，易小舟訪之。佛他適，其弟子曰楊愛，色美於徐，綺談雅什，亦復過之。西銘一見傾意，攜至垂虹，繾綣而別。愛於是心喜自負，謂：「我生不辰，墮茲埃壒。然非良耦，不以委身。今三吳之間，簪纓雲集。膏梁紈綺，形同木偶。而帖括咿唔幸竊科第者皆傖父耳。唯博學好古，曠代逸才，我乃從之。所謂天下有一人知己，死且無憾。矧盛澤固駔儈之藪也，能鬱鬱久此土乎！」遂易「楊」以「柳」，而「是」其名。聞莔城陳臥子為雲間繡虎，移家結鄰，覬有所遇。維時海內鼎沸，巖關重鎮，半化丘墟，虎旅熊師，日聞撓敗，黃巾交於伊、洛，赤羽迫於淮、徐。而江左士大夫曾無延林之恐，益事宴遊。其於徵色選聲，極意精討。以此狹邪紅粉，各以容佞相尚，而一時喧譽，獨推章臺。居松久之，屢以刺謁陳，陳嚴正不易近，且觀其名紙，自稱女弟，意滋不悅。而虞山宗伯與陳齊望，巍科贍學，又於陳為先輩，因昌言於人曰：「天下惟虞山錢學士始可言才，我非才如學士者不嫁。」適宗伯喪偶，聞之大喜，曰：「天下有憐才如此女子者耶？我亦非才如柳者不娶。」錢之門多狎客，往來傳致，迄於庚辰冬月，柳始遇宗伯。為築「我聞室」，十日落成，促席圍鑪，相與餞歲。柳有《春日我聞室》之作，詩曰：「裁紅暈碧淚漫漫，南國春來已薄寒。

此去柳花如夢裏，向來煙月是愁端。畫堂消息何人曉，翠幕容顏獨自看。珍重君家蘭桂室，東風取次一憑闌。」蓋就新去故，喜極而悲，驗裙之恨方殷，解酲之情逾切矣。辛巳初夏，結褵於芙蓉舫中。簫鼓遏雲，麝蘭襲岸，齊牢合巹，九十其儀。於是三卿薦紳，喧焉騰議，至有輕薄之子，擲磚彩鷁、投礫香車者。宗伯吮毫濡墨，笑對鏡臺，賦催妝詩自若。柳歸虞山宗伯，目為絳雲仙姥下降。仙好樓居，乃枕峰依堞，於半野堂後構樓五楹，窮丹碧之麗，扁曰「絳雲」。大江以南，藏書之家無富於錢。至是，益購善本，加以汲古雕鐫，輿致其上。牙籤寶軸，參差充韌。其下鼬幨瓊寢，與柳日夕晤對。所云「爭先石鼎搜聯句，薄怒銀燈算劫棋」，蓋紀實也。宗伯吟披之好，晚齡益篤，圖史較讎，惟柳是問。每於畫眉餘暇，臨文有所討論，柳輒上樓翻閱，雖縹緗浮棟，而某書某卷，拈示尖纖，百不失一。或用事微有舛訛，隨亦辨正。宗伯悅其慧解，益加憐重。國初錄用前朝耆舊，宗伯赴召。旋罣吏議，放還，由此專事述作。柳侍左右，好讀書，以資放誕。登龍之客，沓至高閣。有時貂冠錦靴，或羽衣霞帔，出與酬應。否則肩筇輿訪於逆旅。清辯泉流，雄談鋒起，即英賢宿彥，莫能屈之。宗伯殊不蒯懣，曰：「此我高弟，亦良記室也。」常戲稱為柳儒士。越十載庚寅，絳雲樓災。時移居紅豆村莊，良辰勝節，必放舟湖山佳處，留連唱和，望者疑以為仙。其《中秋日攜內出遊》詩曰：「綠浪紅蘭不芑愁，參差高柳蔽城樓。鶯花無恙三春侶，蝦菜居然萬里舟。照水蜻蜓依鬢影，窺簾蛺蝶上釵頭。相看可似嫦娥好，白月分明浸碧流。」柳依韻和曰：「秋水春衫澹暮愁，船窗笑語近紅樓。多情落日依蘭棹，無藉輕雲傍彩舟。月幌歌闌尋麈尾，風牀書亂覓搔頭。五湖煙水長如此，願逐鴟夷泛急流。」其他篇什，多附見《有學集》，不盡載。生一女，嫁毗陵趙編修玉森之子。康熙初，嗣子孝廉君迎宗伯入城同居，而柳與女及婿仍在紅豆村。逾二年而宗伯病，柳聞之，自村奔候。未幾，宗伯捐館，柳留城守喪，不及歸也。初，宗伯與其族素不相睦，乃託言宗伯舊有所負，梟悍之徒，聚百人交訌於堂。柳泫然曰：「家有長嫡，義不坐受凌削。未亡人奩有薄貲，留固無用，當捐此以賂凶而紓難。」立出幣千金授之。詰朝喧集如故。柳遣問曰：「今將奚為？」宗人曰：「昨所頒者，夫人之長物耳，未足以贍族。長君華館連雲，腴田錯綺，獨不可割其半以給貧竇耶？」嗣子懼不敢出。柳自念欲厭其求，則如宋之割地，地不盡，兵不止，非計也。乃密召宗伯懿親及門人素厚者，復糾紀綱之僕數輩，部畫已定，與之誓曰：「苟念舊德，毋渝

此言。」咸應曰：「諾。」柳出廳事，婉以致辭曰：「妾之貲盡矣，誠不足為贈。期以明日，置酒合宴，其有所須，多寡惟命。府君之業故在，不我惜也。」眾始解散。是夕執豕煮羔，肆筵設席。申旦而群宗鑾至，柳諭使列坐喪次，潛令健者闔其前扉，乃入室登棨木樓，若將持物以出者。逡巡久之，家人心訝，入視，則已投繯畢命，而大書於壁曰：「並力縛飲者而後報官。」嗣君見之，與家人相向號慟。紼繫率之屬，先一日預聚於室，隨出以盡縛凶黨，門閉無得脫者，須臾，邑令至，窮治得實，繫凶於獄。以其事上聞，置之法。夫河東君以泥中弱絮，識所依歸，一旦遭家不造，殉義從容，於以禦侮，於以亢宗，詎不偉歟！方宗伯初遇柳時，黝顏鮐背，髮已皤皤斑白，而柳則盛皤堆鴉，凝脂竟體。燕婉之宵，錢曰：「我甚愛卿髮如雲之黑，膚如玉之白也。」柳曰：「我亦甚愛君髮如妾之膚，膚如妾之髮也。」因相與大笑。故當年酬贈，有「風前柳欲窺青眼，雪裏山應想白頭」之句，競傳人口。而不知一與之醮，終身以之，即奉雁牽絲，有所不逮也如此。（《觚賸》卷三）

拾籜餘閒一卷　（清）孔毓埏撰

孔毓埏，字鍾輿，號弘輿，曲阜人。第六十六代衍聖公興燮之次子，第六十七代衍聖公毓圻（1657～1723）之弟。康熙十八年（1679）襲翰林院五經博士，主奉祀事。著有《蕉露詞》《遠秀堂集》。生平事蹟見《聖門十六子書》《國朝詞綜續編》卷一、《晚晴簃詩匯》卷五十。

書前有康熙五十九年（1720）葉賓序，稱其發言遣詞，見解弗涉於偏，議論悉歸於正，或述舊聞，而考其異同，或即方言而審其源流，或援典故而證其得失，其於人之有美弗彰為之表微而闡幽，俗之因陋習訛者，為之醒蒙而覺昧，若風詩之並存，美惡以為勸懲，若《春秋》之明辨是非以為規箴，凡所以崇正學而斥異端，敦忠孝而衛道德者，固盡章章如是，其有裨於世道人心，良非淺鮮云云。〔註 548〕

此書所載，間有論學術者，如謂「焚書之禍，今古同憾，而典謨訓誥，六經之文，無一罹於虐焰者，則其所焚特讖緯不經之書耳，亦未為不幸」。又謂金聖歎評《水滸傳》一書，「盡得其開合、變化之妙，凡作文之法，悉備靡遺」，「然必學力既堅，胸有成竹，方可寓目，不然與文章一道，無毫髮

〔註 548〕《續修四庫全書》第 1177 冊，上海書店出版社，2002 年版，第 151 頁。

增益，徒資其驕摯之性，愈難馴耳」。

此本據國家圖書館藏清康熙刻本影印。

【附錄】

【葉賓《拾籜餘閒序》】嘗考君子之立言也，未有不原本於性情學術者，故曰「有德者必有言」，又曰「仁義之人其言藹如」，則信乎文如其人。觀其人之立言，而可以得其為人矣。闕里翰博，弘與孔公，天材卓犖，賦性豪邁，雖系出貴冑，絕無世俗軒冕氣，生平無他嗜好，獨於花晨月久樂與昆弟子姊戚黨故舊，或二三友朋，相與文酒留連，追歡忘倦，暇則獨坐一室，列左右圖史，覃思研精，於書無所不讀，於詩古文詞無不通，搜討之下，著有《拾籜餘閒》一集。賓也伏而誦之，觀其發言遣詞，一皆引經據典，見解弗涉於偏，議諭悉歸於正，或述舊聞而考其同異，或即方言而審其源流，或援典故而證其得失。其於人之有美弗彰者，為之表微而闡幽，俗之因陋習訛者，為之醒曚而覺昧。若風詩之並存美惡，以為勸懲；若《春秋》之明辨是非，以為規箴。凡所以崇正學而斥異端，敦忠教而衛道德者，固盡章章如是。其有禪於世道人心良非淺鮮，況先生仰承家學，兢兢夙夜，凜若冰淵，凡邑乘族譜以及宗廟禮樂，嘗有志於修明，是先生不朽之大業，尤必有表見於異日者夫，豈僅區區是集云爾哉？時康熙歲次庚子十月朔日，崑山後學葉賓頓首拜題。

【續修四庫全書總目提要（稿本）37—573】是編共百二十餘條，皆其讀書劄記，及其見聞所得者。不分類例，不標門目，舉凡群籍考證，書院名稱，考校字義，以及先世遺事，名人事蹟，邑中掌故等，無不載之。毓埏天材卓犖，賦性豪邁，生平無他嗜好，獨坐一室，列左圖右史，覃思研精，於書無所不讀。葉賓序其書，謂其發言遣詞，一皆引經據典，見解弗涉於偏，議論悉歸於正，或述書聞，而巧其同異，或即方言，而審其源流，或援典故而證其得失，於人之有美弗彰者，為之表微而闡幽，因陋習訛者，為之醒蒙而覺昧，若《春秋》之明辨是非，以為規箴，凡所以崇正學，而斥異端，敦忠孝而衛道德者，固盡其有禪於世道人心，良非淺鮮云云。統觀全書，其所記有極新穎者，如謂施耐庵《水滸》一書，經聖歎批評，書得其開合變化之妙，凡作文之法，悉備靡遺，誠能熟讀玩味，以肆其端，則行文有成渠之樂云云。聖歎批評，學者類皆斥之為邪說異端，毓埏獨譽之，其識見真有與人不同者。又如駁明張孚敬祭器用磁一條，謂其褻瀆神聖，祭器用磁，固明人之陋，謂為褻瀆，則未免過矣。又記先聖像一條，謂迄今仍為魏興和二年所

塑，查聖廟屢經兵亂，聖像屢毀，載在史乘，確有可據，絕非與和原塑可知，是毓埏亦有失考者矣。

【傅山醫術入神】太原傅先生青主山，一字公之他，康熙己未以博學宏詞徵，聘至京，以老病辭，欽授中書舍人，特放還家，當道有司罕接其面。家叔鳧先與范宰盂邑，每造訪，輒荷款留，恒云孔公賢父母，且聖裔也，不與他人等，贈遺筆墨無算，草書尤屬冠絕。又醫術入神，其方多出於藏經，梵語支離，人莫能曉，獨先生洞悉。每撿一方，即為注釋，無不神效，若將經內全方盡皆譯出，亦岐黃家玉律金科也。（孔毓埏《拾籜餘閒》）

【巾箱說】闕里孔稼部東塘尚任殁載餘，予重過其居，索〔色〕觀其家藏唐硬黃、宋海苔側理二紙，與嗣君榆村衍志坐黃玉齋，摩挲半日，洵法物也。顧失記其體質輕重與長闊之數。後覽孔翰博弘與毓埏所著《拾籜餘閒》載列甚晰，云硬黃紙長二尺一寸七分，闊七寸六分，重六錢五分。紙質之重，無逾此者；海苔側理紙長七尺六寸，闊四尺四寸五分，紋極粗疏，猶微含青色云云。蓋弘與先予見之也。因憶予家所藏澄心堂白麻一紙，寶之數世，歸於陳香泉。而予為後裔者，竟不得一睹先人之物。以觀榆村所藏，益增悵歎爾！（金埴《巾箱說》）

【清代說部十家】清談擅於晉，小說著於唐。本朝以來，其行世談部說家，埴所聞見者，則周櫟園《書影》《閩小紀》，汪鈍翁《說鈴》，董閬石《三岡識〔志〕餘》，尤悔庵《艮齋雜說》，漁洋山人《居易錄》《池北偶談》《分甘餘話》《古夫于亭雜錄》，王任庵《署窗臆說》，吳青壇《說鈴》，褚人獲《堅瓠集》，孔弘與《拾籜餘閒》，王丹麓《今世說》。凡此皆彰彰在人耳目者也。（金埴《不下帶編》卷四）

人海記二卷　（清）查慎行撰

查慎行（1650～1727），初名嗣璉，字悔餘，號他山，晚號初白庵主人，海寧人。少受學於黃宗羲，於經邃於《易》，性喜作詩，遊覽所至，輒有吟詠，名聞禁中。康熙四十二年（1703）賜進士出身，未散館特授編修，任武英殿校勘官。其弟嗣庭罹文字獄，株連入獄，後特赦歸里。著有《敬業堂詩集》《補注東坡編年詩》《周易玩辭集解》。生平事蹟見《清史列傳·文苑傳》、方苞《翰林院編修查君墓誌銘》、全祖望《初白查先生墓表》、沈廷芳《查先

生慎行行狀》、陳敬璋《查他山先生年譜》。

書前有咸豐元年（1851）張士寬識語，略述其刊刻經過。〔註 549〕卷上前有慎行題記，稱三十年來，客居京師，歲月過半，其間耳目聞見，隨手綴錄，丁零件繫，不下數百條，雪窗檢點，裒集成卷，命曰《人海記》。其曰「人海」，本蘇軾「惟有王城最堪隱，萬人如海一身藏」詩意，代指京城。此書所載，係初白於康熙五十二年告歸後，集其客居京師時之聞見雜錄。間亦有錄自前人書者，則標明出處，如錄《長安客話》《玉堂薈記》《快雪堂漫錄》《瓠不瓠錄》《棗林雜俎》《宛署雜記》等書。所選錄甚精，如《甲申京師之變》條所敘事件始末頗詳，其全文即引自談遷《金陵對泣錄》。

綜其所載，略有三端：一曰明清典制故事。如「八旗分駐」條、「滿漢兵餉」條、「殿試武舉」條、「元旦朝儀」條、「丙戌館選」條皆是。二曰明清人物事蹟。如「長平公主」條、「鄭貴妃」條、「周后田妃」條、「中書自經」條、「劉念臺」條皆是。三曰北京風土物產。如「天壇榆錢」條曰：「京師外城天壇坳榆錢，凡榆春錢，獨天壇之榆以秋。」「榆莢」條曰：「三月初旬，榆莢方生時，宮廚採供御饌，或和以粉，或以麵，內直詞臣每蒙賜食，余有詩紀之。」「開爐節」條曰：「每年十一月初一日，始燒暖炕，設圍爐，舊謂之開爐節。十二月二十四日，乾清宮庭前設萬壽燈，八仙望子四架。二十六日，各宮殿俱掛門神對聯。二十八日，宮中及甬道東西兩廊，設五色羊角燈。此歲例也。」

是書記有明一代及清初掌故，亦屬入叢雜瑣語，《八千卷樓書目》小說家類著錄，《中國古代小說總目提要》亦以為筆記小說集，良有以也。其明事錄前人書亦標出處，然大抵因襲舊文，故前書偶誤，依樣照錄，無所辨正。孫楷第稱慎行久直禁中，又常隨康熙聖駕西巡，見聞頗廣，故所記雖雜，可取者亦多，如記塞外行程，記清初宮殿門名，則有裨考證；記宋獻策為旗人豢養至康熙初始死，記西洋順風耳之制，以及遺聞瑣，事皆可廣異聞云云。〔註 550〕

此書有《明辨齋叢書》本、《昭代叢書》本、《正覺樓叢書》本。此本據湖北省圖書館藏清咸豐元年《小嫏嬛山館叢書》本影印。

〔註 549〕《續修四庫全書》第 1177 冊，上海書店出版社，2002 年版，第 195 頁。
〔註 550〕孫楷第：《戲曲小說書錄解題》，人民文學出版社，1990 年版，第 40 頁。

－1309－

【附錄】

【查慎行《人海記自序》】蘇子瞻詩云：「惟有王城最堪隱，萬人如海一身藏。」與東方曼倩陸沉金馬之意略同。余自甲子夏北遊太學，又九年舉京兆秋試，又十年唱第南宮，其後供奉內庭者七年，從事書局者三年。迨癸巳夏，移疾乞歸，年已六十有四矣。通計三十年，來客居京師，歲月過半，其間耳目聞見，隨手綴錄，零丁件繫，不下數百條，雪窗檢點，裒集成卷，命曰《人海記》。

【張士寬《人海記識語》】右《人海記》二卷，計三百九十七條。吾邑查初白先生著，向未刊行。幼時收得一敗帙，斷爛叢雜，兼多魚豕之訛，思覓善本以相校讎，迄不可得，藏篋衍者幾二十年。比歲需次楚南，旅邸多暇，因為詳加檢閱，訂正訛字，手自繕寫，以付梓人。惟湯泉御箚中有闕文，敬謹空白。及明陵添設守備於康熙二十年，選歷科程墨，錢唐人錢穀試差正副變例，侍羅萬化阿哥下。太監六十雍安嶺上多白沙故名數條內缺字，特援夏五、郭公之例，未及考證，良慚淺陋，博雅君子倖進而教之。咸豐元年，歲次辛亥，海昌張士寬識於長沙客舍。

【續修四庫全書總目提要（稿本）13～340】是編記有明一代及清初事多涉掌故，然亦羼入叢雜瑣語，不免為小說家言。其明事錄前人書亦標出處，如張江陵《雜著》《長安客話》、楊士聰《玉堂薈記》、馮夢禎《快雪堂漫錄》、王士禛《觚不觚錄》等。然大抵因仍舊聞，無所是正。如卷上記香山弘光寺為永樂間太監鄭和所建，雲和朝鮮人，四使日本，寺中有佛合，形圓而八觚，云東國之制。考《明史．宦官傳》，鄭和，雲南人，先後七奉使通西洋，無使朝鮮之事，蓋傳者偶誤，因而載之於書，不能訂正。且諸條迻錄舊文，全無剪裁，律以著書之體，實未完善。惟慎行久直禁中，又常隨聖祖駕西巡，見聞頗廣，故所記雖雜，可取者亦多。如記塞外行程，記清初宮殿門名，則有裨考證；記宋獻策為族人豢養至康熙初始死，記西洋順風耳之制，以及遺聞瑣事，皆可廣異聞。雖未及王士禛之敘述有法，究可供學者多識之資，亦談清初事者所不能廢也。

【進士釋褐】進士釋褐，例在國子監柏樹下。康熙癸未，因修葺太學工未竣，先師先賢牌位俱移度順天府學，新進士即於府學行釋褐禮。一甲三人入大成殿分獻，餘與紫滄分獻兩廡，再行三跪九叩頭禮，然後赴彝倫堂謁大司成，行四拜禮。畢，登堂就席。一甲三人在中間，授庶常者在東間，餘進士

在西間，各飲三杯，揖司成而退。（《人海記》卷下）

【薪俸】國朝查慎行《人海記》云：「本朝初年，滿洲官員支俸不支薪，漢官則薪俸並支，薪多於俸。如四品官，季給薪三十金，俸才二十金。順治甲午停秋、冬二季俸。明年漢官但給俸不給薪。」按：此知國初官員有給薪之例，故至今薪俸之名猶在人口，而近來各局委員有薪水之給，亦本此也。（俞樾《茶香室叢鈔》卷六）

【舉人著青衫】國朝查慎行《人海記》云：「新舉人朝見著青衫，不著襴衫，始於宣宗朝。」謂其異於歲貢生耳。及其下第，送國子監，仍著襴衫。今生員著襴衫，舉人著青衫，猶沿明制。（俞樾《茶香室叢鈔》卷六）

【絳雲劫灰】《人海記》：「錢蒙叟撰《明史》二百五十卷，辛卯九月晦甫畢，越後日，絳雲樓火作，見朱人無數，出入煙焰中，隻字不存。」昌熾案：絳雲災在庚寅，查云辛卯，誤也。（葉昌熾《藏書紀事詩》卷四）

讀書堂西征隨筆一卷　（清）汪景祺撰

汪景祺（1672～1726），原名日祺，字無已，號星堂，錢塘（今屬杭州）人。康熙五十三年（1714）舉人。雍正二年（1724）遊陝西，入年羹堯幕府。三年，年羹堯得罪抄沒，搜得此書。書中有《詼諧之語》一則，辭云：「某，無錫人，不欲言其姓名。先帝（指康熙南巡無錫，杜詔字紫綸，方為諸生，於道左獻詩，先帝頗許可之——引者注）賜御書綾字。杜捧歸啟視，則『雲淡風輕近午天』四句也。某作七言絕句云：『皇帝揮毫不值錢，獻詩杜詔賜綾箋。千家詩句從頭寫，雲淡風輕近午天』。」公然譏訕聖祖。又有《功臣不可為論》，專為年羹堯而作，稱之為「宇宙第一偉人」。此書為撫臣福敏查出，入奏，清世宗覽之大怒，御筆批曰：「悖謬狂亂，至於此極！惜見此之晚，留以待他日，弗使此種得漏網也。」命立斬，家族發遣。

書前有雍正二年（1724）自序，稱自邢州取道晉陽河東，入潼關，至雍州，凡路之所經，身之所遇，心之所記，口之所談，咸筆之於書，其有不可存者，悉毀棄之，名之曰《西征隨筆》。〔註551〕「上撫遠大將軍書」條乃汪氏頌揚年羹堯之文，可謂極盡阿諛之能事。

此書所記皆西征途中見聞，篇末綴以月日。綜其所記，略有三類：記清

〔註551〕《續修四庫全書》第1177冊，上海書店出版社，2002年版，第258頁。

初形勢、史事。如「榆林兵備」條錄榆林參議道朱曙蔎所言兵備事，又詳述兵備六患。「延安三廳」條言榆林吏治改革，「西安吏治」條言西安吏治之壞。又記清初官員事蹟。如「聞李侍郎綏擢粵西巡撫」條記李綏事，「熊文端《明史》」條記熊賜履修訂《明史》情形。又記西北風土異聞。如「記蒲州常生語」條記常生所言安邑胭脂賊，有曰：「人性剽悍喜鬥，即女子皆知兵事。女子之寡廉鮮恥者，習歌舞，當爐獻笑，以邀夜合之錢。其有氣節者，自負武勇，皆為男子裝出放馬劫掠土人，謂之胭脂賊。於本地大戶秋毫無犯，且不肯妄殺人。過客非重貲不取，取重貲亦不過分十之二三，以故無鳴之官者。胥吏咸受重賄，即鳴之官，無不曲為之庇護。胭脂賊又推其中雄黠者為渠率，勢益張，遂以軍法部署村民。」此書雍正二年成書，多記時事，間及古史，《清史稿·藝文志》著錄於雜家類雜說之屬。〔註552〕

此本據復旦大學圖書館藏民國間鉛印本影印。

【附錄】

【汪景祺《西征隨筆自序》】余今年五十又三矣，青春背我，黃卷笑人，意緒如此……自邢州取道晉陽河東，入潼關，至雍州，凡路之所經，身之所遇，心之所記，口之所談，咸筆之於書，其有不可存者，悉毀棄之，名之曰《西征隨筆》。意見偏頗，則性之所近而然也；議論悖戾，則心之所激而成也。其或情牽脂粉，語涉狹斜，猶是香奩本色。知我罪我，聽之而已。雍正二年五月五日，錢塘汪景祺星堂書於開元寺僧舍。

【續修四庫全書總目提要（稿本）12～369】《西征隨筆》一卷（故宮排印本），清汪景祺撰。景祺原名日祺，字無已，號星堂，浙江錢塘人。康熙五十三年舉人。雍正二年遊陝西，以書干年羹堯，著《西征隨筆》。三年，羹堯得罪，抄沒……照大逆不道律擬斬立決。此稿存懋勤殿封錮箱中，僅存上卷一冊，下卷《功臣不可為》一篇，又《秦中凱歌》十三首。上卷首葉雍正題曰：「悖謬狂亂，至於此極！惜見此之晚，留以待他日，弗使此種得漏網也。」云云。今按此書所記，雜記當日時事，間及遊狎之作，於當時政治人物多所彈譏，如聞李侍郎綏擢粵西巡撫條下云：「李少貧不能自存，依張大受、吳諭

〔註552〕 江曉原認為，《讀書堂西征隨筆》反映出清代部分失意文人的病態心理。見氏著《沉溺在白日夢中的小文人》（《博覽群書》2010年第1期）。王進駒此前亦有類似說法——《一份清代失意文人病態心理的標本》，文載《廣西師範學院學報》2000年第2期。

德夤緣以致功名，及後顯貴，忘恩負舊，貪婪無厭。」此與諸家所記頗有出入。又西安吏治一條，言吏治之壞，莫甚於陝西，數十年來，督巡藩臬皆以滿洲人為之，目不知書，凡案牘批詳，第責之幕客，官方賢否，但委之堂官，雖判日亦假手於人，吏治民生皆不過而問焉，惟以刻剝聚斂為恒舞酣歌之計而已。又《功臣不可為》一條，語頗干時忌。其他所佚一卷中，有無譏謗之語，殊不可知，惟諭旨中屢連類及之，並歷引景祺說八條，頗與此書相出入。景祺文筆冷峭，喜否臧人事，未必全為實錄。自序有云「意見偏頗，義論悖戾」，亦可謂自知者矣，卒之以言招禍，身罹重辟，累及宗親，君子其知鑒乎？至謂有意譏訕朝廷，恐亦未必。當文網嚴密之日，士人不知言遜，而以議論沽禍，不亦大可哀乎！

【朱批諭旨】雍正三年十月十七日，署理浙江巡撫印務、吏部侍郎臣福敏，署理杭州將軍印務、長史臣鄂彌達謹奏為請嚴拏逆黨以彰國法事：「九月二十八日申刻，欽差閒散內大臣都統拉錫到杭州齎捧上諭：『鎖拿年羹堯。欽此。』欽遵臣等公同搜查年羹堯內室，並書房櫥櫃內書信並無一紙，隨將伊家人夾訊，據供，年羹堯於九月十二日將一應書札盡行燒毀等語。及問年羹堯，供詞無異。至拉錫起身之後，臣等再加細搜，粗重傢伙於亂紙中得抄寫書二本，書面標題《讀書堂西征隨筆》，內有自序，係汪景祺姓名。臣等細觀，其中所言甚屬悖逆，不勝驚駭，連日密訪其人，至十月十六日，始知汪景祺即錢塘縣舉人汪日祺。臣等一面飭令地方官將伊家屬封鎖看守，一面喚伊近房族弟翰林院編修汪受祺問其去向。據稱，汪日祺現在京師礮兒胡衕居住，我若欺妄不行實說，甘與日祺同罪等語，取具親筆供單存案。臣謹將逆犯汪日祺所撰書二本封固，恭呈御覽，伏祈皇上立賜嚴拏正法，以快天下臣民之心，以褫將來惡逆之膽。臣等受恩深重，義不與逆賊共戴天日，為此繕摺密奏，伏乞皇上睿鑒施行，臣等合詞謹奏。」若非爾等細心搜檢，幾致逆犯漏網，其妄撰妖辭二本暫留中，摘款發審，爾等凡經目睹之人當密之，勿得淺露。（雍正《朱批諭旨》卷二十五）

【錢塘汪氏《西征隨筆》】錢塘望族，學官巷吳氏外，當推汪氏焉。余之嫡外祖姚竹斐夫人積即出是族。余讀外祖父鄒蓉閣先生《記事詩注》則奕世簪纓，已冠郡望，而姻聯亦多玉堂人物，最可稱者自虛白老人以下姑婦、妯娌、姊妹無非女學士也。竹斐夫人有遺墨，著錄《杭州府志·藝文志》，然余未見全豹，僅讀詩餘一首耳。汪氏後世遽式微，余祖父之金蘭友子綬先生官

江西知縣，其子□□丈余及見焉。其女則一為沈藹如姻丈室，一為溧陽狄平子先生室。孫怡廣則以創速記學，與余同教於北京大學。竹斐夫人之先族名憲者，嘗刊《說文解字繫傳》行世，清代《說文》之學極盛，而《繫傳》初刊實始於汪。又有星堂先生者，嘗從年羹堯至西陸，著有《讀書堂西征隨筆》，羹堯因以致死，而先生亦遭闕。《西征隨筆》不完本今在故宮博物院，中有《記紅娘子》者，文甚佳。今稱錢塘汪氏者，皆指目振綺堂。往年，余乞伯棠丈大燮題蓉閣先生友聲冊子，棠丈謂與竹斐夫人異族。然振綺堂以進書得稱，小米始傳著述，棠丈乃致位卿貳焉。振綺堂族有子用先生曾唯者，余祖執也，少時曾拜之。清季謀開鐵路，將繞城西以行，須遷墓以為路基。杭人先世率葬於城西南，先生倡議：「有主張是者，必輿櫬致其家。」遂無敢發難，後卒由城東以行。先生有獨性，人號為「汪獨頭」，先生因自號「獨翁」，章太炎嘗稱及焉。（馬敍倫《石屋續瀋》）

【文字之獄】當玄燁之在位也，以方孝標所著之《滇黔紀聞》，謂其有大逆語，戮屍，子女發遣。以戴名世所著《南山集》中之《孑遺錄》，謂其有大逆語，斬決。文字之禍稍稍起矣。迨雍正一朝，其禍愈烈。以浙江汪景祺所作《西征隨筆》，謂其譏謗玄燁，論斬，妻子發遣。呂留良選詩文，論夷夏之防，其徒嚴鴻逵鏤版行世。廷旨謂其悖逆，皆戮屍。留良子葆中時為編修，亦被禍。禮部侍郎查嗣庭作《私史》，謂其誣謗國惡，下獄死，戍其族屬。吳縣知縣陸生楠作《通鑑論》（雍正斥之為：「其論封建之利，言詞更屬狂悖，顯係誹議時政。」——引者注），謂其多逆語，處斬。此皆不保首領者也。餘如御史謝濟世注釋《大學》，謂其諷謗程、朱，誹訕朝廷，論斬下獄，久之，發往錫保軍前效力。湖南靖州曾靜，遣其徒張熙投書於川陝總督岳鍾琪，勸其同謀舉事。鍾琪執奏，搜獲傳習呂留良、嚴鴻逵等之書。曾靜據實供陳，廷旨念其迷惑，釋罪，因刊《大義覺迷錄》以示天下。侍講錢名世因獲詩年羹堯，謂為諂媚，詔革職，親書「名教罪人」四字，令懸廳事以辱之。此雖首領獲保，而胤禎之挫折士氣，其跡已不可掩矣。（漢史氏《滿清興亡史》第二章《隆盛時代》第三十六節）

【秦中凱歌】青海之役，年雙峰以撫遠大將軍督徵，與有勞勤。汪星堂（景祺）《秦中凱歌》十二首，即頌美雙峰而作，時雙峰駐節咸陽也。其詩云：「軍聲鼎沸米川城，帝簡元戎詰五兵。班劍裘衣龍節至，巖疆赤子慶更生。」「寵命初登上將壇，相公自出逐呼韓。錦衣驄馬親臨陣，士卒歡騰敵膽寒。」

「詞臣舊賜錦宮袍，肘綰金章擁白旄。賞遍三軍溫挾纊，恩加萬帳飲投醪。」
「指揮克敵戰河湟，紀律嚴明舉九章。內府新承盧矢賜，令公引滿射天狼。」
「陣前金甲繡蛟螭，五色雲開玉帳旗。青海已聞傳箭去，天山又見掛弓時。」
「畏威面縛出千群，手把旌旄掃惡氛。朝野競誇新戰績，破羌不數趙將軍。」
「大纛高牙五等崇，身騎御馬佩彤弓。元和天子原神武，收復淮西仗晉公。」
「連營鼓吹凱歌回，接壤懽呼喜氣開。聞道千官陪彩仗，君王親待捷書來。」
「升平嘉宴舉金觴，露布星馳奏未央。道左橐鞬皆大將，望塵迎拜郭汾陽。」
「邊烽銷時戰鼓閒，弢戈解甲入重關。揮兵已奪狼頭纛，膽落名王痛哭還。」
「運籌決勝朔庭空，麟閣成名破遠戎。卻笑囊霄稱兀卒，當年猶說范韓功。」
「飲至元功竹帛名，至尊頒賞遍竹營。一時下馬聽明詔，遠近聞呼萬歲聲。」
「黃金堂印鎮三秦，鐘鼎臍常社稷臣。萬里穹廬歸聖化，窮邊影絕射鵰人。」
星堂，錢塘人，東川少農之從子。雙峰敗後，坐譏訕伏誅。是詩附見所著《西征隨筆》中。其書多述兵間事，又論功臣之不可為，而歸遇於猜忌之主，謂殺道濟而長城壞，害蕭懿而東昏亡，所云「譏訕」者當指此。星堂自序亦云「意見偏頗，議論悖戾。」處文網茶密之世，知之而故蹈之，其及也固宜。（郭則澐《十朝詩乘》卷八，上海書店《民國詩話叢編》本）

【朱漢源長梧子詩集序】詩書之陵夷也久矣，自《擊壤》而後，理學、風雅分而為二。信口成吟，其去張打油、胡釘鉸也不遠；胭脂金粉，即為輕薄之詞。《詩》三百篇，春女秋士之思皆可置而不錄耶？間有涉獵兔園冊子者，學無根柢，言匪性情。如官廚宿饌，腒臘具陳，鮮薧雜進。甚至襞績纂組，節節俱斷，以是而言詩，無怪乎二十年來世不復有所謂詩也。彼夫村童野嫗，興之所之，往往矢口而成章，發聲而中節，而操觚家如衣敗絮行荊棘中，觸處是礙。嗚呼！不重可慨哉！漢源先生於古今之書無所不讀，壯歲厭薄功名，即棄去諸生業，益肆力於詩古文辭，上自風騷，下迄漢魏，以至六朝、三唐、宋、元、明，皆囊括包舉，洋洋灑灑，自成一家之言。足跡半天下，過都歷府，即為歌詩以紀之。憑弔興亡，論今昔杜陵之諷諭，激切履道之感慨流連。言之者無罪，聞之者足戒，匪徒以詩自鳴其不平而已也……余少即學為韻語，跋扈詞場，於人少所推許，惟於漢源，則輸心降志，最為服膺。余今流落江湖，不能有所成就，漢源亦眼花鬚白，尚無買山之錢。語曰「詩能窮人」，又曰「詩窮而後工」，又曰「詩人少達而多窮」，三復斯言，相視而笑，孰得孰失，當必有辨之者。雍正二年二月二十又四日，錢塘汪景

祺星堂氏拜手謹題。

【步光小傳】余素好狹邪之遊，辛丑觸暑，南還遘疾幾殆，遂不復為之。但客途寂寞，藉此以解羈愁。錦衾爛然，共處其中，雖不敢云大程之心中無妓，亦庶幾柳下之坐懷不亂。所謂姑蘇臺半生貼肉不如若耶溪頭一面也。二月二十六日，次侯馬驛，日方卓午。索居無賴，問逆旅主人：「此地校書有舉趾可觀、談笑有致者乎？」主人曰：「有步光者，色冠一時，善騎射，能為新聲。第其人好酒悲，固奇女子也。」余急呼之入門，豐姿綽約，體不勝衣，如姑射山神人，光耀一室。然不平之氣，躍躍眉宇間，且其意不在客。余諷曰：「卿既失身風塵，宜少貶氣節，往來皆俗子也，不徒自苦乎？」步光俯而思，仰而笑曰：「君似知我者。」始稍稍款狎，顧見壁間弓矢，反唇曰：「文人攜此何為？」余曰：「聞卿雅善此技，可一見乎？」步光曰：「諾。」因臂弓抽矢至屋後隙地，植鞭杆於數十步外，三發皆中。余曰：「卿紅線之儔，惜僕非薛節度，奈何？」步光笑曰：「君乃郵亭一夜之陶學士耳，若作《風光好》一闋，妾當為君歌之。」余心不測其何如人，細叩之，不答一語。酒半，強之歌，琵琶半面，其聲甚哀聆，其所歌之詞則曰：「你將這言兒語兒休，祇管牢牢刀刀的問有什麼方兒法兒，解得俺昏昏沉沉的悶。俺對著衾兒枕兒，怕與那醃醃臢臢的近談什麼歌兒舞兒。鎮日價荒荒獐獐的混，兀的不恨殺人也麼哥，兀的不恨殺人也麼哥。俺祇願荊兒布兒，出了這風風流流的陣。」蓋《正宮調》之《叨叨令》也。余曰：「此卿自製曲也。章臺一枝，似有所屬，不妨為我明言。僕不敢比薛節度，獨不能為許虞侯乎？陶學士因緣老夫計不出此。」步光置琵琶几上，頗有不樂之色，既而曰：「月白風清，如此良夜何？」余益駭然。既就寢，余更以言挑之，步光雪涕曰：「妾，將家女也。十歲父死滇南官所，嫡母攜妾還大同，生母亦病亡。嫡母遂以妾付媒媼，遂失身娼家。假母延女師教之識字，且作此曲。頃所歌者，乃北鄙之音，幸勿見笑。」余曰：「卿隸樂籍有年，豈無風流儒雅可託終身者乎？」步光曰：「有江南進士某郎，以謁選者上，迂道至大同，其親知蒞任茲土竟不禮焉，某郎流離失所，不免飢寒，邂逅相逢，情懷頗厚。妾時年十七，為其所憐，遂有終身之訂，留妾家者一年。選期已近，而貧不能行，妾傾囊為千金之裝，某郎以詩扇一留贈，妾拔玉釵遺之，約他日即不自來，遣人相迎以此為信。居二載，音問杳然。後聞其官河南，走一使以手書責踐舊約，某郎已別納寵姬二人，頓乖鳳好，呼妾使至署曰：『身既為官，自惜名節，豈有堂堂縣令而以倡為妾者。歸語妖姬不必

更言前事。』焚妾所寄尺素，擲玉釵於地，椎碎之，且撲妾使械還大同。假母遇妾素厚，因為某郎所負資用乏絕，相待無復人理，常罵曰：『死奴！曾語汝書生不可信，今竟何如？某郎高坐琴堂如在天上，能插翅飛入，向薄情郎索一錢耶？』頃所歌者，乃答某郎之曲。尚有二曲，請為君歌之。」即披衣援琵琶而歌：「其望某郎信不至，日想當初香兒火兒罰下了真真誠誠的誓，送他去車兒馬兒掉下些孤孤凄凄的淚，盼殺那魚兒雁兒並沒有寒寒溫溫的寄，提起那輕兒薄兒不由人熬熬煎煎的氣。兀的不痛殺人也麼哥，兀的不痛殺人也麼哥。閃得俺朝兒暮兒受盡了煙煙花花的罪。其某郎薄倖，日你聽那金兒鼓兒每日裏丁丁東東的響，你和那姬兒妾兒不住的咿咿啞啞的浪，不想著鞋兒襪兒當日過寒寒酸酸的樣，也念我腸兒肚兒可憐殺癡癡呆呆的望。兀的不氣殺人也麼哥，兀的不氣殺人也麼哥。為甚的神兒聖兒似這等糊糊塗塗的帳？」歌罷擲琵琶慟哭。余窮途失意，聞之涕泗交頤，止之曰：「是將江州司馬，我也。」步光拭淚嗚咽曰：「妾安得為商人婦哉？」挑燈起坐，縱談至天大明，惘惘作別。步光亦將返雲中，以樂戶之禁甚嚴也。從茲分手，後會何時。某郎薄倖至此，聞於去年丁內憂去官，旋以虧帑削籍矣。嗚呼！某郎一措大耳，步光所贈金帛，皆從床席中得來，乃以此得官，以此赴任，以此贍其父母、妻子，以此別納寵姬二人，而捐棄舊盟，終不一顧。我不知其是何心肝也，某郎不欲言其姓名，蓋居然賜進士出身者，可勝慨哉！步光年二十一，不知其姓，小字曰青兒，大同人。

巢林筆談六卷　　（清）龔煒撰

　　龔煒（1704～？），字仲輝，自號巢林散人，晚號際熙老民，崑山人。龔煒之事蹟，他書鮮載，惟此書中頗有自道之語。龔煒喜經史，工詩文，善絲竹，兼習武藝。然屢蹶科場，年過四十，仍未一第，深感懷才不遇，自稱：「廿年制義，拋卻半生有用工夫；三黜鄉闈，落得九冊無名敗紙。」又論時文：「時文要細膩，端在老諸生內。終年帖括，浸入骨髓，《四書》講義，畢竟多看幾句，成、弘、正、嘉之文，畢竟多讀幾篇，粗看似覺蒙晦，細按終有條理。然而場屋弗尚也，選家弗收也。不知費多少精神歲月，聚成一堆不值斤兩故紙，亦是可歎！」〔註553〕後絕意仕途，專心著述。著有《屑金集》《蟲災

〔註553〕龔煒：《巢林筆談》卷五「老諸生時文」條。

志》《續蠱災志》等，多已散佚。

此書乃其筆記，起康熙末年，迄乾隆中葉，略以時間為序，然未詳記年月。《筆談》凡488條，內容所涉頗廣，重點有三：一曰民情習俗。如記弔古會：「吾鄉舊有弔古會，月輪一人主之，臨期分祭先賢祠墓，觸詠以發其幽光。前輩風致，殊深慨想。」又記報賽會：「吳俗信巫祝，崇鬼神。每當報賽之期，必極巡遊之盛，整齊執事，對對成行。」詳述奇觀，載其變化。又記吳俗奢靡之風：「吳俗奢靡為天下最，暴殄日甚而不知返，譬如人授物於人，見其鄭重愛護則喜，否則施者倦矣，天心寧有異乎？」此皆有關吳中風俗民生者。二曰討論讀書作文。如論讀經書曰：「讀《儀禮》疑儀節太碎，讀《周禮》疑設官太宂。」論經文讀法曰：「今人於四書五經，祇解得拈題，作文氣味自不相入。若肯把經文似時文讀法，抑揚婉轉，心口相應，用意自然深厚，出筆自然古雅。不佞懶看注疏，而於本文則夢寐猶哦不輟也。」又論讀史書曰：「予於丙午夏秋間，抄錄《晉書》畢，復事《南史》，閱一載訖功。今年春，復纂《北史》，方完帝紀，會學使者將至，稍稍理時藝，遂未卒業，鈍資不能兼及，可歎也。」論讀書方法曰：「讀書者須善自理會。」曰：「古人文字，拘泥字句不得。」三曰臧否歷史人物。如論漢高祖講不到忠孝，又論漢武帝非英主，論漢武乃忍而至愚者。其論未必皆確，然膽氣甚豪。書中間或留意文獻真偽，如辨《孔子世家》所載沮封之語不似晏子，所疑不無道理。〔註554〕

書前有乾隆三十年（1765）自序，稱宂雜一編，典雅不如《夢溪》，雋永不如《聞雁》。其間頌聖稱先，道人著書風俗，或蠡測經史，辯誣證誤，亦間有近道者。〔註555〕《續編》自序稱《筆談》乃其四十餘年來視履所及，暨胸中所欲吐，稍稍見於此。〔註556〕周中孚稱是編雜記其所見聞，時寓勸

〔註554〕 常建華先生依據《巢林筆談》探討清朝統治穩定後士人的政治態度與日常生活，兼論筆記的生活史資料價值，指出吳中士人龔煒生活在清康熙後期到乾隆中葉，他對於清朝統治高度認同，從龔煒的個人生活史瞭解了他的政治立場、人生經歷、生活態度、家庭生活以及家族關係，看到他的性情愛好、文化品位、治學情況，特別是絕意科舉的人生轉折，一個鮮活的士人呈現在我們的面前。借助筆記本文呈現了盛清吳中社會與龔煒的士人生活史。今按，這是一份相當精彩的生活史個案研究，詳見《盛清吳中士人生活的寫照——清人筆記龔煒〈巢林筆談〉的生活史資料價值》（載《中國社會歷史評論》2010年卷）。

〔註555〕 《續修四庫全書》第1177冊，上海書店出版社，2002年版，第287頁。

〔註556〕 《續修四庫全書》第1177冊，上海書店出版社，2002年版，第357頁。

誠之意，間或推闡經史，辯證誤訛，悉歸平允，蓋巢林乃謹願之士，故其言頗有藹然之致，惟不諳考證，篤信《素書》為黃石公作，殊出臆見。〔註557〕其書片言勝義，罔不綱羅，間或詮釋經文，評涉史事，語多中肯，而尤留心吳中文獻。然書中多記因果迷信、業報怪誕之事，或與吳地風俗多信鬼神有關，不足為訓矣。

此本據湖北省圖書館藏清乾隆三十年蓼懷閣刻本影印。

【附錄】

【龔煒《巢林筆談自序》】揚子云：「稱士有不談王道者，則樵夫笑之。」予際極盛之世，淺浴詩書之澤，不王道之談，而矢口涉筆，宂雜一編，典雅不如《夢溪》，雋永不如《聞雁》，亦剽其名曰《筆談》，其不免樵夫之笑者幾希！而二三同學，則謬許可傳，意者略其瑣屑無謂之處，其間頌聖稱先，道人著書風俗，或蠡測經史，辯訛證誤，亦間有近道者歟？先民不廢蒭蕘之詢，聖人亦擇狂夫之言，覽者推斯義焉，庶乎其可也。乙酉仲春，巢林龔煒漫書。

【續修四庫全書總目提要（稿本）34～649】《巢林筆談》六卷續二卷（上虞羅氏藏乾隆刊本），清龔煒撰。煒字仲輝，號巢林，崑山人。仕履未詳。此書自記，有一生坎壈，及以農圃老語，蓋沉淪場屋者。首有自序，謂：「揚子雲稱士有不談王道者，則樵夫笑之。予際極盛之世，浴詩書之澤，不王道之談，而涉筆宂雜，未免樵夫之笑。」顧其間頌聖稱先道人善，或蠡測經史，辨訛證誤，亦有近道者，其書片言勝義，罔不綱羅，間或詮釋經文，評涉史事，語多中肯，而尤留心吳中文獻。如……多足補志乘之遺，若謂蘇軾《刑賞忠厚之至論》中「殺之三宥之三」，人或疑其於經典無徵，不知其出於《王制》「王三又然後制刑」。王士禎記王振籍沒，得金佛像，上有孝孫周忱恭奉字，以為忱撫吳有聲，而詔事權杖，不知忱賢者，從嘗事振，無自稱孫理，其說近訛。云揚子仙去，王士禎傳其事，世或以《牡丹亭》訛之，事有相似，遂相牽附，焉有無稽之傳奇，反足信於鉅公之傳記，遂使沉冤莫白，是又煒所謂辨訛證誤，近乎道者也。《蘇州府志》曾載是書，而傳本絕鮮，亟表著之。

【世宗遺詔】伏讀世宗皇帝遺詔，不勝感泣。上臨御十三年，法立而不苛，政舉而不擾，賓天之日，猶諄諄以寬大訓後，此真堯舜之用心哉！自古人君，英察者流為慘刻，仁厚者難於剛斷。仁明如帝，無間然矣。（《巢林筆

〔註557〕周中孚：《鄭堂讀書記補逸》卷二十五。

談》卷二）

【歸批史記】張先生以書百卷求質，先君如其直以予之。越數年，有請益意，先君遂還其書。中有歸批《史記》一部，係先生之祖烈愍公手度，予甚惜之。又數年，先生父子繼沒，予偶與陸惠三談及此書，陸與張鄰，知其將售也而問之，張故昂其價，予一時無以應也，謀諸婦，婦卸金簪一枝，質以與之，此書乃歸於予。（《巢林筆談》卷二）

【續捐蘇松浮糧】蘇松浮糧，世宗皇帝已捐四十餘萬，今奉恩旨，又捐二十餘萬。天祐我國，聖聖相承，萬年有道，於斯卜之。（《巢林筆談》卷二）

【賽會奇觀】吳俗信巫祝，崇鬼神。每當報賽之期，必極巡遊之盛：整齊執事，對對成行；裝束官弁，翩翩連騎。金鼓管絃之迭奏，響遏行雲；旌旗幢蓋之飛揚，輝生皎日。執戈揚盾，還存大儺之風；走狗臂鷹，或寓田獵之意。集金珠以飾閣，結綺彩而為亭。執香者拜稽於途，帶枷者匍匐於道。雖或因俗而各異，莫不窮侈而極觀。偶至槎溪，適逢勝會，創新奇於臺閣，採故典於詩章。金華山上，現出富貴神仙；柳市南頭，變作繁華世界。陶彭澤之黃花滿徑，都屬寶株；裴晉公之綠野開筵，盡傾珠箧。分兩社以爭勝，致一國之若狂。隊仗之鮮華，乃其餘事；寶珠之點綴，實是奇觀。（《巢林筆談》卷二）

【朱儀九促府君赴試】辛卯計偕，祖姑丈朱儀九先生問先府君行有日乎？府君辭以不赴，先生假寐不言，府君拱立以俟。迂久乃曰：「亦思若祖之望若何如乎？」府君歸，趣治裝。後為不肖等言之，猶皇然如失也。先生善事後母，旌孝不愧。（《巢林筆談》卷二）

【高祖應歲試】高王父應歲試，祈籤於帝君廟，有前三三與後三三之句，不得其解。案發，乃一等第六；而高叔祖非占公，亦遂以第六名入泮。（《巢林筆談》卷二）

【闈中神助】有一生以麟經應試，題落「趙武」二字，忽見一朱袍博帶者儼立於前，生驚問為誰？自稱：「我晉大夫趙武是也。」其人恍悟，為添注，遂得雋。又有在闈中夢歐文忠與語：「汝寫我《醉翁亭記》，必售也。」覺而詳之，殊不解。已得題，銳意冥搜，竟日不成局法，忽憶夢中語，遂襲記中句調，得魁其經。（《巢林筆談》卷二）

【為來生誦時文】太倉張欽文先生暮年，已給衣頂，猶日誦時文不休。人怪之，曰：「我為來生地耳。」世有過目成誦者，定從前世苦功來，固是一理。先生子泰基，官翰林，出守景州。（《巢林筆談》卷二）

【自建致遠堂】凝翠堂，予祖宅也。貽安堂，則先君所構，堂東西皆有小樓，其西即所謂蓼懷閣也。先君沒，居宅未有成命，伯氏應歸凝翠，予若就貽安，其何以處諸弟？因以貽安一區全畀之。予則建堂於蓼懷閣之庭隙，而置雜屋數椽於後，另闢門戶。工始於己未之春，落成於夏，卜遷於秋。以「致遠」顏其堂，蓋取寧靜之意云。（《巢林筆談》卷二）

【夢兆】康熙壬子科，邑人有夢徐王夏中式者，下注妻顧氏。而王夏之妻實姓顧。或以語徐，徐自喜必得。及發榜，則南闈中者，為徐世濂、王緝基、夏乾御，分應三姓；北闈則中顧洪善，字達夫，並妻字亦映帶，夢亦巧矣哉！（《巢林筆談》卷二）

【徐相國聽讖語】徐相國幼時，顧太夫人於除夜令聽讖語，封翁冷笑曰：「畢竟狀元閣老矣。」公出，適有偶語者，其一曰「悉如尊公所言」，公私自喜。後登己亥狀元入閣，竟如其讖。（《巢林筆談》卷二）

【地靈人傑】順治己亥廷試，我邑徐立齋狀元、葉文敏探花二公，皆著清望，為名臣。可謂地靈人傑。（《巢林筆談》卷二）

【重遊西山】予自丁酉之秋始遊西山，得盡館娃、鄧尉、花山諸勝。時空谷饒秋色，都異種，因山為高下，五色相間，照日鮮華，奇觀也。己亥春仲，先夫人為煒建醮於紫石山女真道院，得遊小赤壁，戲作一小記。已，登堯峰，倚峭壁，臥石床，遠吞湖光，近挹山爽，朗吟詩句，旁若無人，有輕世肆志之思焉。翌日，又陟穹窿，回顧群山，則已超煙雲而入霄漢矣。觀有道士鈕姓者，燒筍餉予，分外甘美。晚歷茅蓬積翠，則綠肥簡徑，紫潤煙巒，又一佳境也。籃輿敦促，猶尚徘徊。每憶斯遊，常形寤寐，今日復來西山，感而書此。附錄《小赤壁記》：「橫山之西北麓，故姑蘇臺址在焉。下有石壁啖池，其色赤，高不及數仞；其流清，小不棹扁舟，以視黃州之赤壁，直一拳一勺耳。故曰小赤壁。境絕凡塵，靜如太古，四方遊屐鮮有至者。今探幽得此，聊記數語，亦蘇賦之拳石勺水也。」時予年十六，同遊綿祖葛表兄，譽予童年老筆，今又二十餘年往矣，老大無成，可勝太息！（《巢林筆談》卷二）

【沈歸愚不貪不吝】有冒籍欲倩沈歸愚先生保者，許以厚酬，不顧。又，應試江寧，有庠友沒於舟次，先生解囊唱助，得斂錢歸櫬。持己不貪，則有守；濟人不吝，則有為。有守有為，得之貧士為尤難也。（《巢林筆談》卷二）

【先母論史】先夫人雅好文史，每於不孝等昏定時，講論亹亹。嘗謂漢昭烈雖未一統，賢於高祖；孫仲謀稱臣於魏，有愧父兄；司馬懿陰賊更深於

操。又言大美終之實難，唐文皇蓋世英主，猶有十漸之累；天寶昏憒，不足論矣。又稱開國母后莫不賢明，獨呂雉以妒悍稱制，外戚之禍，漢為最烈，貽謀可不慎歟？如斯正議，雖儒者無以易也。歲月如流，慈訓久邈，每讀史傳，輒為涕零。（《巢林筆談》卷二）

【張斗南】張斗南，早饎於庠，然不喜舉子業，好詞賦，善談論，不以家貧少挫其志。嘗與予共寓滄浪亭，評今古，談風月，甌茗疏燈，綿宵不倦。一日，致予書云：「某今年三十有一，形神衰颯，幸粗了世緣，歸骨山足，得知己如君者，從鐘殘磬斷之餘，一叩當年雅調，則生芻一束，所賜實多。」予以斗南方盛壯，忽作此語，豈其中有不自得者耶？何圖歲月無幾，遽先朝露，橋公戲笑之言，遂成其讖，悲夫！斗南曾試《蘇臺懷古詩》，極為桐城張宗伯所賞。附錄之：「金粉山川委曉風，美人載去霸圖空。劍埋舊冢魂猶壯，馬立寒潮恨未窮。千古亭臺眠宿草，三更燈火話江楓。何須今日添惆悵，已付升平笑語中。」（《巢林筆談》卷二）

【外家禮法】幼從先夫人寧外王母徐孺人，猶及見故家禮法。每日晨夕，子孫循定省之禮，煒等雖幼，亦必候問起居然後退。清晨梳洗畢，母即端坐堂中，餘各以次坐，侍兒屏息，僮僕稟事不過戶限，非其家人不得歷階而升，門內肅然。終母之年不少懈。（《巢林筆談》卷二）

【紳士媚態】槎溪一富宦治喪，紳士畢集，有一老者自遠來唁，寒素若儒生。既入門，莫有迎者，徘徊廳事，眾賓伴不見；及視其束，乃一八座鄉宦也。乃大驚，爭先媚承，有擁擠不前者，卒卒自咎眼鈍。風俗薄惡，莫甚於今治喪家，而鄰邑中太倉尤甚。弔者有貴賤，孝子不得貴賤其人。當道之所以異於眾賓者，有受治之義也。餘則非親即友，同一拜其父母，何分軒輊？彼則鄉宦至，匍匐出謝；否則，齒德雖尊，弗動也。孝子如此，何怪接賓者之諂人慢人乎？婁士有詆昆俗卑貧薄陋者，予謂太之富，誠足驕昆，若卑薄陋，則何地不然！因舉此以證之。（《巢林筆談》卷二）

【侍生晚生】今人投刺，有侍生、晚生等稱，不知始於何時？及閱《方奉常集》，云幼時見簡帖只書某人拜，後則繫以侍生、晚生、晚學生矣。乃知弘治以前猶無此稱，創此者陋矣！門生之稱已久，汪國楠出楊給事東明之門，東明卻其所投門生刺，而令稱晚學；謂為主求賢，不敢借為私交。楊公可謂識體。（《巢林筆談》卷二）

【寄內詩】庚申三月，予寄內詩云：「小樓連夜雨霏微，寒食清明且過

矣。」壬戌之春，則有「輕破羅浮夢，緩歸陌上花」之句，皆以其久歸而未即返也。今屆中秋，同在婁東，時秋香盈座，明月方高，與諸內弟閒步空庭，談諧歡暢，復賦詩有云：「廣寒許我清輝共，卻被簾旌隔幾重。」都選謂予中年伉儷，猶鍾情乃爾？予曰：「此而不用我情，我烏乎用我情？」（《巢林筆談》卷三）

【一鳳三雛五子登科】徐司寇兄弟三人，皆鼎甲，五子俱登第。皆我昆盛事也。（《巢林筆談》卷三）

【蔡林屋譽影】蔡林屋善《易》，自號「易洞」。嘗置大鏡南面，遇其著書得意，輒整衣冠向鏡拜，譽其影曰：「易洞先生，爾言何妙！吾今拜先生矣。」癡態中亦自饒韻趣。（《巢林筆談》卷三）

【赴省途中】甲子秋七月，偕內弟都選桓重赴省，抵丹陽，捨舟從陸，與桓重行歌互答，雜以鄰鄰之聲，道旁有竊笑者。將近省城，山色甚佳，輒下車卻行。（《巢林筆談》卷三）

【拋卻半生有用工夫】廿年制義，拋卻半生有用工夫；三黜鄉闈，落得九冊無名敗紙。倪鴻寶先生云：「熊狼之罣柔繩，何時出力乎？」精氣消磨，予亦不能復事帖括矣。甲子冬日，書落卷後。（《巢林筆談》卷三）

【時藝文章】辛亥之夏，王介亭先生過舍，見予少時時藝，亟賞之，謂循此做去，可冠秋闈。及見近作，拂然曰：「子名心熱矣，何乃似丙午以後墨耶？」近來兩科，頗憶先生之言，稍規先正，終亦無用。然文章正的，先生自不爽也。（《巢林筆談》卷三）

【七世為神】予先世多潛德，自侍御公以下凡七世皆為神，迄今猶祭於社。其旁支之列於神牒者，不下數十位，故世傳龔氏多神。有邑子以細故，與先曾祖西圃公爭論者，公理直，彼不能屈，自負宦族，詬公曰：「爾祖宗不過多幾個雕塑者耳。」公曰：「鄉先生沒而可祭於社，以視當時則榮者何如？」（《巢林筆談》卷四）

【欲為清視龔卿】我宗自靜軒公理以名藩諡清惠，世有廉吏，如海峰公瑾之令閩清，攬齋公承恩之判漢陽，鳴梧公起鳳之令杞，子孫皆貧，不能自存。先是，邑人有「欲為清，視龔卿」之語，張元長先生曰：「此其為龔氏之世謠也哉？令後人動色相戒，謂廉吏安可為也？悲夫！」先生作《崑山人物傳》於我宗獨多，皆極詠歎淫泆之致。（《巢林筆談》卷四）

【謹慎非迂】先君諸事謹慎，於場事尤小心，考具必親檢點，猶恐有戲

之者遺以片紙，必搜括再三，然後入。去歲在金陵與友輩談及懷挾者，為述先人謹慎狀，眾頗笑之。尋聞北闈以此獲罪者甚多，須信過慎之非迂。（《巢林筆談》卷四）

【張文杜卷】先君分校江右，得張君文杜卷，薦之主司；及閱二場卷，失一判，業已甄拔，主司不忍棄置，遂錄之。夫一字錯誤，外簾猶必帖出，累累數行，閱幾人而不及檢，場中洵有神乎？張登進士，任蒙陰令。（《巢林筆談》卷四）

【如何作詩】或問予詩如何可作？予曰：「不知也。姑就鄙見論詩，只有三字：情也，理也，景也。」而蔽以一言，曰：「真寫得」三字。真，即村歌亦成絕調，不觀古來謠諺，有載之史傳，垂之後世者乎！然則學可廢乎？曰否。真，是詩之根，非學無以殖之。須於吟誦時，得其真氣味，然後下筆時可以發我真性情。何謂真氣味？神在句外。何謂真性情？言出心坎。若意淺、神竭、韻黏、字呆，都不是真氣味。熱中人作高尚，富貴性談場圃，偽君子講節義，都不是真性情。知此，始可與言詩。（《巢林筆談》卷四）

【隨處可以致斃】予幼時嘗夢與人搏，狂叫不止，已而聲氣漸微，喘若扼吭。吾母連呼乃惺，惺而格格者累日，此亦日間頑放所致。嘗登馬鞍山，苔徑甚滑，為眾所擠，失跌且數丈，下有大石，觸之立碎，忽覺空中驅向樹間乃止。又性粗，食易哽噎。比長，稍加慎，遂鮮諸患，權載之。自舟有溺，騎有墮，寢有魘，飲有醉，食有噎，行有蹶，其甚皆可以致斃，信哉！（《巢林筆談》卷四）

【赴考】常廑帝鄉之懷，欲往而中止者數矣。去冬，氣衝病發，新年轉劇，默坐四十餘日乃瘳。會內弟宋麟、桓重來結伴，遂欣然允之。舟中談諧甚暢，未見所苦。抵濟寧，捨舟從陸，氣益蒸炎，弱不受穢。至東平，漸漸眩頓，見食欲嘔矣。宋麟假道臨清，臨別黯然。將逾梁山，病發市中，自度前途尚遠，不堪顛頓，幸桓重古誼，伴送予歸。一月之間，兩渡江河，生死遷變，不惟自累，並以累桓。嗟乎！何遇之窮也！既歸，取前歷試諸艱，綴《阮途志歷》二卷，題詞其後。自此絕意名場矣。（《巢林筆談》卷四）

【舌耕筆畦更苦】國有四民：農、工、賈皆自食其力，士則取給於三者，得食較逸。然舌耕筆畦，裋褐不完，往往視三者為更苦。（《巢林筆談》卷四）

巢林筆談續編二卷　　（清）龔煒撰

龔煒《巢林筆談》，已著錄。

書前有乾隆三十三年（1768）龔煒自序，稱乙酉春以《筆談》六卷付梓，四十餘年來視履所及，暨胸中所欲吐，稍稍見於此矣，而塵笥尚遺剩紙，邇來間有記言，復揀若干條，續編二卷云云。〔註558〕

龔煒人品甚高，文亦如其人。《續編》凡 208 條，內容所涉頗廣，大略刻分為三類：其一論詩文，如曰：「詩到自然極難，自然到極處，反覺平易。細按其命意措詞，原是不平不易也。李長吉幾於嘔出心肝，虧他絕世聰穎嘔得出，故妙。人無長吉之才，刻意追新取異，露出一種咽塞之態，意晦詞澀，奚取焉？」曰：「唐宋之問等，詩非不佳，而其人則非人也，是畜吐人言。」曰：「義山詩豐神在字句之外。但襲其藻一米，而猥云學義山也，正恐義山不認。」曰：「大塊文章，真是變化不盡也。」曰：「出言有章固妙，而通文大忌酸腐，且亦間有觸忌。」曰：「李方叔祭蘇文忠文，有曰：『皇天后土，鑒一腔忠義之心；名山大川，遺萬古英靈之氣。』奇壯語，大為公生色。」曰：「選近今詩文，不容阿好，尤不可徇情。阿好失之偏，徇情並失之偽矣。」曰：「為人作傳狀誌銘，須如繪像，肖其人方好。」曰：「臨文而撝搐類書，常有自構文字，而叩之不得其解者。」又論改文之法曰：「為初學改文，其法在申其未申之旨，連其未連之詞，通其未通之線，接其未接之榫，傳其未傳之神，足其未足之氣；呆板則敞其靈機，徑遂則導之層折，單薄則加以襯托，枯竭則生以波瀾，夾雜則芟其蕪詞，累墜則鑱其贅字，苶弱則振以健筆，俚俗則澤以經腴，蹈虛則益以精實，太實則提以翻空；因題體而繩墨之，就思路而引申之，即文境而開拓之。」其二論人事，如曰：「凡事可忍，而家國之仇不可忍。」曰：「清談最有致，但祇宜閒散人。」曰：「勿以不信者之葳葳，而失信者之亹亹。」曰：「道學人具豪俠性，方不入迂闊一途。」曰：「管公明云：『神明之正者，非妖能亂也。萬物之變，非道所止也。久遠之浮精，必能之定數也。』此論妖異最徹。」曰：「凡人怨積於仇讎者必深，勇激於憤恥者倍奮，感生於恩宥者忘死。一夫拚命，萬夫莫當。」曰：「放心做好官。」曰：「以海忠介之清剛，而去其煩苛；以周文襄之慈愛，而加之方正。」其三論讀書，如曰：「凡遇古書疑義，不可不深考。」曰：「嘗讀

〔註558〕《續修四庫全書》第 1177 冊，上海書店出版社，2002 年版，第 357 頁。

孫、吳、司馬書，其大旨總不脫經傳，合之古名將攻守之法，亦無不然。善讀經傳者，會其意而通之，文事武備，皆取則焉。今人只囫圇讀過耳。」曰：「予讀古文自《左傳》始，先業師審其音節，知所好在是，不令背誦，而記憶較熟。已，課《史記》則去《左》《國》之重者，而盡讀焉。人不從少時讀古，以時文餘力旁及，定不相入。」曰：「一生祇熟讀《史記》，實不知《史記》之非法也。」曰：「陳承祚《三國志》，非獨大指紕繆，即隸事亦多失實。其論武侯將略非長，無應敵之才，修父怨也。素千斛米不與，不為二丁作傳，鄙極矣。」曰：「稗乘有補正史。史多失實，古人之飲恨於簡編者不少，參之稗乘，豈曰小補？」

此本據北京大學圖書館藏清乾隆三十四年蓼懷閣刻本影印。

【附錄】

【龔煒《巢林筆談續編自序》】乙酉春，予以《筆談》六卷付梓，四十餘年來視履所及，暨胸中所欲吐，稍稍見於此矣。而塵笥尚遺剩紙，邇來間有記言，復揀若干條，續編二卷。亦知談何容易，敢云筆有餘妍，要以意緒所觸，不能自止。竊附坡公不刪之義，以博一粲云。戊子仲冬，際熙老民龔煒又筆。

【山西夫子】漢儒多以著述訓詁為經學，而言乎躬行實踐，則無如山西夫子。其與曹操書云：「明公布大義於天下，而速取自樹，非某之所敢知；君猶是漢也，某敢不臣漢哉？」以漢臣裁操，片詞嚴於斧鉞，凜乎《春秋》之義，其一生大節，為綱常名教之宗，尼山而後一人也。按古碑：關氏自石磐公諱審、道遠公諱毅，皆有至行，通《易》《春秋》，夫子之祖父也。家學淵源其來有自。（《巢林筆談續編》卷上）

【梅花主人傳】生負花癖，而心性尤與梅近，思得餘地種植而不可得。讀周三瓢恭自撰《梅花主人傳》，而神為往矣。其略曰：「主人性嗜梅，年四十，始得數畝之宅，周遭有池，池立叢條，主人樹梅環之。每寒月曈曈，六花將笑，主人負暄花外，烹茗拈筆，品梅次第。倦則橫笛吹落梅之詞，回風旋舞，飛花作雪。其或香雲既斂，瘦影橫斜，輒歌小詞，歌曰：『山迢迢兮溪曲，曲中有人兮結茅屋。玄鶴無聲花渺茫，主人吹笛花斷腸。』又歌曰：『溪曲曲兮山迢迢，中有人兮居衡茅。枕清瑟兮夢瑤臺，明月印花溪上來。』」沈啟南先生為作《梅花主人圖》，世稱神到之筆，惜未及見。（《巢林筆談續編》卷上）

【戊午南闈】鎖院按牌點名，不得越次。戊午南闈，乍點官籍，次已大

亂，諸生墮冠遺履，考具狼藉，甚則顛仆踐踏，以致嘩聲雷動，監臨因有士習之奏；其實不過因送考者夾擠耳。辛酉，添柵闌之，遂無此患。(《巢林筆談續編》卷上)

【科試案臨昆邑】科試之案臨昆邑，自海寧俞公始。俞公之準案臨，葉履成先生有力焉。不知省邑士多少盤費。(《巢林筆談續編》卷上)

【科試遞外葉】兩闈不出擬題，夾帶之弊已絕矣。惟縣府試尚有遞外葉者。夫子弟必端其始，甫就試，即自欺欺人，文行兩失，異日安望其佳？況倩儓皆干法紀，所爭小而所失大。為父師者不加檢，又從而導之，不亦異乎？(《巢林筆談續編》卷上)

【廟堂詩與山林詩】廟堂詩不得露寒乞相，所忌在俗；山林詩不可沾軒冕氣，然亦忌酸。(《巢林筆談續編》卷上)

【博浪一擊】凡事可忍，而家國之仇不可忍。留侯之最可敬者，在為韓報仇。博浪沙一擊，事雖未成，而六國後之起兵亡秦，肇端於此。蘇子謂其不忍忿忿之心，逞於一擊，為圯上老人所深惜，未是的論。(《巢林筆談續編》卷上)

【昆邑藏書】我昆書籍之富，往時甲於東南。蓋緣東海三公，並以詩文遭際隆盛，上賜及四方贈遺，積之既多；又不惜多金，力購宋、元以來善本，廣搜遺逸簡編，裝潢繕寫，殆無虛日，縹緗充棟，不獨「傳是樓」一處也。邑中故家舊族，尚多先世藏書，諸紳士亦不乏收買書籍者。近來大姓日落，書籍亦多散之外方，可勝感歎！(《巢林筆談續編》卷上)

【聞雁形容月色之妙】天上月色能移世界，邵茂齊之言也。聞雁主人引而伸之曰：「石上泉澗，梵剎園亭，屋廬竹樹，種種常見之物，月照之則深，蒙之則淨。金碧之彩，披之則醇；慘悴之容，承之則奇；淺深濃淡之色，按之望之，則屢易而不可了。以至河山大地，邈若皇古；犬吠松濤，遠於巖谷；草生木長，閒如坐臥。人在月下，亦嘗忘我之為我也。」形容月色之妙，全從深體得來。(《巢林筆談續編》卷上)

【讀性理書】性理書，歷周、程、張、朱諸大儒，已透闡無遺蘊，後人讀其書，守其說，盡得性分以內事，無欠缺足矣。王文成公一生，可謂盡得性分以內事，無欠缺者。祇緣多其詞說，反滋擬議。世之偽君子盡有假談性理，冒得道學名者尤不可不察也。(《巢林筆談續編》卷下)

【社倉厲民】事有名為利民，而其實厲民者，今之社倉是已。周制，縣

都各有委質，以待凶荒。自漢至隋、唐，常平義倉迭舉，其猶有古之遺意歟！日久弊生，朱夫子已極言之矣。今上乾隆七年，江蘇徐中丞倡立社倉，勒寫兩邑穀數千石，歸縣勾稽；而以糧戶之有家者點充社長，輪轉交代，以致出納弊生。懼累者多不願任，承辦吏益復多開戶名，索錢免點。於是任社長者靡有不空，空則扳連親族，貽累無窮。比年歲不登，試問社穀有一粒在民間否？為法不善，可為太息！《金華社倉記》云：「王氏青苗，本意未嘗不善，弊在以縣不以鄉，以官吏而不以鄉人士君子也。」我鄉舊有同善會，建立社倉，其始付託得人，貧民頗沾實惠；以後交代日非，此舉遂廢。世情多偽，即所謂鄉人士君子，亦似難信，在官在鄉，均無善術。迂愚之見，不如以社倉穀附貯官倉，備民間旱潦潽築之費，是或一道。空名滋累無為也。（《巢林筆談續編》卷下）

【崇禎有亡國之罪】明懷宗言：「朕非亡國之君，諸臣皆亡國之臣。」甚矣，其自恕也！孟子曰：「不信仁賢，則國空虛。」又曰：「不用賢則亡。」皆專責其君之詞也。崇禎朝，未嘗無仁賢，而信之不專，用之不久，則僨事之小人日益進，而國亡矣。此所謂雖有善者，亦末如何之候，而概責之曰「諸臣皆亡國之臣」哉！且亦思用此亡國之臣者誰乎？奈何其不自反也？故帝之賢，賢在死社稷，而言乎亡國，則不得但諉罪於諸臣。（《巢林筆談續編》卷下）

【漢武忍而至愚】予嘗論漢武，忍而至愚者也，不察戾太子冤，愚矣其忍乎！然其始以兵亂，而其後「思子宮」之作，父子之情猶未盡泯也；至欲立昭而先殺鉤弋夫人，則至忍與至愚，俱無可解免矣。人苟不肖，強藩重臣，皆足以亂天下，燕王上官之屬，能逆億而先誅之乎？夫人無驕縱之罪，又不聞有父兄席其勢，安見異日必不利於孺子，而以猜忍殺之哉？其時暴風揚塵，百姓感傷，帝猶不悔，而沾沾自詡，引呂氏為鑒。夫古來不少賢母，以呂氏一人之陰賊鷙戾概之哉！齊王建而無君王后，能四十年不被兵革乎？后薨而即亡其國，母其有累於子乎？即其後昭帝崩，上官皇后出亂臣之家，武帝處此，其猜忌當更何如？卒之廢賀立宣，數更大事，而安靜無為以終其身，曾不售帝所言，則以不肖度人者之徒壞心術，而目為至愚，豈誣也哉！且帝以至忍之心而行其至愚，為子而未始不足以害子也。母子天性，與父一體，撫此座而根母死之由，仁人孝子有不能一日以生者，昭帝之不永其年，安知不常抱此不忍其母之思，而憂傷悲痛，勉強以臨天下，至於形銷骨立，以隕其生乎？則昭之崩，又不啻武殺之矣。而世之論武者未及也。（《巢林筆談續編》卷下）

藤陰雜記十二卷　（清）戴璐撰

戴璐（1739～1806），字敏夫，號蔇塘，別號吟梅居士，烏程（今浙江湖州）人。乾隆二十八年（1763）進士，歷任督察院給事中、工部郎中、太僕寺卿，考選湖廣道御史，轉禮科給事中吏科掌印，歷官太僕寺卿。後為揚州梅花書院山長。著有《吳興詩話》《吳興科第表》《秋樹山房詩稿》等書。生平事蹟見姚鼐《中議大夫太僕寺卿戴公墓誌銘》《兩浙輶軒續錄》《清秘述聞》卷七及《國朝御史題名》。

書前有嘉慶元年（1796）自序，稱弱冠入都，留心掌故，目見耳聞，隨手漫筆，爰仿王漁洋《香祖筆記》之例，即以名之云云。〔註559〕

此書乃其居京期間所記見聞之作。書凡十二卷，前四卷記清朝科舉甲第、衙署舊聞、各部官署典制及官吏銓課，每卷不標名目；後八卷記京師五城及郊坰之坊巷、寺觀、祠墓，各以「中城」「東城」「郊坰」等標目。書中敘及士人遊宴、前人府邸、道觀佛寺、古蹟園林諸處，凡有題詠詩詞及書中所見，皆筆之於書，掌故佳話藉以流傳，頗類詩話、文話。書中多記科舉史料。如「父子大拜」「父子一品」「父子兄弟九列」「同胞三及第」「翁婿狀元」「國朝少年登第」「一省三鼎甲」「名士晚達」諸條，皆記有清科舉士子之優異者。又如記劉綸擢博學宏詞科第一，莊培因中甲戌狀元，翁叔元冒籍而中探花，諸事皆為科舉佳話。又錄趙翼《秋闈雜詠詩》之最警策者，以見當時科舉試士之全過程。書中又多載四庫典故。其一曰：「癸巳，四庫館開，以翰林纂輯不敷，劉文正保進士邵晉涵、周永年，裘文達舉進士余集、舉人戴震，王文莊舉舉人楊昌霖，時稱五徵君。武康高文照未與斯選，寄五君云：『丹綍旁求石室書，普天光氣吐蟬魚。洽聞端賴終軍豹，薄技空慚黔地驢。亡去篇增安世篋，載來學富惠施車。諸公袞袞蒲輪出，一夜多空風雨廬。屈指浮生幾甲寅，孤身天地一微塵。魏收木榻經穿久，劉勰雕龍自鬻頻。正派百川歸學海，空山四壁有逋臣。大官廚味寧多羨，珍重青藜照讀人。』」又曰：「戊戌會試，于文襄、王韓城總裁，狀元，且是師生。同考秦大成、陳初哲、黃軒、金榜四狀元。是時京師狀元無不入場，是科狀元戴衢亨，即出金房，皆盛事也。」七大狀元皆集四庫館中。此書多載康乾文壇名流軼聞，可助談資、廣見聞，尤可考證北京古蹟。〔註560〕

〔註559〕《續修四庫全書》第1177冊，上海書店出版社，2002年版，第285頁。
〔註560〕清代戲曲聲腔繁雜，北京劇壇尤為突出。因《藤陰雜記》一書中偶現「京腔

《光緒順天府志》引沈鋐序曰：「其間詩酒遨遊，古今興廢，靡不考據精審，殫見洽聞。」胡玉縉《許廎經籍題跋》曰：「小說掌故，藉是考見，體例明淨，不及狐鬼，亦說部之可存者也。」〔註561〕然李慈銘稱此書見聞殊隘，筆亦宂漫〔註562〕，未免過為苛求。

此本據南京圖書館藏清嘉慶五年石鼓齋刻本影印。本書又有光緒三年沈鋐重刻本。

【附錄】

【戴璐《藤陰雜記自序》】余弱冠入都，留心掌故，嘗閱王漁洋《偶談》《筆記》等書，思欲續輯。於是目見耳聞，隨手漫筆。及巡視東城，六街踏遍，凡琳宮梵宇，賢蹤名跡，停車諮訪，筆之於書。甲寅，讀禮閒居，重加芟削。見《舊聞考》《宸垣識略》已載者，悉去之。匯存十二卷，固不若說鬼談狐令人聽而忘倦也。寓移槐市斜街，固昔賢寄跡著書地。院有新藤四本，漸次成陰，恒與客婆娑其下。爰仿漁洋《香祖》之例，即以名之。嘉慶丙辰陽月，吟梅居士戴璐。

【許廎經籍題跋·藤陰雜記書後】《藤陰雜記》十二卷，烏程戴璐撰（《光緒順天府志》以為歸安人，誤）。璐字菔塘，乾隆癸未進士，官至太僕寺卿。是書首述清初諸老科名盛事，次紀京師五城及郊坰名勝。自序稱「已見《舊聞考》《宸垣識略》者悉去之」。實則頗有重複。「懺園」條謂毛詩已見吳《略》不錄，而他詩之見吳《略》而錄者亦頗多也。中如掘得《李內貞墓誌》之為因緝凶挖掘，非取土；二忠祠之為祀文天祥、李邦華，非文與謝枋得；邦華徇節吉安會館，非在城內文信國祠；自怡園之為在水磨村；非海淀；田雯移居之粉坊巷為粉坊琉璃街，非崇文門外，足正《舊聞考》及《識略》之失。「寄園」條引張大受、王式丹詩，不特足證孫人龍說，而朱彝尊《舊聞》之誤以月張義

六大班」一語，致戲曲史界長期以來將「京腔六大班」作為一個專用名詞沿用，並以《都門紀略》中所載「六大名班九門輪轉，稱極盛焉」作為乾隆時期京腔繁盛的標識給予稱頌，給聲腔研究帶來了諸多混亂。乾隆時期並未有過京腔前六名的「排行榜」，所謂「六大班」並不限於京腔一種聲腔，它是乾隆時期活躍於北京劇壇的不同聲腔戲班中的佼佼者。「京腔六大班」應改稱「乾隆六大班」才符合史實。詳見戴和冰《〈藤陰雜記〉之「京腔六大班」考述》（《戲曲藝術》2007 年第 1 期）

〔註561〕胡玉縉：《續四庫提要》，上海書店出版社，2002 年版，第 662 頁。
〔註562〕李慈銘：《越縵堂讀書記》，上海書店出版社，2000 年版，第 530 頁。

園載在阜城門者亦見。惟陸深綠雨樓，以小樓倚槐樹命名，見《儼山集》中，故程晉芳聯句有「槐雨」字，乃謂綠雨、槐雨，未知孰是。查嗣瑮「甘露飛來綴柏枝」一首，係指明時刑部言，非今刑部地，乃漫無區別。小秀野在上斜街三忠祠內，見汪沆《槐塘詩話》，祠內有祁雋藻補題額，係張穆所屬，見《閻潛丘年譜》，乃謂寓址無考。凡此均嫌疏舛。祝家園在永定門西，今引《西河詩話》作「安定門」，當是筆誤。然小小掌故，藉是考見，體例明淨，不及狐鬼，亦說部之可存者也。原刻久毀，此光緒丁丑沈鋐重刊本，序謂大旨仿漁洋山人《偶談》《筆記》諸書而作，則實不相類，蓋見自序首末數語，為之望文生義，《光緒順天府志》襲之，謬矣。陳漢章謹案，二忠祠及月張園，朱氏一新並加辨正。（《續四庫提要三種》第 661～662 頁）

【搜考檔案】杭州王峨山正功，出入省闈二十年，每入直，輒搜考檔案，勒成一書，名《中書典故匯紀》。其目有六：曰官制、曰職掌、曰儀式、曰恩遇、曰建置、曰題名，而以雜錄終焉。杭世駿作序。阮吾山司寇葵生留心掌故，恒以在閣未久，未乃遍閱檔案為憾。（卷一）

【五徵君】癸巳，四庫館開，以翰林纂輯不敷，劉文正保進士邵晉涵、周永年，裘文達舉進士餘集、舉人戴震，王文莊舉舉人楊昌霖。時稱五徵君。武康高人照未與斯選，寄五君云：「丹綷旁求石室書，普天光氣吐蟫魚。洽聞端敕終軍豹，薄技空慚黔地驢。亡去篇增安世策，載來學富惠施車。諸公衰衰蒲輪出，一夜多空風雨廬。」「屈指浮生幾甲寅，孤身天地一微塵。魏收木榻經穿久，劉勰雕龍自鬻頻。正派百川歸學海，空山四壁有逋臣。大官廚味寧多羨，珍重青藜照讀人。」（卷二）

【吳白華】吳白華司空省欽，久困鄉闈。丙子被貼《飲長干酒樓》詩：「歸燕吟成近十霜，吳鞋重踏大功坊。故侯寥落遺民老，忍見西風字數行。」丁丑召試，授中書，《感遇》詩：「再四蹉跎榜未填，蹇人豈分上青天。科因制舉尊鴻博，典為遊巡予量銓。」迨癸未入詞館，戊子秉文衡，及今已三十年。凡典鄉試七次，會試同考三，總裁一，學政五任。弟省蘭以舉人學正，甲午充同考。戊戌賜進士，以編修充丙午浙江正主考。大考第一，侍講擢正詹事。（卷二）

【京官乘輿】相傳王漁洋戲贈南海程駕部可則詩，有「行到前門門未啟，轎中安坐吃檳榔」之句。時正陽門五更啟鑰，專許轎入，京官無坐車者也。《藤陰雜記》稱：「京官向乘肩輿，杜紫綸始乘驢車，嗣後漸有騾車，然幃幔

樸素，且少開旁門者，今則無不旁門。」云云。按：戴菔塘宦京朝，在乾隆、嘉慶間，是易轎為車之會也。余昔聞之老輩云，道光初年，京官又復坐轎，即坐車無不後檔。〔凡輪在車後者，曰後檔，取其顛簸稍輕，乘坐安適。〕自余同治甲子入京，所見凡京堂三品以下，無乘轎者，凡王公勳戚以外，無乘後檔旁門車者。士大夫不諳儀節，幾謂國家定例則然，其實轎貴車廉，而後檔旁門，亦非老馬孱騾所能勝任也。近二三年，京曹日窘，尋常部院官出無車馬者什九，殊不足以自別於齊民。而堂堂樞相，且日策騾車入東華門內直，則公孫宏之故智矣。（陳康祺《郎潛紀聞初筆》卷九）

【五老會】曹文恪公秀先第，在米市胡同。乾隆癸巳，邀程文恭公景伊、嵇文恭公璜、吳恭定公紹詩，總憲張公若淇、大司寇崔公應階、少司馬蔣公元益，仿耆英真率之會，倡和極歡。越四年戊戌，易以蔡文恭公新、周文恭公煌、總憲羅公源漢，時有「七人元旦五百歲」之句。朱石君先生對以「二老同年十九科」，蓋指文恭也。先是，康熙戊子，沈心齋閣學涵約、勞介岩僉憲之辨、汪涵齋少司農晉徵、孫樹峰少宗伯岳頌、張劼齋少司寇睿、朱近庵少京兆□□，為「五老會」，集於陶然亭，用「人生七十古來稀」為起句，各賦一律，時五公年皆七十也。乾隆戊子，沈方伯世楓在京，邀陳太僕兆崙、周學士景桂、朱鴻臚續經，傅副憲為訏，作「五老會」，亦有圖詠。二事皆見《藤陰雜記》。（陳康祺《郎潛紀聞初筆》卷六）

【朱潘兩檢討被劾】《藤陰雜記》載：「朱竹垞以帶僕充當供事，出入內廷，潘稼堂未以浮躁輕率，有玷講官，為掌院牛鈕參劾，原奏尚存。」康祺按：大科初開，廷臣原議處以閒曹，如中行、評博之類。聖祖特恩，一二等咸入翰林。詞館中以八股進身者，咸懷忌嫉，遂有「野翰林」之目。朱、潘兩檢討，尤負盛名，宜牛鈕亟思鋤去也。不然，帶僕入直，京官常事，豈獨竹垞一人？品學若稼堂，尚玷講官，誰復勝簪筆侍書之任哉？（陳康祺《郎潛紀聞初筆》卷六）

伊江筆錄二卷　（清）吳熊光撰

吳熊光（1750～1833），字望崑，一字槐江，號伊江，室名葑溪、藤花館，昭文（今江蘇常熟）人。乾隆三十七年（1772）進士，歷官湖廣總督、直隸總督、兩廣總督，後因故遭遣。著有《春明雜錄》《葑溪雜錄》。生平事

蹟見《清史稿》卷三五七、《清史列傳》卷三○、潘世恩所撰墓誌銘、包世臣《故大臣昭文吳公墓碑》。

此書前有熊光自序，稱事以本朝為斷，作固未遑，述亦滋陋，不得不竊取見聞、傳聞之義，又有其人雖獲戾，而其事尚可師，意存節取，匯成一冊。〔註563〕又有同治十二年（1873）翁同龢序，稱槐江吳公所著書三種，曰《伊江筆錄》，曰《春明雜錄》，曰《葑溪雜錄》，述乾嘉時故事，而諸老之籲謨碩畫亦並著焉，其文雖未芟潤，其用意蓋深且遠。〔註564〕

此書多載清代朝野史實，如記劉統勳以進掃之法督辦楊橋漫口，僅數旬而蕆事；又如記潮州與閩省漳泉接壤，多因細故，而民起械鬥，而地方官置若罔聞，不肖者為富戶頂凶，從中漁利，遂積漸成風；又如記英吉利擅入嶴門，壟斷牟利，吳氏奏請暫停其貿易以制其死命，而上諭出剿事；又記湯斌撫吳時移風易俗事；又記乾隆年間京師錢價日賤事。又有諷勸之語，如謂：「手談演劇，耽誤政務，官既嗜此，幕友長隨，相率效尤，何從禁止，且年少子弟，耳濡目染，易壞習氣，至優伶罔知廉恥，乃有用為僕從者，流弊更深，戒之戒之。」又謂：「婚宜訪女之有無姆教，嫁宜擇婿之能否讀書，再參以家世，斷不可論財附勢。」

陳康祺《郎潛紀聞二筆》卷九稱有關於掌故甚多，中有所未見者，為刪節登紀六條。又稱：「近年中外士大夫留心時事者，莫不以庫藏匱乏為憂。康祺郎曹多暇，亦嘗博稽詳考，或採之邸抄疏奏，或詢之戶部友人，綜覈出入，終不解咸、同已來何以與康、乾之世贏絀若是其懸殊。惜官非司農之屬，究不獲洞見底蘊。私心妄揣，開源節流，因利而利，事事必覈其實，人人若顧其私，吾中國之大可有為，斷斷然也。」〔註565〕並引《伊江筆錄》為據。劉聲木《萇楚齋三筆》卷九亦稱：「國朝言掌故專書，惟閩縣王文勤公慶雲所撰之《石渠餘記》六卷最為風行。錢塘吳仲雲制府振棫，撰有《養吉齋叢錄》廿六卷、《餘錄》十卷，卷帙甚富，光緒廿二年十月家刊本。惜當時印行不多，頗為罕見。光緒末年，其孫子修學使慶坻復為之印行，坊間始有傳本。昭文吳槐江制府熊光，撰有《伊江筆錄上編》一卷、《下編》一卷，體例與王、吳兩家同，其家向未刊布。光緒□□年，廣州廣雅書局為之付梓，印行不多，書板

〔註563〕《續修四庫全書》第1177冊，上海古籍出版社，2002年版，第475頁
〔註564〕《續修四庫全書》第1177冊，上海古籍出版社，2002年版，第476頁。
〔註565〕陳康祺：《郎潛紀聞》卷十「度支考」條。

即遭焚毀。是以《廣雅書局叢書》經史子集四部中獨少此種，可見流行不多。據其卷首墓誌所載，制府仍撰有《春明雜錄》一卷、《對溪雜錄》一卷、《詩集》十二卷，亦從未見各家書目著錄，是亦未刊矣。」

此書稿本藏南京圖書館。此本據北京大學圖書館藏清廣雅書局刻本影印。

【附錄】

【吳熊光《伊江筆錄自序》】熊光通籍後，即由中書入直樞廷。雖為時政匯集之所，而軍機設自雍正八年，不特國初文獻闕如，即雍正年間檔案，因恭修憲廟實錄，經館臣移取，存者寥寥，時退直之暇，為應試禮闈計，未及留心。乾隆戊戌，洊升侍讀，頻歲隨阿文成公讞獄治河，跋涉陝、甘、齊、豫、江、浙等省，舍館一定，阿每述國家掌故，遂得恭聞列聖宏規暨名卿偉績，心焉識之。嘉慶二年後，猥荷兩朝恩遇，趨承前席，簡畀連圻，偶遇盤錯，靜繹文成緒論，斟酌措置，差免愆尤，始覺坐言起行，道在邇而非必求諸遠也。迨己巳秋，效力伊江，就所記憶，逐條錄出，旋蒙賜環，再官郎署。自揣衰病侵尋，實難再任，驅馳請假歸里，閉戶養疴。因念文成遺誨，有繫國計民生，且多記注所未載，湮沒良為可惜。此外，余宦遊所到江浙，復為幼齡生長誦習舊地，目染耳濡，參諸志乘，似非虛假，並附錄焉。事以本朝為斷。熊光才識膚淺，作固未遑，述亦滋陋，不得不竊取見聞傳聞之義。又有其人雖獲戾，而其事尚可師，意存節取，匯成一冊，命大兒華基繕寫存留，我子孫將來倘不能繼起為國宣猷，即匹夫行善於鄉，亦足資是則之一助。若謂退而著書，思操筆削，是僭且妄，則吾豈敢。熊光自識。

【續修四庫全書總目提要（稿本）24～338】《伊江筆錄》二卷（廣雅局刊），清吳熊光撰。熊光字望昆，號槐江，江蘇昭文人。乾隆三十七年由舉人考取正榜，以內閣中書用，四十一年補官，尋充軍機章京，四十四年擢侍讀……嘉慶六年四月升調湖廣總督，十年六月調直隸總督，尋調兩廣，時英兵抵澳，處置失宜，革職遣戍伊犁。後經釋回，仍以六部主事用。事蹟具《清史稿》本傳。是書即於謫戍時所作，紀所見聞滿漢名人言行，足以維繫國脈民命者，如行軍之機警，治河之要策，讞獄之精審，吏治之講求，均繫以事實，斷以己見。其目染耳濡之朝章掌故，乾嘉諸老之訏謨碩畫，亦並著焉。初隨阿文成多年，故記文成所云平回之事殊多遺聞逸事，為他書所未及；其志狄道令張若衡解戍赴軍度戈壁，中途缺水，若衡謂沙成阜者，津其趾，乃令役掘而得水，可與耿恭拜井先後媲美，並可為旅沙漠者解困之一法，足見

所載事事有關實際也。惟於洋務不甚明瞭，故終以處置英商事宜失當而罣吏議，然而非其罪也。別有《春明雜錄》及《葑溪雜錄》，而是書《新疆圖志‧藝文志》作《伊江別錄》，蓋誤筆為別耳。

【無為州江堤】昭文吳槐江制府熊光《伊江筆錄下編》云：「無為州沿江上下貳百餘里，大半當水沖，先是工甚危。廬江令陳慶門攝篆時，躬探深淺之處，於鮑魚橋、鮎魚嘴二處樹柳椿，編竹束葦，填土為斜坡形，取近山亂石，填擲水中，水停沙淤而成洲，含、江、無、巢數州得無恙。亂石取護堤，最為得力，徐州北門外河堤，亦以保固。」云云。聲木謹案：明府以亂石築堤成洲，成效卓著，可為後人治水之法。其捍衛含山、廬江、無為、巢縣等州縣水患，俾吾民得安於畎畝，四縣之民皆當尸祝，奏請入名宦祠，馨香奉祀，庶不負崇德報功之誼。惜年代久湮，竟致無人知其名氏，故記之於此。（劉聲木《萇楚齋四筆》卷二）

【伊江筆錄】國朝言掌故專書，惟閩縣王文勤公慶雲所撰之《石渠餘記》六卷最為風行。錢塘吳仲雲制府振棫撰有《養吉齋叢錄》廿六卷、《餘錄》十卷，卷帙甚富，光緒廿二年十月家刊本。惜當時印行不多，頗為罕見。光緒末年，其孫子修學使慶坻復為之印行，坊間始有傳本。聲木謹案：昭文吳槐江制府熊光撰有《伊江筆錄上編》一卷、《下編》一卷，體例與王、吳兩家同，其家向未刊布。光緒□□年，廣州廣雅書局為之付梓，印行不多，書板即遭焚毀。是以《廣雅書局叢書》經史子集四部中獨少此種，可見流行不多。據其卷首墓誌所載，制府仍撰有《春明雜錄》一卷、《葑溪雜錄》一卷、《詩集》十二卷，亦從未見各家書目著錄，是亦未刊矣。（劉聲木《萇楚齋三筆》卷九）

春泉聞見錄四卷　（清）劉壽眉撰

劉壽眉，字春泉，順天寶坻（今天津市寶坻區）人。生卒年及事蹟均不詳。大約生活於乾隆、嘉慶時期。自序稱「自六歲從母讀四子書，九歲隨父任赴吳，十歲始就傅，十五歲父解組，遂荒業。十九歲又隨任赴越，即經理家政，自是無暇息肩」，又稱其家自高、曾以來，控制閩、浙、西蜀，兼三撫楚北，相繼數十年，宅第甲於一邑，鄉人呼之曰劉府云云。

書前有壽眉自序，稱偶憶生平聞見，隨筆錄出，藉以消遣，事取真切，

言戒妄誕，其文之疏漏，字之魚魯，皆不自知，積久成帙。〔註 566〕又有李鼎元序，稱此錄乃述其生平所歷之境與所聞之言，間有因事立論，皆諷世之言，有益名教，更有表揚節孝、愛惜性命之文。〔註 567〕又有其侄劉耆德序，稱嘉慶戊午（1798）之秋，德赴京兆試時，叔父家居多暇，依古傳記例著述自娛，凡生平閱歷所及，耳目所經，輒隨筆書之，越一載而成帙，顏曰《聞見錄》，事紀其實，文取諸簡，寡所規撫，而動與古會，見理極明，論事極透，凡作孝作忠、惜命惜身之道，無不該載云云。〔註 568〕

此書記所歷雜事，凡一百一十則，不標題，但記條數。劉氏科名鼎盛，仕宦者者多，故書中亦喜言家世舊聞，或道怪力亂神之事。又有記浙省風俗土音者，如五十一條記浙省鄉間婦女乞福之俗，八十條記「寧邑土音，呼不識之男婦為表兄嫂，姑呼媳為老寔寧，自稱其妻曰內客，稱舉人為鬼獐，進士為憎四；又有記史實者，如八十二條記王倫起義事頗詳，與黃鈞宰《金壺七墨》所記互有詳略，可徵知當時事變始末。自餘率皆瑣錄，無關掌故，文意亦殊澀拙。其自序稱經理家政，無暇息肩，素性魯鈍，且多疾苦，又不好學，以故更鮮知識云云，蓋自道其實，不失為純樸之士。甥婿李鼎元序則稱其淡泊寧靜，好讀節，讀之不厭三復。蓋對長者言，不得不爾，亦不得以貢諛目之矣。〔註 569〕

此本據遼寧省圖書館藏清嘉慶庚申家刻本影印。

【附錄】

【李鼎元《春泉聞見錄序》】春泉舅丈，世居渠陽，久遊吳越，澹泊喜寧靜，好讀書，不自滿假，昂藏胸襟瀟灑，其涯涘未易窺測。庚申仲春，以所著《聞見錄》示閱，乃述其生平所歷之境與所聞之言，既不同乎干寶「搜神」，又迥別於黃州「談鬼」，蓋筆之以傳言也。間有因事立論，皆諷世之言，有益名教。更有表揚節孝、愛惜性命之文，讀之不厭三復。其立品守身，高潔醇正，亦可窺見一斑矣。鼎適奉使琉球，瀕行時，聊述梗概如此。墨莊甥婿李鼎元拜書。

【劉春泉《聞見錄自序》】余自六歲從母讀四子書，九歲隨父任赴吳，

〔註 566〕《續修四庫全書》第 1177 冊，上海古籍出版社，2002 年版，第 523 頁。
〔註 567〕《續修四庫全書》第 1177 冊，上海古籍出版社，2002 年版，第 523 頁。
〔註 568〕《續修四庫全書》第 1177 冊，上海古籍出版社，2002 年版，第 584 頁。
〔註 569〕孫楷第：《戲曲小說書錄解題》，人民文學出版社，1990 年版，第 51 頁。

十歲始就傳，十五歲父解組，遂荒業。十九歲又隨任赴越，即經理家政，自是無暇息肩，而前此所讀經書強半遺忘，兼之素性魯鈍，且多疾苦，又不好學，以故更鮮知識。今年，逾杖，家徒慚老大，閒居日久，病漸散去，偶憶生平聞見，隨筆錄出，藉以消遣。事取真切，言戒妄誕，其文之疏陋，字之魚魯，皆不自知，積久成帙。鄉劭侄春闈入都，見而樂之。閱年，手鈔一冊，欲質名賢。余曰：「吾幼既不學，老甘廢棄，於世為贅人，於家為冗丁，豈復以無足重輕之言求文身之具乎？」侄曰：「叔於聞見中寓警惕諷勸之旨，若秘而不宣，是不屑與世證可否，並使後之子孫昧吾叔不學而能之美，將謂有所蹈襲而啟其猜疑之心，不自勉力，而阻其好學之志矣。」余聞之汗顏，自述數語以冠其首。嘉慶庚申三月既望，渠陽劉壽眉春泉氏識於京邸迎暉軒。

【劉耆德《春泉聞見錄跋》】嘉慶戊午之秋，德赴京兆試，時叔父家居多暇，依古傳記例，著述自娛。凡生平閱歷所及，耳目所經，輒隨筆書之。越一載而成帙，顏曰《聞見錄》，事紀其實，文取諸簡，寡所規撫，而動與古會，見理極明，論事極透。凡作孝作忠、惜命惜身之道，無不該載。己未春闈後，叔出是編，相與商訂。德學殖荒落，未敢輕贊一詞，謹任檢字之責。庚申春，復入都，繕成一冊，因綴數語於後。侄耆德百拜敬書。

【四則】余家自高、曾以來，控制閩、浙、西蜀，兼三撫楚北，相繼數十年，宅第甲於一邑，鄉人呼之曰劉府。一日炊煙不透，中有梗塞，王父令柝役陳名仲金者視之，彼先以稱錘引繩，探試內若積絮，即操具於塞處鑿入，甫透一孔，突有毛物衝出，順手擊中其胯，嗷然一聲，火光如敵，石鼠竄而逸，眾疑以貓，王父曰狐也。逾旬，余有鄉人策蹇踵門，往來窺探，閽人疑而問之，曰：「延劉府陳仲金。」思無其人，叱之使去。鄉人愁容可掬，曰：「如不延去，吾媳無救。」閽人叩其故，但云陳能醫媳病耳。窮思良久，遍問同人有曰：「陳三名仲金，乃柝役，與百工居府後，未聞能醫。」姑導與見，鄉人道故，陳曰：「我能柝，非巫，得勿謬乎？」曰：「非也。媳病旬餘，自言非君不可。」陳曰：「異哉！汝媳何以知吾名？」鄉人曰：「媳病類瘋狂，或謂邪祟附體，病發即自言：『天不怕，地不怕，只怕劉府陳仲金。』以故誠請，幸勿他卻。」陳曰：「果爾，須降魔捉妖，吾何能？」堅辭不去，鄉人哀之，長跪泣，求眾曰：「姑往之，不效無妨也。」陳不得已，恇怯偕行，抵村口，鄉人請先往，婦適病作，自語如前，候醫者絡繹於途，望見鄉人，迎問曰：「陳來乎？」曰：「來矣！」即奔告曰：「陳仲金請至矣。」婦聞之

默然，少頃頓醒。陳至請視疾，家人曰：「客來，病忽若失。」鄉人喜出望外，具肴酒，款留經宿，厚酬而返。同人訝其妄誕，異日探之，果安，而終不解其故。王父聞之曰：「得非前日所擊之狐乎？」陳遂悟，自詡其功焉。此余八歲，聞老僕所言，陳本無驅狐術，而狐耳名驚避，蓋奪魄在前，狡猾斂跡也。（《春泉聞見錄》卷一）

陶廬雜錄六卷 　（清）法式善撰

　　法式善（1753～1813），字開文，號時帆，學者稱梧門先生。原名運昌，乾隆帝賜改今名，取滿語竭力有為之義，烏爾濟氏，蒙古正黃旗人。乾隆四十五年（1780）進士，兩為侍講學士，一以大考改贊善，坐修書不謹，貶庶子，遂乞病歸。長於史學，尤諳掌故，參纂《全唐文》，著有《清秘述聞》《槐廳載筆》《存素堂集》等書。生平事蹟見《清史稿‧文苑傳》《清史列傳‧文苑傳》及阮元《梧門先生年譜》。

　　書前有陳預書嘉慶二十二年（1817）序，稱此書上自內府圖書，下至草茅編輯，罔不詳其卷帙，考厥由來，其中如歷代戶口之盛衰、賦稅之多寡、職官之沿襲、兵制之廢興，一切水利農桑、鹽茶鈔幣、治河開墾、弭盜救荒，與夫讜論名言，零縑佚事，參稽臚列，語焉能詳，就所見聞，足資掌故云。又有翁方綱嘉慶二十二年（1817）序，稱其於典籍卷軸，每有見聞，必著於錄，其中有繫乎考證、有資於典故者，視其詩更為足傳云云。〔註570〕

　　此書所記，頗存書林掌故。如記摛藻堂、味腴書屋各藏《四庫全書薈要》一分，四百七十三種，一千九百八十函，分二十四架；一在大內，一在圓明園。又詳列《文淵閣四庫全書》各部、各類、各屬卷數。其他諸官修之書如《古文淵鑒》《賦匯》《御選明臣奏議》《佩文齋書畫譜》《唐音統籤》等，皆載其編纂時間及各部分卷數等。又有評論典籍者，如曰：「余嘗病《元史》最為譾陋，近日錢竹汀少詹《廿二史考異》中《元史》頗精詳。及觀仁和邵詹事遠平所輯《元史類編》，歎其為良史。而詹事敘錄中以和禮霍孫、赤老溫未立傳，《后妃傳》無徵致憾。」又如：「近人著書，當以邵學士晉涵《爾雅正義》、王觀察念孫《廣雅疏證》、阮巡撫元《經籍籑詁》為最典洽。余見桐城方密之所輯《通雅》，其該博亦不在三家下。」有論人才者，如曰：「天

下求小才私智可以備一官之用者，未嘗無人。惟至國家利害安危，大機括所在，大形勢所關，非曉事之臣不能洞其幾微，晰其體要。曉事二字何可易得？必須有一種識見能知人之所不能知，有一種氣魄能斷人之所不能斷，而其心一出於公平正大，無所避忌，然後事至，了不為凝滯。」又曰：「做事人最要有略，方處置得宜。然有大略，有遠略，有雄略。識不遠者，不能見大略；器不大者，不能知遠略；識遠氣大而無雄才壯氣者，不能具雄略。雄略天授，不可學而至，故人當以拓充器識為先也。」又有論修身者，如曰：「責備賢者，須全得愛惜裁成之意。若於君子身上一味吹毛求疵，則為小人者反極便宜，而世且以賢者為戒矣。若當君子道消之時，尤宜深恕曲成，以養孤陽之氣。」又曰：「做人要脫俗，而不可存一矯俗之心；應世要隨時，而不可起一趨時之念。」

　　謝國楨稱此書特別注重各朝經濟狀況、交鈔貨幣源流，而對明代賦役之重輕、兵制之沿革、西北水利之興廢、屯田與營田之分別，尤為詳覈。〔註571〕

　　此本據國家圖書館藏清嘉慶二十二年大興陳氏原刊本影印。

【附錄】

　　【陳預書《陶廬雜錄序》】歲壬申，予屏藩南楚，萬載辛君啟泰手一編而來曰：「此梧門先生所寄也。」余受而讀之，題曰《陶廬雜錄》。上自內府圖書，下至草茅編輯，固不詳其卷帙，考厥由來，其中如歷代戶口之盛衰、賦稅之多寡、職官之沿襲、兵制之廢興，一切水利、農桑、鹽茶、鈔幣、治河、開墾、弭盜、救荒，與夫讜論名言，零縑佚事，參稽臚列，語焉能詳，就所見聞，足資掌故。爰藏篋笥，時用覽觀。未逾年，梧門先生訃音至，嗣子桂馨郵書來索是編，余諾之，未返之也。今桂君又下世矣。嘗念梧門先生於余為館閣前輩，相從輦下，知交最深，後即中外分官，亦時通書疏，此編之見遺也，無一言，辛君古處是敦，惠然不遠千里，能無負諾責。余嘗心志之不能忘，因思所以報梧門先生父子而並可以質諸辛君者，計惟壽諸梨棗，以永其傳。爰芟其繁複，釐為六卷，於丁丑歲二月付之剞劂氏，閱六月工竣，為志其緣起。嘉慶丁丑冬十一月北平陳預書於濟南官廨。

　　【續修四庫全書總目提要（稿本）13～559】是編末二卷摘抄經世之文，藉以隱砭時政，前四卷並考掌故文獻者也，如滿漢之祭酒司業，康、雍、乾三

〔註571〕謝國楨：《明清筆記談叢》，上海書店出版社，2004年版，第65～70頁。

朝人丁、戶口、存銀之數，欽定書籍存儲之情狀，黃瑚未列名於薦牘，陶元淳未與博文鴻詞，並為究述清代掌故者所取也。至若《稼軒集鈔》之刊行，《綏寇紀略》之版本，畢秋帆校正古籍，多出於孫、洪之手，李南磵所刻底稿，皆出周書昌之家，殷元正《集緯》稿本藏於姚春木宅中，又凡各種叢書之目錄、刊刻之原委、版本之存佚以及詩文各集並詳細記載，所關文獻甚鉅。蓋式善既明於本朝掌故，又留意於文獻，復與當時名儒文士多所往還，故所記皆可據依，惜未分列題目，檢核為艱。又書中頗有誤字，如卷一第四葉「將所轄內境內」，上「內」字當衍；卷二第三葉「辭山深處過中秋」，「辭」蓋「亂」字之誤，至請敕與又諭中間，各當空格，今皆連書，似不合例。疑此為初印之本，尚待校改者也。

【清史稿本傳】法式善，字開文，蒙古烏爾濟氏，隸內務府正黃旗。乾隆四十五年進士，授檢討，遷司業。五十年，高宗臨雍，率諸生七十餘人聽講，禮成，賞賚有差。本名運昌，命改今名，國語言「竭力有為」也。由庶子遷侍讀學士，大考降員外郎，阿桂薦補左庶子。性好文，以宏獎風流為己任。顧數奇，官至四品即左遷。其後兩為侍講學士，一以大考改贊善，一坐修書不謹貶庶子，遂乞病歸。所居後載門北，明李東陽西涯舊址也。構詩龕及梧門書屋，法書名畫盈棟几，得海內名流詠贈，即投詩龕中。主盟壇坫三十年，論者謂接跡西涯無愧色。著《清秘述聞》《槐廳載筆》《存素堂詩集》。平生於詩所激賞者，舒位、王曇、孫原湘，作《三君子詠》以張之。然位黲曇狂，惟原湘以才氣寫性靈，能以韻勝，著《天真閣集》。

【先正事略】先生名法式善，字開文，號時帆，蒙古正黃旗人。乾隆四十五年進士，官侍讀。自登仕版，即以研求文獻、宏獎風流為己任。在詞館著《清秘述聞》《槐廳筆記》，在成均著《備遺錄》。所居在厚載門北，明西涯李文正公畏吾村舊址也。有詩龕及梧門書屋，藏書數萬卷。蒔竹數百本，寒聲疏影，翛然如在巖壑間。

【法式善祭酒存素詩序】一代之典，必有碩德偉望起於輦轂之下。官侍從，歷陟通顯，周知國家掌故，詩文外，復能著書滿家，以潤飾鴻業，歌詠太平，如唐杜岐公祐明、李少師東陽者，庶幾其人焉。少師雖家茶陵，然其先世即以戍籍居京師，與生輦轂下無異也。若余所見，則今之國子祭酒法時帆先生殆其人矣。先生二十外即通籍，官翰林，迴翔禁近者及三十年。作為詩文，三館士皆覓錄之以為楷式。先生又愛才如命，見善若不及。所居淨明，

湖外距黃瓦牆僅數武，賓客過從外，即鍵戶著書。所撰《清秘述聞》《槐廳載筆》等數十卷，詳悉本朝故事，該博審諦。人有疑輒諮先生，先生必條分縷晰，答之不以貴賤，殊不以識不識異也。先生性極平易，而所為詩則清峭刻削，幽微宕往，無一語旁沿前人。及描摩名家大家諸氣習，校《懷麓堂集》似又可別立一幟，不多讓也。余為詞館後進，承先生不棄，前後倡酬者五年。今余以弟喪乞假歸，先生曰：「君知我最深，序非君不可。」余因曰：「先生之所居，李西厓之舊宅也。先生採擇之博，論斷之精，杜君卿之能事也。然則他日撰述益多，位望益通顯，本學識以見諸施行者，視二公又豈多讓？詩文特其餘事耳。」余行急，請即錄是言以為序。（《洪北江詩文集》更生齋文甲集卷第三）

【三希堂帖】乾隆十一年建三希堂於內殿旁，貯王羲之《快雪時晴》、獻之《中秋》、王珣《伯遠》三帖。十二年勘校《石渠寶笈》中鍾繇、王羲之諸人迨唐、宋、元、明墨蹟，佳者勒石，是為《三希堂帖》。凡三十二冊，嵌石閣古堂壁。十九年又搜褚遂良諸人墨蹟佳者，勒為四冊，是為《墨妙軒帖》，嵌石軒壁。三十四年出內府所藏《淳化閣帖》初搨本重摹上石。三十七年葺淳化軒嵌石軒壁。四十四年復有蘭亭八柱、快雪堂帖之刻。五十八年以從前所輯《秘殿珠林》《石渠寶笈》成書後續入書畫真蹟薈輯為《續編》。皆足超越前古，為希世之珍。（《陶廬雜錄》卷一）

【文淵閣著錄之書】文淵閣著錄之書詳載於宮史者，書分經、史、子、集。《簡明目錄》一部，二十卷。經部易類一百五十九部，一千七百四十四卷，附錄八部，十二卷。書類五十五部，六百五十卷，附錄二部，十一卷。詩類六十二部，九百四十一卷，附錄一部，十卷。禮類周禮之屬二十二部，四百五十三卷。儀禮之屬二十二部，三百四十三卷，附錄二部，一百二十七卷。禮記之屬二十部，五百九十五卷，附錄二部，十七卷。三禮總義之屬六部，三十五卷。通禮之屬四部，五百六十三卷。雜禮書之屬五部，三十五卷。春秋類一百十四部，一千八百一卷，附錄一部，十七卷。孝經類十一部，十七卷。五經總義類三十一部，六百八十一卷，附錄一部，三十六卷。四書類六十三部，七百三十二卷。樂類二十二部，四百八十二卷。小學類訓詁之屬十三部，一百二十二卷。字書之屬三十六部，四百七十八卷。韻書之屬三十三部，三百一十三卷，附錄一部，二卷。史部正史類三十八部，三千六百八十一卷。編年類三十八部，二千六十六卷。紀事本末類二十二部，一千二

百五卷。別史類二十部，一千四百八十五卷。雜史類二十二部，二百七十三卷。詔令奏議類詔令之屬十部，八百二十二卷。奏議之屬二十九部，六百五十二卷。傳記類聖賢之屬二部，七卷。名人之屬十三部，一百一十三卷。總錄之屬三十六部，八百八卷。雜錄之屬九部，二十一卷。史鈔類三部，四十八卷。載記類二十一部，二百八十卷，附錄二部，九卷。時令類二部，二十九卷。地理類宮殿薄之屬二部，十一卷。總志之屬七部，九百四十一卷。都會郡縣之屬四十七部，二千七百五十二卷。河渠之屬二十三部，五百七卷。邊防之屬二部，二十四卷。山水之屬七部，一百十三卷。古蹟之屬十四部，一百二十五卷。雜記之屬二十八部，二百一十三卷。遊記之屬三部，十五卷。外紀之屬十七部，九十八卷。職官類官制之屬十五部，三百七十五卷。官箴之屬六部，十七卷。政書類通制之屬十九部，二千二百九十八卷。典禮之屬二十四部，一千五十一卷。邦計之屬六部，五十三卷。軍政之屬四部，二百七十一卷。法令之屬二部，七十七卷。考工之屬二部，三十五卷。目錄類經籍之屬十一部，四百二十四卷。金石之屬三十六部。二百七十六卷。史評類二十二部，三百八十二卷。子部儒家類一百一十二部，一千六百九十四卷。兵家類二十部，一百五十三卷。法家類八部，九十四卷。農家類十部，一百九十五卷。醫家類九十六部，一千八百一十三卷。天文算法類推步之屬三十一部，四百三十五卷。算書之屬二十五部，二百八卷。術數類數學之屬一十六部，一百四十七卷。占候之屬二部，一百三十五卷。相宅相墓之屬八部，十七卷。占卜之屬五部，二十五卷。命書相書之屬十四部，五十三卷。陰陽五行之屬五部，五十五卷。藝術類書畫之屬七十一部，一千六十六卷。琴譜之屬四部。二十九卷。篆刻之屬二部，九卷。雜技之屬四部，四卷。譜錄類品物之屬二十四部，一百九十九卷。附錄一部，三卷。飲饌之屬十部，十九卷。草木鳥獸蟲魚之屬二十一部，一百四十五卷。雜家類雜學之屬二十二部，一百七十七卷。雜考之屬五十七部，七百七卷。雜說之屬八十六部，六百三十二卷。雜品之屬十一部，八十三卷。雜纂之屬十一部，五百三十六卷。雜編之屬三部，九十二卷。類書類六十四部，六千九百七十三卷。小說家類雜事之屬八十六部，五百八十卷。異聞之屬三十二部，七百二十四卷。瑣記之屬五部，五十四卷。釋家類十三部，三百一十二卷。道家類四十四部，四百四十二卷。集部楚詞類六部，六十五卷。別集類一千七十五部，一萬八千七十二卷。總集類一百六十四部，九千七百二十卷。詩文評類六十四部，七百

三十卷。詞曲類詞集之屬五十九部，一百三卷。詞選之屬十二部，二百六十二卷。詞話之屬五部，十九卷。詞譜之屬二部，六十卷。南北曲之屬三部，十七卷。與《午風堂叢談》微有不同。(《陶廬雜錄》卷一)

【高啟著作】汪鈍翁《題高季迪槎軒集》云：「按王文忠公《缶鳴集·序》云，詩十二卷，九百三十七首。」張子宜《哀辭·序》則云先生自類其詩千五百首。今考周氏本，總千有一首。其數與序不合。外又有是集十卷。詩七百二十三首。《姑蘇雜詠》一卷，詩一百二十三首，內惟五首重出。餘俱《缶鳴》所無。合集共得一千八百四十餘首。他如徐氏本雖名《大全》，而實軼去者多矣。《列朝詩選》於先生詩率取諸《缶鳴》《大全》，豈猶未見是集耶？集為余塾所藏，乃成化間張習企翱所刻也。今四庫書館祇《大全集》十八卷，外有《鳧藻集古文》五卷。鈍翁所藏不知歸於何所。(《陶廬雜錄》卷二)

【詩家秘妙真訣】覃溪先生告余云：「山谷學杜，所以必用逆法者，正因本領不能敵古人，故不得已而用逆也。若李義山學杜，則不必用逆，又在山谷之上矣。此皆詩家秘妙真訣也。今我輩又萬萬不及山谷之本領，並用逆亦不能。然則如之何而可？則且先齩著牙忍性，不許用平下，不許直下，不許連下，此方可以入手。不然，則未有能成者也。」(《陶廬雜錄》卷二)

【清儒著作典範】近人著書，當以邵學士晉涵《爾雅正義》、王觀察念孫《廣雅疏證》、阮巡撫元《經籍纂詁》為最典洽。余見桐城方密之所輯《通雅》，其該博亦不在三家下。惜其版久不印，今藏姚氏書塾。蘇州書賈將購而販賣之，甚可喜也。(《陶廬雜錄》卷二)

【永樂大典本宋元人各集】十年前，余正月遊廠，於廟市書攤買宋、明實錄一大捆。雖不全之書，究屬秘本。未及檢閱，為友人攜去。至今悔之。又得宋、元人各集，皆《永樂大典》中散篇採入《四庫》書者。宋集三十二種，元集二十三種，統計八百二十三卷。北宋人《文莊集》三十六卷，夏竦撰。《金氏文集》二卷，金君卿撰。《都官集》十四卷，陳舜俞撰。《鄖溪集》三十卷，鄭獬撰。《王魏公集》八卷，王安禮撰。《雲溪居士集》三十卷，華鎮撰。《日涉園集》十卷，李彭撰。南宋人《初寮集》八卷，王安中撰。《橫塘集》二十卷，許景衡撰。《莊簡集》十八卷，李光撰。《忠穆集》八卷，呂頤浩撰。《紫微集》三十六卷，張嵲撰。《相山集》三十卷，王之道撰。《大隱集》十卷，李正民撰。《澹齋集》十八卷，李流謙撰。《北海集》十六卷，

附錄三卷，綦崇禮撰。《浮山集》十卷，仲並撰。《方舟集》二十四卷，李石撰。《香山集》十六卷，喻良能撰。《宮教集》十六卷，崔敦禮撰。《尊白堂集》六卷，虞儔撰。《東塘集》二十卷，袁說友撰。《涉齋集》十八卷，許綸撰。《緣督集》二十卷，曾丰撰。《山房集》九卷，周南撰。《鶴林集》四十卷，吳泳撰。《東澗集》十四卷，許應龍撰。《澗泉集》二十卷，韓淲撰。《臞軒集》十六卷，王邁撰。《敝帚稿略》八卷，包恢撰。《梅野集》十二卷，徐元傑撰。《碧梧玩芳集》二十四卷，馬廷鸞撰。元人《牆東類稿》二十卷，陸文圭撰。《青山集》八卷，趙文撰。《紫山大全集》二十六卷，胡祗遹撰。《青崖集》五卷，魏初撰。《養吾齋集》三十二卷，劉將孫撰。《雙溪醉隱集》八卷，耶律鑄撰。《東庵集》四卷，滕安上撰。《畏齋集》六卷，程端禮撰。《陳秋巖詩集》二卷，陳宜甫撰。《蘭軒集》十六卷，王旭撰。《西巖集》二十卷，張之翰撰。《勤齋集》八卷，蕭㪺撰。《榘庵集》十五卷，同恕撰。《伊濱集》二十四卷，王沂撰。《積齋集》五卷，程端學撰。《瓢泉吟稿》五卷，朱晞顏撰。《子淵詩集》六卷，張仲深撰。《吾吾類稿》三卷，吳皋撰。《性情集》六卷，周巽撰。《樗隱集》六卷，胡行簡撰。《庸庵集》六卷，宋禧撰。《外附廬山集》五卷，元董嗣杲撰。《英溪集》一卷，不著撰者姓氏。書寫不工，似未及校對之本。余維物少見珍，什襲藏之。有人許易二千金，靳弗予也。（《陶廬雜錄》卷三）

【永樂大典本唐賢各集】余纂唐文，於《永樂大典》暨各州縣志內採錄，皆世所未見之篇。而纂《四庫》書時，唐賢各集實未補入。如王勃、楊炯、盧照鄰、駱賓王、陳子昂、張說、張九齡、李邕、李白、杜甫、王維、高適、元結、顏真卿、吳筠、劉長卿、獨孤及、蕭穎士、韋應物、李華、顧況、陸贄、權德輿、韓愈、柳宗元、劉禹錫、錢起、呂溫、張籍、皇甫湜、李翱、歐陽詹、李觀、沈亞之、李紳、李德裕、元稹、白居易、杜牧、李商隱、劉蛻、李頻、李群玉、孫樵、王棨、皮日休、陸龜蒙、司空圖、韓偓、吳融、徐寅、黃滔、羅隱、韋莊、杜光庭，凡五十五家。《全書》皆已著錄，而原集漏略，今一一補載。其李百藥、長孫無忌、魏徵、蘇頲、孫逖、常袞、梁肅、令狐楚、符載九家，《全書》未著錄，見於內府《全唐文》原本。今採各書補載，亦復不少。余別錄為書，乃知元、明以來古籍銷毀於兵火播遷者大可慨歎也。（《陶廬雜錄》卷三）

【斜川集】《永樂大典》，宋人著錄為備，余採蘇叔黨詩文，而補趙味辛

所刻《斜川集》之遺漏。惟《永樂大典》中《斜川集》繫以蘇邁。按邁字伯達，坡公長子。過字叔黨，坡公季子。世稱《斜川集》為過作，而不曰邁。史傳亦然，豈有誤歟？（《陶廬雜錄》卷三）

【江湖後集】《江湖後集》二十四卷。四庫全書館除《兩宋名賢小集》一百五十七卷、《江湖小集》九十五卷著錄外，復採自《永樂大典》，勒成此編。顧修既刻《南宋群賢小集》於杭州，並此梓行。其已刊入《群賢集》者不錄。仍次第元題，以備考核。誤入他家集者，詩刪之而存其題。可謂繁簡不絜。（《陶廬雜錄》卷三）

【借抄四庫底本】余既抄《江湖小集》九十五卷（舊本題宋陳起編，凡六十二家），《江湖後集》二十四卷（宋陳起編，原本久佚，今從《永樂大典》錄出。按《大典》有《前集》有《後集》有《續集》有《中興江湖集》。較世傳《江湖小集》多四十七家。詩餘二家，又有人已見《小集》中而詩未載者十七家），《兩宋名賢小集》一百五十七卷（舊本題宋陳思編，元陳世隆補），復借抄四庫底本宋人楊億《武夷新集詩》五卷，陶弼《邕州小集一卷》，釋重顯《祖英集》二卷，鄭俠《西塘集詩》一卷，趙鼎忠《正德文集》詩一卷，葉夢得《建康集》詩一卷，黃彥平《三餘集》詩一卷，潘良貴《默成集》詩一卷，吳可《藏海居士集》二卷，羅從彥《豫章文集》詩一卷，阮閱《郴江百詠》一卷，呂本中《東萊詩集》二十卷，歐陽澈《歐陽修撰集》詩三卷，高登《東溪集》二卷，胡銓《澹庵集》六卷（文在內），胡宏《五峰集》詩一卷，胡寅《斐然集》詩四卷，汪應辰《文定集》詩一卷，陳長方《唯室集》詩一卷，林之奇《拙軒集》詩一卷，周紫芝《太倉稊米集》詩三十九卷，鄭樵《夾漈遺稿》詩一卷，趙公豫《燕堂詩稿》一卷，周麟之《海陵集》詩一卷，羅願《鄂州小集》詩一卷，尤袤《梁溪遺稿》一卷，喻良能《香山集》十六卷，劉鑰《雲莊集》詩二卷，洪邁《野處類稿》二卷，洪适《盤洲集》詩三卷，劉應時《頤庵居士集》二卷，張縯《南湖集》詩九卷，楊冠卿《客亭類稿》詩二卷，史堯弼《蓮峰集》詩二卷，廖行之《省齋集》詩八卷，周南《山房後稿》詩一卷，高翥《菊澗集》一卷，高鵬飛《林湖遺稿》一卷，高似孫《疏僚小稿》一卷，度正《性善堂稿》詩四卷，劉過《龍洲集》詩十五卷，洪諮夔《平齋集》詩一卷，汪晫《康範詩集》一卷，鄭清之《安晚堂詩集》七卷，詹初《寒松閣集》一卷，李曾伯《可齋雜稿》詩六卷，方大琮《鐵庵集詩》一卷，游九言《默齋遺稿》詩一卷，趙孟堅《彝齋文編》詩二

卷，張侃《拙軒集》詩四卷，吳錫疇《蘭皐集》三卷，張堯同《嘉禾百詠》一卷，趙必璩《覆瓿集》詩二卷，舒岳祥《閬風集》十卷，衛宗武《秋聲集》四卷，董嗣杲《廬山集》五卷，《英溪集》一卷，《真山民集》一卷，方鳳《存雅堂遺稿》詩一卷，于石《紫岩詩選》三卷（以上五十九家，二百二十七卷，存素堂墨格紙鈔）。《元風雅》二十四卷（前集十二卷，元傅習輯。孫存吾為之編次。後集十二卷，則存吾所編輯也。前集劉因以下一百十四家，後集鄧文原以下一百六十家），《乾坤清氣集》十四卷（明偶桓編。所錄上該金宋之末，下逮明初，朱彝尊極稱之）。復借四庫底本抄元人艾性夫《剩語》二卷，張觀光《屏岩小稿》一卷，王奕《玉斗山人集》三卷，楊弘道《小亨集》六卷，程端禮《畏齋集》六卷（文三卷附），陳宜甫《秋巖詩集》二卷，尹廷高《玉井樵唱》三卷，釋大訢《蒲室集》詩一卷，侯充中《艮齋詩集》十四卷，劉鶚《惟實集》四卷，宋無《翠寒集》一卷，洪焱祖《杏亭摘稿》一卷，唐元《筠軒集》詩八卷，李存《俟庵集》詩一卷，朱晞顏《鯨背吟集》一卷，周伯琦《近光集》三卷，《扈從詩》一卷，納新《金臺集》二卷，張仲深《子淵詩集》六卷，陳鑑《午溪集》十卷，李繼本《一山集》詩二卷，沈夢麟《花溪集》三卷，趙汸《東山存稿》詩一卷（以上二十二家，八十二卷，皆用存素堂墨格紙鈔）。借鈔官書，不得過多時日，攜歸又恐污損。是年因謄寫七閣書甫畢，書手閒居京師者甚多，取值特廉。余以提調院事，小史亦有工書之人，揀《永樂大典》中世所罕見而卷帙較略者，分日抄繕，受業生徒十餘人亦欣然相助，閱三月而功蕆。鉅集則不暇及矣。粗校一過，底本即歸大庫。其中缺略訛舛極多，卷數與原書亦有不符處，則小史之所為。何日得同志排纂勘閱，補缺刪複，勒為成書，亦學士大夫所樂觀厥成者也。（《陶廬雜錄》卷三）

【三元圖考】余輯《清秘述聞》，僅及本朝。而涇邑學官黃崇蘭仿余體例，又搜及有明一代，闍稽掌故，缺遺尚多。以余所箚記數十條，抄諸前人刻本諸書中者一二百條，附益之。因見四庫書存目中有明《三元圖考》，諄託南中友人購於書賈，較諸書略備。而詩類一卷，殊寥寥不足資流覽。檢案頭所存，多至倍蓰。繼復考志乘雜記卷冊軸牘，又得若干則，可謂物聚於所好焉。篇什太多，不能抄撮，又無好事者勒成一書剞劂之。而余耗費精力，凡五閱月，大可惋惜。薈錄其目，且謂天下事不為則已，為則未有不成者也。記其目於左，以待芟其複而敘其後先云。（《陶廬雜錄》卷三）

【《永樂大典》本數量】大興朱竹君學士請裒集《永樂大典》散篇，勒成定本，俾還舊觀。經部易類廿四種，一百九十二卷。書類十三種，一百五十二卷。詩類五種，五十七卷。禮類九種，一百二十卷。春秋類十九種，二百一卷。孝經類一種，一卷。四書類二種，十卷。樂類三種，九卷。小學類四種，十八卷。史部正史類二種，一百五十五卷。編年類五種，八百六卷。別史類三種，一百一十五卷。雜史類十種，十七卷。詔令奏議類一種，五卷。傳記類十八種，五十卷。載記類三種，十三卷。地理類十二種，七十四卷。職官類五種，三十三卷。政書類十二種，一百五十六卷。目錄類三種，四十二卷。史評類四種，十一卷。子部儒家類十八種，五十三卷。農家類三種，三十一卷。醫家類十九種，六十六卷。兵家類四種，七卷。法家類五種，二十九卷。天文算法類十一種，五十八卷。術數類三十三種，一百四十四卷。藝術類六種，四十三卷。譜錄類三種，四卷。雜家類二十九種，一百四十二卷。類書類二十種，一百三十五卷。小說家類十九種，四十二卷。道家類一種，十二卷。集部別集類一百六十六種，二千一百九十九卷。總集類九種，一百卷。詩文評類九種，十五卷。詞曲類一種，二卷。共成書五百一十四種，五千三百一十三卷。薈萃之功，千古不朽矣。（《陶廬雜錄》卷四）

【用人之法】張南軒告孝宗云：「陛下當求曉事之臣，不必求辦事之臣。若但求辦事之臣，則他日敗天下事者，未必非此人也。」此二語者，可為萬世用人之法矣。天下求小才私智可以備一官之用者，未嘗無人。惟至國家利害安危，大機括所在，大形勢所關，非曉事之臣不能洞其幾微，晰其體要。曉事二字何可易得？必須有一種識見能知人之所不能知，有一種氣魄能斷人之所不能斷。而其心一出於公平正大，無所避忌。然後事至，了不為凝滯。否則博極古今，洞悉隱微，而一為私意所惑，則失其靈明之體，而昧於事機者有矣。安得稱曉事乎？（《陶廬雜錄》卷五）

【得之易則不肯潛心】歐陽修遊隨州，得韓愈遺稿，讀而慕之。苦心探賾，至忘寢食，遂以文名天下。彼時韓公之文，猶未盛行於世。歐公從斷簡遺編，遂受正法眼藏，可謂天授。今韓、歐之文布滿天下，有能苦心探賾而得其玄珠者幾何人哉？蘇氏之文出於孟子。其時孟子之書未列學宮，固侯鯖之一味也。乃今舉世服之，如布帛菽粟，人人厭飫，而無知其味者矣。自古藝文經籍，得之難則視之必重，見之少則入之必深。何也？得之易則不肯潛心，見之熟則忘其為貴也。今夫墨池之士，臨折舊帖，多於殘編斷簡得其精

神，不以其難且少耶？試使為文者如折帖之心，則蘭亭數語，嶧山片石，用之不竭，何以多為？不然，即積案盈箱，富於武庫之藏，亦不足為用矣。（《陶廬雜錄》卷五）

【將權】陸贄云：「鋒鏑交於原野，而決策於九重之中。機會變於斯須，而定計於千里之外，非計也。」今各邊總兵巡撫見一寇，出一軍，賞一功，罰一罪，必須奏請。令不得行，事由中制，互相推調，常致誤事。由於將權不重故也。（《陶廬雜錄》卷五）

【考核人材】魏冰叔《雜說》：「軍政擅殺之罪重於焚，予謂焚之害重於殺。殺一人則止一人，焚一屋則連千百屋。人可走徙以避殺，不能載屋而避焚。有屋，則流亡之民一招可集。若輕肆焚毀，民非數歲，不得復土矣。故焚殺之罪，處斬則均，而焚尤當行連坐之法。」又云：「考核人材，繩以六曹之職。如學兵者，考其韜略。學刑者，考其律例。最為切實不浮。然天下之才，有未必能專精一曹，而獨能明於國家興除之大故，強弱之大勢，斷非常之事，定卒然之變。其精強於六曹者，至此或束手而無措。若必以專才繩之，則此等人皆遺棄矣。故刑名責實之術，反有時而失人。司用人之柄者，不可不知也。余制科策，分六曹策士。而有通論國勢治體之題，意蓋以此。」做事人最要有略，方處置得宜。然有大略，有遠略，有雄略。目前緊要著數，得一二可當千百者，曰大略。事機出耳目之表，利害在數十百年之後，曰遠略。出奇履險，為人所不敢為，不斤斤於成敗利鈍之算，而目無全牛，氣足吞敵，曰雄略。識不遠者，不能見大略。器不大者，不能知遠略。識遠氣大而無雄才壯氣者，不能具雄略。雄略天授，不可學而至，故人當以拓充器識為先也。（《陶廬雜錄》卷五）

【明夷待訪錄·取士】黃宗羲曰：古之取士也寬，其用士也嚴；今之取士也嚴，其用士也寬。古者鄉舉里選，士之有賢能者，不患於不知。降而唐、宋，其科目不一。士不得與於此，尚可轉而從事於彼，是其取之之寬也。王制命鄉論秀士，升之司徒，曰選士。司徒論選士之秀者，升之學，曰俊士。大樂正論造士之秀者，升之司馬，曰進士。司馬論進士之賢者，以告於王，而定其論。論定然後官之，任官然後爵之，位定然後祿之。唐之士，及第者未便解褐入仕，吏部又復試之。宋雖登第入仕，然亦止簿尉令錄，榜首才得丞判，是其用之之嚴也。寬於取則無遺才，嚴於用則無倖進。今也不然，其取士止有科舉一塗，雖使豪傑之士，若屈原、董仲舒、司馬相如、揚雄之徒，捨是亦無緣

而進，取之不謂嚴乎哉？一日苟得，上之列於侍從，下亦置之郡縣。即其黜落，而為鄉貢者，終身不復取解，授之以官。用之又何其寬也。嚴於取，則豪傑之老死丘壑者多矣。寬其用，此在位者多不得其人也。流俗之人，徒見二百年以來之功名氣節，一二出於其中，遂以為科法已善，不必他求。不知科第之內，即聚此十百萬人，不應功名氣節之士獨不得入。則是功名氣節之士之得科第，非科第之能得功名氣節之士也。假使探籌較其長短而取之，行之數百年，則功名氣節之士亦自有出於探籌之中者，寧可謂探籌為取士之善法邪？究竟功名氣節人物不及漢、唐遠甚，徒使庸妄之輩充塞天下。豈天之不生才哉？則取之之法非也。我故寬取士之塗，有科舉，有薦舉，有太學，有任子，有郡縣佐（其法以諸生掌六曹），有辟召，有絕學，有上書，而用之之嚴附見焉。（《陶廬雜錄》卷六）